中国古代法律文化研究

中国海洋大学出版社

·青岛·

图书在版编目（CIP）数据

中国古代法律文化研究 / 唐树兴著 . -- 青岛：中
国海洋大学出版社，2022.6
ISBN 978-7-5670-3186-9

Ⅰ. ①中… Ⅱ. ①唐… Ⅲ. ①法律—文化研究—中国
—古代Ⅳ. ①D909.22

中国版本图书馆 CIP 数据核字（2022）第 105365 号

出版发行	中国海洋大学出版社				
社　　址	青岛市香港东路 23 号		邮政编码		266071
出 版 人	杨立敏				
网　　址	http://pub.ouc.edu.cn				
电子信箱	184385208@qq.com				
责任编辑	付绍瑜		电　　话		0532-85902533
印　　制	日照日报印务中心				
版　　次	2022 年 6 月第 1 版				
印　　次	2022 年 6 月第 1 次印刷				
成品尺寸	170 mm×230 mm				
印　　张	16.5				
字　　数	320 千				
印　　数	1—1 000				
定　　价	59.00 元				

目 录

Contents

第一章
等级社会与等级法律

"所谓等级,即社会不同集团或阶层由法律或道德习惯所确立和固定的,分别享受不同权利承担不同义务的社会政治生活模式。"[①] 中国古代社会是一种非常典型的等级社会,社会成员由于不同的身份、地位被划归于不同的等级。社会成员的等级越高,其享有的权利越多,承担的义务越少;相反,社会成员的等级越低,享有的权利越少,而承担的义务越多。等级制度的内容实则极为广泛,充分表现为社会成员间政治、经济、法律以及社会地位等方方面面的不平等,这一切归根结底仍是人与人之间权利与义务的不平等。

中国古代社会的等级观念根深蒂固、源远流长,社会成员之间有了贵贱、贫富的差距。等级制度和儒家文化密不可分。中国传统文化以儒家为核心,而儒家文化追求一种贵贱有等、尊卑有别的等级社会结构。儒家文化的代表人物孔子、孟子、荀子所倡导的"礼治"就是一种宗法等级秩序下的社会状态。孔子所言的"君君、臣臣、父父、子子"可以直接作为治国之道;孟子提出:"劳心者治人,劳力者治于人;治于人者食人,治人者食于人;天下之通义也。"[②];荀子提出:"礼者,贵贱有等、长幼有差、贫富轻重皆有称者也"[③]。儒家在获得了独尊的政治地位后,其学说逐渐作为官方正统学说,儒家便将其一直以来推崇的"礼"逐渐发展成为统治整个古代社会的"礼制"。礼制是以"三纲五常"为核心、以严密分明的等级序列和人身隶属关系为内容的社会体

---

① 马作武.中国古代法律文化 [M].广州:暨南大学出版社,1998.
② 孟子 [M].方勇,译注.北京:中华书局,2017.
③ 荀子 [M].方勇,李波,译注.北京:中华书局,2011.

制。① 中国古代法律尊崇儒家文化的精神要义,注重维护礼教,因此,与中国古代等级社会相适应,中国古代等级法律应运而生。

第一节　等级社会中的生活方式

在古代社会中,社会成员由于身份、地位的差异,生活方式存在着天壤之别。上至帝王将相,下至平民贱民,虽处同一社会之中,人们的生活方式却被人为地分为不同的等级。这种有差别的设置不仅得到道德伦理的认同,还受到法律的保护,任何人违反规定,都会受到法律的制裁。生活方式林林总总,下面主要从等级社会中不同阶级人们的饮食、衣饰、房舍、舆马几方面论之。

一、饮食

饮食在中国古代社会是十分讲究的,不同等级的社会成员在饮食方面有不同的限制规定。"天子食太牢,牛羊豕三牲俱全,诸侯食牛,卿食羊,大夫食豕,士食鱼炙,庶人食菜。"② 管子所说的"饮食有量"即按照爵位制定享用等级,饮食也要讲究一定的标准,不同层级的人享有不同的待遇。按照当时古代饮食标准,常食肉者一般指卿大夫阶层,而普通庶人除老耄之外一般来说是不能食肉的,正如《诗经》中记载的"采荼薪樗,食我农夫"③,普通百姓是没有资格,也没有条件食肉的。

二、衣饰

中国素有"衣冠王国"之称。在古代中国人的心目中,衣饰带给人们的远不止蔽体保暖以及美观,还是区分社会角色、凸显身份与地位的重要标志。衣饰以其形式和内容的高度统一,反映了等级社会的高度成熟。一个人的身份地位,通过其衣着打扮便清晰可知,所谓"见其服而知贵贱,望其章而知其势"④。这样,等级的区分在衣饰上就有了外在的标准与依据。衣饰在中国古代社会有着比其形式更为重要的实质意义。

① 马作武.中国古代法律文化 [M].广州:暨南大学出版社,1998.
② 左丘明.国语 [M].陈桐生,译注.北京:中华书局,2013.
③ 诗经 [M].王秀梅,译注.北京:中华书局,2015.
④ 贾谊.贾谊新书 [M].于智荣,译注.哈尔滨:黑龙江人民出版社,2003.

帝王高踞于等级社会的顶端，为彰显其身份的尊贵，其衣饰的名称、款式、花样以及颜色等都有着严格的规定，仅帝王一人独享，他人均不得染指。据记载，周代天子有专用的衮冕服。衮即卷龙衣，冕乃王者之冠。衮衣上绣龙，因此俗称"龙袍"，又因为汉朝开始黄色被确定为帝王之色，所以衮衣又称为"黄袍"，只有帝王才有资格和权利穿衮冕之服。若他人故意将黄袍加身，则有篡位谋反之嫌疑，往往被施以重罪。"九五之尊"的帝王，其威严在衣饰方面也表现得淋漓尽致。

除帝王之外，官吏的衣饰也有着严格的定制，文武百官、三六九品，其衣饰均须与其身份相称。一般来说，官吏的服饰有服官之用的朝服公服与平居的私服常服之分。朝服公服虽为服官之用，其形式、花样与颜色等自与常服大不相同，且因官吏官阶不同而服色不同、服制不同。以明朝官服的颜色为例，一至四品，用绯色；五至七品，用青色；八至九品，用绿色。

官吏的私服与士庶贱民的服饰也有着天壤之别。首先，颜色的分别是很重要的。颜色是指示衣着者身份最重要的特征，有些颜色是品官专用的，这些颜色庶人是禁止使用的，他们只能使用规定颜色之外的颜色作为服饰装饰色。汉代青、绿二色是民间常服[1]，隋代庶人通用白色[2]，唐代流外官及庶人只能穿用黄白二色[3]，宋代皂白两色成为士庶通用的服色，明代士庶穿杂色盘领衣，不许用黄[4]。而商人的地位极为低贱，与士庶不同，服色也多有限制。至于奴仆、皂隶原为贱民，为人所不齿，因此服色更与常人不同。其次，官吏的常服与士庶贱民服饰相比，在衣料的质地方面也大有不同。绫罗绸缎等一类质地做工精细的丝织品，一向被视为上服，因此许多人是不许穿的。如汉时贱商，锦、绣、绮、縠、絺、纱、罽，都在禁用之列[5]，唐时品官才许通用紬、绫及罗，统外官、庶人、部曲、客女、奴婢止许服紬、绢、絁、布[6]，宋时庶人布袍[7]。再次，皮毛

① 班固.汉书［M］.张永雷，刘丛，译注.北京：中华书局，2016.
② 高承.事物纪原［M］.北京：中华书局，1989.
③ 王溥.唐会要［M］.北京：中华书局，2017.
④ 中时行.明会典［M］.北京：中华书局，1989.
⑤ 班固.汉书［M］.张永雷，刘丛，译注.北京：中华书局，2016.
⑥ 宋祁，欧阳修，范镇，等.新唐书［M］.北京：中华书局，1975.
⑦ 诗经［M］.王秀梅，译注.北京：中华书局，2015.

的使用也有着严格的规定。管子云："百工商贾不得服长鬈貂。"① 清代对于皮毛考究最大,即便是品官也不能随意穿用。最后,冠履佩饰也都有着严格的等差,不能随意穿着佩戴。唐时庶人帽子皆大露面不得有掩蔽②。明制流外官及庶人,帽不得用顶,帽珠只许用水晶香木,巾环则不得用金、玉、玛瑙、珊瑚、琥珀③。唐制流外及庶人妻女不得着五色线靴履④。元制,庶人靴不得裁制花样⑤。在佩饰方面,金、银、玉、犀在各朝皆禁止庶人使用。唐代玉及金、银、鍮石为品官之饰,庶人只能用铜、铁。

三、房舍

人必有居,在中国古代社会,屋舍的大小、房屋的间数、建筑样式以及内外部的装饰等,无不体现着等级社会的差异性,小小房舍的每一处都有着严格的定制,不可随意乱用。一般来说,通过一个人居住的房舍便可知悉其身份与社会地位。

中国古代社会不仅可以通过主人居住的房舍规格与排场了解其身份地位,即使在房舍的名称上也有着不同的称谓。曰宫殿,曰府邸,曰公馆,曰第,曰宅,曰家,通过居所不同的称谓,也清晰可知其主人的身份。一般来说,皇室居宫、公侯居府、百官有宅、庶民有家。宋时执政亲王所居曰府,余官曰宅,庶民曰家⑥。

对房舍的具体建构,历代的规定也不尽一致,但都有着严格的限制,切不可随意僭越。房舍的厅堂间数自古以来就有着一定的规定。如唐制规定:"三品以上堂舍不得过五间九架,厅厦两头门屋不得过三间五架,四、五品堂舍不得过五间七架,门屋不得过三间两架,六、七品以下堂舍不得过三间五架,门屋不得过一间两架。"⑦ 而庶人的房舍间数最少,自来厅房不得过三间,门只一间或无。由此可知,作为庶人,无论家资如何厚富,在建造房舍方面,厅房都

① 管仲.管子 [M].李山,轩新丽,译注.北京:中华书局,2019.
② 王溥.唐会要 [M].北京:中华书局,2017.
③ 申时行.明会典 [M].北京:中华书局,1989.
④ 王溥.唐会要 [M].北京:中华书局,2017.
⑤ 宋濂.元史 [M].北京:中华书局,1976.
⑥ 脱脱.宋史 [M].北京:中华书局,1985.
⑦ 新唐书 [M].北京:中华书局,1975.

不可超过三间，虽然一个人可以建造几十所房舍，但按照规定，每一所房舍的厅房数最多只能三间。现在我们也会发现，如今北京现存的很多旧式房屋，除王府以外，一般都是三至五间。

此外，中国古代房屋的形式和内外装饰，也都极有分寸。重拱藻井虽品官亦不许用，瓦兽只限于品官之家。清制，一品、二品屋脊许用花样兽吻，三品、四品、五品许用兽吻①。对于梁栋、斗拱、檐桷，也只有品官才有资格进行彩饰。而门饰更是以华丽为尊贵。明制，公侯用金漆及兽面锡环的大门，一品、二品用绿油兽面锡环，三至五品黑油兽面锡环，六至九品黑门铁环②。庶人的门饰最为朴素，历朝历代均规定堂舍门房不得施以装饰。就连门口的装饰也非常讲究，古代有施戟之制，唐正一品开府仪同三司，嗣王、郡王、并勋官上柱国、柱国等带职事三品以上并许列戟，一品门十六戟，少者十戟③。对于室内的陈设也有种种限制，元、明、清之制，一品至三品官帐幕许用金花刺绣纱罗，四品、五品用刺绣纱罗，六品以下用素纱罗。庶人用纱绢。对于室内器物的规格也有严格规定，朱红器为御用之物，因此天下士庶之家严厉禁止使用朱红漆木家具。而金玉等也是内廷专用之物，代表着皇室贵族的尊贵，故历代都严格限制金玉器皿的使用，即使品官之家亦不得随意使用，唐制一品以下食器不得用纯金纯玉④。

四、舆马

中国古代社会，关于出行方面，不同等级的社会成员因其交通工具及装饰的差异亦能显示出不同的身份与地位。舆轿车马是中国古代基本的出行交通工具。通常来说，只有士大夫及以上阶层才可以乘车坐轿，庶民及贱民只能步行，在特殊情况下才能乘用指定的交通工具。况且，古代社会由于生产力水平有限，并不是所有人都能拥有自己的交通工具，因此，能够拥有并使用交通工具便成了不同社会等级的重要标志。

有些人是禁止使用车马等交通工具的，包括贱商政策下的商人及贱民。

---

① 大清律例 [M].北京:中华书局，2015.
② 明会典 [M].北京:中华书局，1989.
③ 唐会要 [M].北京:中华书局，2017.
④ 唐律疏议 [M].岳纯之，点校.上海:上海古籍出版社，2013.

汉高帝诏商贾不许乘车骑马①，唐时一般也不允许商人乘马。而贱民一向不许骑乘，元时娼家出入亦不许乘坐车马②。庶人在大多数情况下是不允许乘坐交通工具的，唐、宋时即使是品官之辈也不允许乘舆，民间自更不得乘用③。但可有例外，唐时胥吏商贾之妻并不得乘奚车及檐子，老疾者得坐苇軬车及兜笼④。元、明以后妇人及官民老疾皆许坐轿⑤。

纵使那些许乘车舆者，他们在乘用交通工具方面也有着千差万别的限制与区别，不能随意使用。在中国古代，车舆的构造、颜色以及附带的装饰等，无不显示着乘坐者的身份与地位。唐亲王及武职一品象辂青油纁，朱里通幰朱丝络网，二品、三品革辂朱里青通幰，四品木辂，五品轺车皆碧里青偏幰。一品九旒，二品八，三品七，四品六，鞶缨就数同⑥。而唐时庶人一般用苇軬车及兜笼，从名称上我们便可以想象其简陋程度。此外，从抬轿人数的规定上亦可显示出等级社会中不同阶级成员之间的差距。抬轿的人数，唐命妇檐异以八人，三品六人，四品、五品四人，庶人所用兜笼二人⑦。宋制庶人所乘兜笼亦不得过二人⑧。在古代，达官显贵除了乘坐舆轿之外，通常还可用马或驴作为交通工具，但虽同为代步工具，相比而言马比驴显得更加威风气派，所以贵族及官吏一般骑马，而庶人以及不准乘马的人才选择驴作为代步工具。马饰的差异也极大。宋代只有京官三品以上外任者许以缨饰⑨，清制惟有四品以上得系繁缨⑩。

除了车舆马饰之外，仪卫是区别等级的另一重要标识。帝王有卤簿，王

---

① 汉书 [M].张永雷，刘丛，译注.北京：中华书局，2016.
后汉书 [M].北京：中华书局，1965.
② 元典章 [M].陈高华，张帆，刘晓，等点校.天津：天津古籍出版社，北京：中华书局.2011.
元史 [M].北京：中华书局，1976.
③ 宋史 [M].北京：中华书局，1985.
④ 新唐书 [M].北京：中华书局，1975.
⑤ 明会典 [M].北京：中华书局，1989.
⑥ 新唐书 [M].北京：中华书局，1975.
⑦ 新唐书 [M].北京：中华书局，1975.
唐会要 [M].北京：中华书局，2017.
⑧ 宋史 [M].北京：中华书局，2017.
⑨ 宋史 [M].北京：中华书局，2017.
⑩ 杨一凡，宋北平.大清会典 [M].南京：凤凰出版社，2018.

侯将相、文武百官,其出行仪卫各有等第。仪卫除了有安全警戒的作用之外,更重要的意义莫过于增加威严,气势恢宏、豪华壮观、威仪煌赫,让人望而生畏,以此显示权贵与平民之间的等级差异。另外,行路贱避贵是公认的原则,庶民见到官吏必须回避,小官见到比自己级别大的官员也必须回避。“行路贱避贵”,违者笞五十①。官员间的回避,或分道而行,或引马侧立,或趋右让道而行,或引马回避,各种不同的方式,皆决定于双方尊卑的距离②。关于官员的仪卫,历代都有详细规定,官级越高则仪卫越多,仪仗越浩大。而庶民绝对没有使用仪卫的权利与资格,《宋史》上讲得很清楚,车前不许呵引,及前列仪物,也不得以银骨朵水罐引喝随行③。清时官吏庶民擅用引马者,官交部议处,民交部治罪。

以上便是关于中国古代帝王、官吏及士庶等不同等级在饮食、衣饰、房舍和舆马方面的等第之制,其中共同的一条原则便是“上可兼下,而下不得僭上”。

第二节　等级社会中的婚姻

在传统的礼治秩序中,婚姻十分重要。《礼记》称:“婚礼,万世之始也”④,“婚礼者,礼之本也”⑤。婚姻这种看似没有太多政治意义的行为,为何会受到古代社会的如此青睐呢?《礼记·昏义》有言:“婚姻者,合二姓之好,上以事宗庙,下以继后世。”⑥从这两句对古代婚姻最典型的定义中,我们清楚地看到,古代婚姻的目的在于对祖先的祭祀及宗族的延续,而不是对个人的意义。但是,既然是合两姓之好,那么男女之结合就有可能威胁到社会等级秩序,将现有的等级界限打乱,而这是等级社会统治者最不愿看到的结果。因此,将婚姻关系进行严格限制,禁止不同等级的社会成员进行通婚,这是中国古代社会等级制度得以维持及延续的基本前提。

---

① 唐律疏议 [M].岳纯之,点校.上海:上海古籍出版社,2013.
② 明会典 [M].北京:中华书局,1989.
③ 宋史 [M].北京:中华书局,1985.
④ 礼记 [M].胡平生,张萌,译注.北京:中华书局,1985.
⑤ 礼记 [M].胡平生,张萌,译注.北京:中华书局,1985.
⑥ 礼记 [M].胡平生,张萌,译注.北京:中华书局,1985.

一、等级内婚制

早期的宗法社会为了保证宗法家族血缘的纯正,实行严格的等级内婚制。"门当户对"的观念在夏、商、周时期便已形成。古代经传中关于天子嫁女于诸侯、诸侯间通婚、卿大夫互婚的例子比比皆是。越王勾践求盟于吴国时,从大夫文种说的"请勾践女女于王,大夫女女于大夫,士女女于士"①中,我们大致可以了解到贵族各阶层之间进行通婚的情形。不容忽视的是,虽然同为贵族,天子、诸侯、卿大夫、士其身份仍有巨大差异,内部仍严格实行等级内婚制,而关于不同等级间的士庶之间、良贱之间之通婚,自然是不可能的事。

魏晋南北朝时期,士庶之间的界限是极为严格的,由于社会地位与身份悬殊,士庶阶层竟几乎成为两大互不交往的阶层。权贵士族阶层为了维系其社会权威与尊严,素日即耻于与庶民接触与往来,自然更是不会与之通婚的,因此,其社交范围与婚配的范围仅限定于同一阶层之间。据《魏书》记载,公孙睿系封氏所生,从兄公孙邃系李氏所生,由于封氏与李氏两位母亲家第不同,导致所生之子的地位名望也相差悬殊。祖季真对此常感叹道:"士夫当须好婚亲,二公孙,同堂兄弟耳,吉凶会集,便有士庶之异。"② 由此可见,无论对男方而言,还是对女方来说,门第家世都极其重要。以男方来说,若婚配对象家族门第稍低,那么不仅会影响夫婿的身份地位,还会影响到下一代的地位,因此,母系家世极为重要。反之,亦是如此。

由于当时社会常以婚配对象作为衡量其氏族门第的标准之一,甚至在政治上也会参考其婚配状况,由此导致当时士族择偶对于门第极为看重。若士族自身不自重,与庶族进行通婚,则定会受到族人的不齿与排挤。不仅婚配本人,就连家人也会颜面尽失、声誉扫地,有时甚至会受到族人的攻击与清议,认为其给家族蒙羞、给祖先蒙难,更有甚者被逐出士族之外。平恒三子不率父业,好酒自弃,恒愆其世衰,不为营事婚宦,任意官娶,故仕聘浊碎,不得及其门流,恒妇弟邓宗庆及外生孙玄明等每以为言③。杨佺期自云门户承籍,江表莫比,有以其门地比王珣者犹恚恨,而时人以其晚过江,婚宦失类,每排抑

① 国语 [M]. 陈桐生,译注. 北京:中华书局,2013.
② 魏书 [M]. 唐长孺,点校. 北京:中华书局,2018.
③ 魏书 [M]. 唐长孺,点校. 北京:中华书局,2018.

之①。从两则例证中便可感受到当时士庶不婚风气之浓烈。更加值得注意的是，有时统治者会特为此制定法律，禁止士庶通婚。等级内婚制在当时的等级社会中已不仅仅为礼制所拥护，更为法律所支持，违者不仅会受到道德礼俗的制裁，还会受到法律的惩罚。北朝时便有这种法律规定，北魏和平诏曰："夫婚姻者人道之始……尊卑高下宜令区别，然中代以来，贵族之门多不率法，或贪利财贿，或因缘私好，在于苟合，无所选择，令贵贱不分，巨细同贯，尘秽清化，亏损人伦，将何以宣示典谟，垂之来裔？今制皇族、师傅、王公、候伯及士民之家不得与百工技巧卑姓为婚，犯者加罪。"②诏书中的话足以代表当时士大夫阶层对于等级内婚制的观念，在社会道德伦理与法律的双重制裁下，士族阶层构成内婚团体的情形便不足为怪了。

在士庶不婚风气的影响下，良贱不婚始终成为婚姻关系中难以逾越的鸿沟，并最终发展成为中国古代社会最具有普遍意义的婚姻禁忌。士庶虽然在社会中处于不同的政治地位，但庶族在法律上具有和士族平等的地位。而良贱之分却与之不同，无论从社会层面还是法律角度，都极其明显地划分出社会地位、法律地位的不平等。

所谓良民，即士、农、工、商四民，又称齐民。《唐六典》解释道："凡习学文武者为士，肆力耕桑者为农，巧作贸易者为工，屠沽兴贩者为商。"③所谓贱民，一般指社会中最底层的百姓，包括官私奴婢、官户、杂户、工乐百户、倡优、隶卒皂役等。古代社会对贱民的歧视远远超过庶民，一旦沾上贱籍，便意味着丧失掉独立的人格，也就会受到非人的待遇。不仅本人如此，其配偶也将与之同命，其子孙后辈亦终生无法摆脱贱民身份。良贱之间的阶层划分较士庶之间更为严格，因此，良贱之间不通婚的禁忌也较士庶间更为严苛。历代对良贱之间通婚的禁忌不仅来自道德伦理还来自法律。如唐律规定："诸与奴娶良人为妻者，徒一年半；女家减一等，离之。其奴自娶者，亦如之。……即妄以奴婢为良人，而与良人为夫妻者，徒两年。"④所谓："人各有耦，色类须同，

---

① 晋书［M］.北京：中华书局，2015.
② 魏书［M］.唐长儒，点校.北京：中华书局，2018.
③ 唐六典［M］.陈仲夫，点校.北京：中华书局，2014.
④ 唐律疏议［M］.岳纯之，点校.上海：上海古籍出版社，2013.

良贱既殊,何宜配合？"① 该条款清楚地揭示了立法的宗旨。明、清律奴娶良民为妻者杖八十,妄冒为良民而与良民为婚者,罪加一等②。贱民娶良民,贱民固然有罪,但是若良民甘心从贱,亦属自甘堕落、咎由自取,在法律上也会给予相应的处罚。唐宋明清律均有记载,嫁女与奴之女家但减奴娶良民罪一等,且须离异。《唐律疏议》云:"唯本是良者,不得愿嫁贱者。"③ 由此可以看出,这时的法律是不承认良民在婚姻方面的自由意志的,对于等级内婚制的坚持是无法动摇的。但仍需注意的是,以上事实中良贱为婚的法律制裁,都是针对贱民男子娶良家女子而言的,并不包括良家男子娶贱民女子为妻的情况,所以法律在根本上仍对良民加以特别保护,严禁贱民娶良民为妻。

二、婚姻仪式

中国古代的婚姻关系,不仅在择偶方面有着严格的等级界限,不同的社会等级,在结婚的程序和仪式方面也有着巨大的差距。婚礼的程序、具体的仪式、迎亲的车舆乃至新人的礼服等,都须与其等级身份相称。否则,不仅会受到传统礼制的制裁,严重的甚至还会受到法律的惩罚。

中国古代婚姻制度中,通常所讲的"六礼",实际上是针对士大夫以上阶层的婚礼而言的,对于普通庶人来说,一整套"六礼"程序实为一种压力与负担,所以几乎不能备礼的庶人之婚礼只求简便即可,并不强求也要遵守这些程序。《宋史》有云:"品官婚礼纳采、问名、纳吉、纳征、请期、亲迎、同牢、庙见、见舅姑、姑醴妇,盥馈飨妇送者并如诸王以下婚,但四品以下不用盥馈飨妇礼,士庶人婚礼并问名于纳采,并请期于纳征。"④ 朱子《家礼》中的规定就更为简便了,不需要问名、纳吉,只需纳采、纳币、请期、亲迎四礼即可,而在实际生活中纳币与请期一般为一礼,所以实际上只行三礼。"礼不下庶人"规定的本意,原就是由于庶人无论在财力上还是在人力上都无法达到礼治之要求,因此,将婚礼进行从简对待,故而也就不做硬性要求。除此,从品官士庶婚礼对于仪物的限制规定上,亦处处可见不同等级之间的差距。如对纳币的数量、

① 唐律疏议 [M].岳纯之,点校.上海:上海古籍出版社,2013.
② 大明律附例注解 [M].北京:北京大学出版社,1993.
　大清律例 [M].北京:中华书局,2015.
③ 唐律疏议 [M].岳纯之,点校.上海:上海古籍出版社,2013.
④ 宋史 [M].北京:中华书局,1985.

质量上的规定即可见一斑。元朝规定："一品二品须纳币五百贯,三品四百贯,四品五品三百贯,六品七品二百贯,八品九品一百二十贯,庶人上户一百贯,中户百十贯,下户二十贯。"① 清律规定："一品至四品,纳币为币表里各八两,容饰合八事,食品十器;五品至七品,币表里各六两,容饰合六事,食品八器;八、九品及有顶戴者,币表里各四两,容饰合四事,食品六器;庶人须纳币䌷绢四两,容饰四事,食品四器。"②

婚筵也有着一定的等级限制,婚筵的规模大小、席位数量以及具体餐食都有定数。历朝历代规定不尽相同。如清律规定："民公二十席,侯十八席,伯十七席,一品官十五席,二品十三席,三品八席,四品六席,五品五席,六至九品俱用三牲,庶人二牲"。③ 婚姻是大事,对古人来说意义尤为重大,就连新郎、新娘的礼服也都有着严格的限制规定。新郎的礼服,品官必须着本官官服,有记载曰:"子服其上服,一品衮冕,二品鷩冕,三品毳冕,四品絺冕,五品玄冕,六品爵弁。"④ 明清也都有相关规定:"婿具公服亲迎"⑤,"初婚婿公服立于堂下,有官者以其服"⑥。就算是品官之子孙结婚,即使没有官位也必须穿着隆重正式。新娘的礼服适用同样的原则,官吏娶妇则用命妇之礼,其服以夫品为准。但庶人娶妻,自然不得穿着命妇礼服。清时庶民妇女婚嫁皆不许用冠帔补服⑦。

迎亲所用车舆也是非常讲究的。依隋制,"王公大臣象辂、革辂、木辂,亲迎及葬则乘之"⑧。唐制,"亲迎亲王乘辂,三品以下官乘革辂,四品五品木辂,五品非京官职事者,乘青通幰犊车,六品以下青偏幰犊车。妇车及从车各准其夫"⑨。清制,"品官用舆,襜盖饰采绢,垂流苏,五品以上八,前后左右各二,六品以下四,前二后二,八品以下无流苏,襜盖前但饰采绢二,庶人襜盖无饰,且

① 元典章[M].陈高华,张帆,刘晓,等点校.天津:天津古籍出版社,北京:中华书局,2011.
② 刘野.钦定大清通礼[M].长春:吉林出版集团有限责任公司,2005.
③ 刘野.钦定大清通礼[M].长春:吉林出版集团有限责任公司,2005.
④ 通典[M].北京:中华书局,2016.
⑤ 明会典[M].北京:中华书局,1989.
⑥ 刘野.钦定大清通礼[M].长春:吉林出版集团有限责任公司,2005.
⑦ 杨一凡,宋北平.大清会典[M].南京:凤凰出版社,2018.
⑧ 通典[M].北京:中华书局,2016.
⑨ 通典[M].北京:中华书局,2016.

不得乘大轿"①。除此之外,婚礼之中所用仪仗更能显示其家世与门第。历代均规定品官婚姻可以用本品卤簿仪仗。唐制应给卤簿,职事四品以上,散官二品以上,及京官职事五品以上,本身婚葬皆给之。②清制凡有品级官婚嫁用本官执事,鼓乐不得过十二名,镫不得过六对。③清时品官家子孙即使自身没有官职,但依然可以用其父之仪仗彰显其显赫身份。但是庶人绝对禁止僭用,如清时有规定:"无品级人及监生军民不得用执事"④,"庶民不得僭用仪卫"⑤。镫鼓乐人也有严格的规定,清时规定:"鼓乐不得过八人,镫不得过四对。"⑥

以上便是中国古代关于品官士庶的婚礼程序、婚仪的一些规定。婚姻在古代不仅对男女双方,而且对其家族、对社会都有着非常重要的意义,因此,婚礼在古代便被赋予了多层含义。这些烦冗复杂的婚礼规定,被详细纪录于礼书之中,如有违反或者僭越者,便会被给予相应的处罚。但如此复杂严苛的婚礼规定,在古代社会现实中当真会被严格遵守吗?事实并非如此,社会上往往存在不严格遵守禁令的情形,一般人都喜好风光、奢华的婚礼形式,因此在现实中不仅彩礼、婚筵等总会僭越行事,即使仪仗在法律规定中颇为严厉,在婚礼中也多被僭用。对于此,官吏也往往能够理解,多半对此特加通融行事,不会严加追究。久而久之,婚礼中的很多禁令便存而不用,僭越之事也就变为一种风气。

第三节　等级社会中的丧葬与祭祀

在方方面面都受等级限制与制约的社会环境中,中国古代社会的丧葬与祭祀活动也被深深地打上了等级的烙印,处处彰显着等级的界限。于是"德厚者流光,德薄者流卑"⑦。社会等级越高,丧葬规模、仪式就越风光、越盛大,

---

① 杨一凡,宋北平.大清会典[M].南京:凤凰出版社,2018.
　刘野.钦定大清通礼[M].长春:吉林出版集团有限责任公司,2005.
② 唐会要[M].北京:中华书局,2017.
③ 杨一凡,宋北平.大清会典[M].南京:凤凰出版社,2018.
④ 杨一凡,宋北平.大清会典[M].南京:凤凰出版社,2018.
⑤ 刘野.钦定大清通礼[M].长春:吉林出版集团有限责任公司,2005.
⑥ 杨一凡,宋北平.大清会典[M].南京:凤凰出版社,2018.
　刘野.钦定大清通礼[M].长春:吉林出版集团有限责任公司,2005.
⑦ 春秋谷梁传[M].徐正英,邹皓,译注.北京:中华书局,2016.

祭祀活动也越隆重。

一、丧葬

在中国古代社会中，对于"死"有多种称谓。崩、薨、卒、死、捐等都是古代关于死的名称。《礼记》云："天子曰崩，诸侯曰薨，大夫曰卒，士曰不禄，庶人曰死。"[①]《开元礼》云："凡百官身亡，三品以上称薨，五品以上称卒，六品以下达于庶人称死。"[②]《明会典》云："亡者官尊即云薨逝，稍尊即云捐馆，生者官尊则云奄弃荣养。"[③]丧葬的所用器物以及仪式，自丧伊使至下葬整个过程，无不揭示出不同等级的差异。如荀子云："事生不忠厚，不敬文，谓之野，送死不忠厚，不敬文，谓之瘠。君子贱野而羞瘠，故天子棺椁十重，诸侯五重，大夫三重，士再重，然后皆有衣衾多少厚薄之数，皆有翣翣文章之等以敬饰之。"[④]

死者生前如果是品官，那么入殓时需着其公服朝服，普通庶人则穿常服即可。依隋制，"官人在职丧，听敛以朝服，有封者敛以冕服，未有官者白袷单衣，妇人有官品者亦以服敛"[⑤]。唐制，"凡百官以理去职而薨、卒者，听敛以本官之服，无官者介帻单衣，妇人有官品，亦以其服敛"[⑥]。明清等历代对此皆有相似规定。就连殓衣的称数也有相应规定，当然以多为贵，权贵阶层最为讲究，而庶人最少，一般一陈即止。如唐制，"品官小敛衣十九称，大敛衣三十称"[⑦]，明品官用"常服十番，衾十番，庶人袭衣一陈，深衣一"[⑧]，而清品官"常服一袭，复衾一，殓衣，三品以上五称，五品以上三称，六品以下二称，士常衣一陈，殓衣一，复衣一。庶人常服，殓衣，复衾一"[⑨]。衣衾之颜色也有定数，如清制规定，"一二品绛色，三四品缁色，五品青色，六品绀色，七品灰色"[⑩]。

尸口所含之物，或为珍珠玉石，或为钱贝，等级不同不得乱用。唐制规

① 礼记［M］.胡平生，张萌，译注.北京：中华书局，1985.
② 通典［M］.北京：中华书局，2016.
③ 明会典［M］.北京：中华书局，1989.
④ 荀子［M］.方勇，译注.北京：中华书局，2017.
⑤ 通典［M］.北京：中华书局，2016.
⑥ 通典［M］.北京：中华书局，2016.
⑦ 通典［M］.北京：中华书局，2016.
⑧ 明史［M］.北京：中华书局，1974.
⑨ 大清通典［M］.成都：新兴书局，1963.
⑩ 杨一凡，宋北平.大清会典［M］.南京：凤凰出版社，2018.

定,一品至三品饭粱含璧,四品五品饭稷含璧,六品至九品饭粱含贝;明制规定,一品至五品饭稷含珠,六品至九品饭粱含小珠,庶人饭粱含钱(三);清制则规定,一品至三品含小珠玉屑(五),四品至七品含金玉屑(五),士含金银屑(三),庶人含银屑(三)。① 棺木的选用也十分考究,明代品官用油杉,朱漆,椁用土杉,庶人棺木一般用优油杉、土杉松或者柏,只能用黑漆、金漆,不得用朱红。② 铭旌本身便是可以显示身份高低、炫耀乡里的东西,缙绅人家之丧,旌上常大书某官某公,或者某某氏之柩。《开元礼》云:"书曰某官封之柩,并无封者云某姓官之柩,妇人其夫有官封,云某官封夫人姓之柩,不有官封者,云太夫人之柩,郡县君随其称。"③《宋史》云:"铭旌皆书某官封姓之柩。"④《清通礼》云:"品官铭旌题曰某官某公(内丧书某封某氏)之柩,士(谓八、九品及有顶戴者)题曰某官封(未仕则否)显考某府君之柩,妇则书显妣某氏。"⑤ 在铭旌之上题字的人常为当时之权贵,题字之人越显贵,则铭旌愈显贵重,事主之家地位愈高,丧葬更有颜面,也尽显风光。除题字之外,铭旌的长短也不同,铭旌越长死者的身份越尊贵,地位越高,一般分五尺、七尺、八尺、九尺四种尺寸,长度不同代表着官品的不同。唐制规定,一品至三品为九尺,四品五品为八尺,六品至九品为七尺。⑥ 后唐、宋关于铭旌长度的规定一般都沿袭唐朝。⑦ 明制则规定,一品至四品为九尺,五品六品为八尺,七品至九品为七尺⑧,清制规定,一品至三品为九尺,四品五品为八尺,六品至八品为七尺,九品及有顶戴者为五尺⑨。虽然历朝历代的规定不尽相同,但是仅有些许差异而已。

古人下葬时带入地下的随葬物品,即明器(也称冥器),其数量、尺寸以及材质均与官品相称,依据一定的定制,而庶人的明器一般既少且较小。唐制规

---

① 瞿同祖. 中国法律与中国社会 [M]. 北京:中华书局,1981.
② 瞿同祖. 中国法律与中国社会 [M]. 北京:中华书局,1981.
③ 通典 [M]. 北京:中华书局,2016.
④ 宋史 [M]. 北京:中华书局,1985.
⑤ 刘野. 钦定大清通礼 [M]. 长春:吉林出版集团有限责任公司,2005.
⑥ 通典 [M]. 北京:中华书局,2016.
⑦ 五代会要 [M]. 上海:上海古籍出版社,2006.
　宋史 [M]. 北京:中华书局,1985.
⑧ 明史 [M]. 北京:中华书局,1974.
⑨ 杨一凡,宋北平. 大清会典 [M]. 南京:凤凰出版社,2018.
　刘野. 钦定大清通礼 [M]. 长春:吉林出版集团有限责任公司,2005.

定,三品以上明器九十事,共五十昪,五品以上明器六十事,共三十昪,九品以上明器四十事,共十昪,并规定以上明器并用瓦木为之,四神不得过一尺,余人物不得过七寸。庶人明器十五事,不置四神十二时,所造明器,用瓦,不得过七寸,共三昪。① 明制规定,公侯九十事,一品二品八十事,三品四品七十事,五品六十事,六品七品三十事,八品九品二十事,庶人一事。② 出殡时,品官可根据其生前官级享用相应仪仗,庶民则不得使用。对品官之丧还有专用之丧仪,方相、魌头只限于八品以上官员之丧,四品以上许用四目方相,七品以上只能用二目魌头。③ 关于引、披、铎、翣以及挽歌等佩饰都有严格的定数,而庶人是绝对禁止僭越使用的。即使在官吏之中由于其官品不同,在数量上也有着很大的差异,在此不一一赘述。

枢舆虽然无论品官还是士庶均可使用,但其装饰有很大的差距,富贵华丽还是贫寒朴素,完全根据死者身份而定,《礼记》中便有关于国君、士大夫等不同身份者枢舆之详细记载。隋、唐、宋各代关于枢舆车上的装饰如车幔、幰竿、垂带、流苏以及车厢画饰,都以品级为准,品级越高,则相应幰竿越长,佩饰、画饰也随之越多、越丰富。以唐为例,三品以上,用开辙车油幰,朱丝络网,两厢画龙虎,朱幰竿长二丈六尺,带五重,流苏十八道,纛竿九尺;五品以上,幰竿长二尺二寸,带四重,流苏十六道(无朱丝网络);九品以上,幰竿长一丈九尺,带三重,流苏十四道。庶人用合辙车,幰竿一丈六尺,带二重,流苏四道。④ 抬枢人数也根据品级不同而多寡不同,清时品官多至六十四人,庶人只十六人。如《清会典》记载:"二品以上,六十四人;五品以上,四十八人;八品以上,三十二人;九品及有顶戴者,二十四人;庶人,十六人。"⑤

① 通典 [M]. 北京:中华书局,2016.
　　唐会要 [M]. 北京:中华书局,2017.
② 明会典 [M]. 北京:中华书局,1989.
③ 五代会要 [M]. 上海:上海古籍出版社,2006.
　　宋史 [M]. 北京:中华书局,1985.
　　明会典 [M]. 北京:中华书局,1989.
④ 通典 [M]. 北京:中华书局,2016.
　　唐会要 [M]. 北京:中华书局,2017.
⑤ 杨一凡,宋北平. 大清会典 [M]. 南京:凤凰出版社,2018.
　　刘野. 钦定大清通礼 [M]. 长春:吉林出版集团有限责任公司,2005.

而葬也与等级密切相关。根据《礼记》记载,下葬的日期也因阶级的不同而不同。[1] 唐葬宪宗时,葬期未定,太常博士王彦威奏:"臣按礼经天子七月而葬,国朝故事,高祖六月而葬,太宗四月而葬,高宗九月而葬,中宗六月而葬,睿宗五月而葬,顺宗七月而葬,元宗、肃宗二圣山陵,以圣诞吉凶相属,有司惧不给,故并十二月而葬,盖有为而然,非常典也。今国哀在正月,并闰至六月,即合礼经七月之数,……待诏杨士端远卜十二月二十八日,……自国哀以至虞祔凶毁之仪,首位十四月,国朝且无故事,岂惟礼经不合?臣谨参详礼文,用六月为便。"[2] 可见天子葬期原并不依据礼经,并且也无统一定制,若唐制中有明确的葬期规定,想必王彦威也就不必引用礼经了。《明会典》规定,无论品官士庶,葬期均为三月,而《清通礼》中关于品官与庶人的葬期则不同,品官为三月,庶人为一月。

关于坟茔的定制就更加明确与详细了,但是原则亘古不变,依然是官品越高,占地越广,坟也越高。唐宋元明清历代关于坟茔方面都有着严格的定数,坟地周围具体步数、坟高多少都有明文规定。一般说来,品官墓地最多至周围九十步,坟冢高达一丈八尺,品级低者也有二十步,八尺高。而庶人则仅九步,高四尺。以清制坟茔为例,一品九十步,高一丈六尺,围墙周围三十五丈;二品八十步,高一丈四尺,围墙周围三十五丈;三品七十步,高一丈二尺,围墙周围三十丈;四品六十步,高一丈,围墙周围三十丈;五品五十步,高八尺,围墙周围三十丈;六品四十步,高六尺,围墙周围十二丈;七品以下二十步,高六尺,围墙周围十二丈;庶人九步,高四尺,围墙周围八丈。[3]

碑碣也十分讲究。首先,碑碣上的题字,一般为墓中人官位。《钦定大清通礼》云:"品官墓碑书某官某公之墓,妇人则书某封某氏。八、九品以下及庶士碑文曰某官某之墓,无官则书庶士某之墓,妇称某封氏,无封则称某氏。"[4] 除此,碑身、碑首、碑跌的尺寸以及首跌的形状和花样,无一不显示着墓中人的身份与地位。唐制规定,五品以上螭首龟,高不过九尺;七品以上,圭首方

① 瞿同祖.中国法律与中国社会[M].北京:中华书局,1981.

② 唐会要[M].北京:中华书局,2017.

③ 杨一凡,宋北平.大清会典[M].南京:凤凰出版社,2018.

④ 刘野.钦定大清通礼[M].长春:吉林出版集团有限责任公司,2005.

跌,高四尺。^①而明制规定最为详细,公侯螭首龟跌(碑身高九尺,阔三尺六寸,碑首高三尺二寸,碑跌三尺八寸);一品螭首龟跌(碑身高八尺五寸,阔三尺四寸,碑首高三尺,碑跌三尺六寸);二品麒麟首龟跌(碑身高八尺,阔三尺二寸,碑首高二尺八寸,碑跌三尺四寸);三品天禄辟邪首龟跌(碑身高七尺五寸,阔三尺,碑首高二尺六寸,碑跌三尺二寸);四品圆首方跌(碑身高六尺,阔二尺八寸,碑首高二尺四寸,碑跌三尺);五品至七品碑身碑首与碑跌与四品相同,只是在尺寸大小方面略有差异。原则上庶人是不允许使用碑碣的,唐、宋、明三代皆止七品以上有碑碣,明、清二代更是明确规定庶人止用矿志,不许立碣。《明会典》云:"庶人只用矿志"^②,《清通礼》记载:"庶人有志无碣"^③。

　　以上便是古代关于丧葬仪制的相关规定,从中不难想象官宦之家在办理丧事之时的无限风光,鼓吹仪仗陈器之繁华,棺椁丧车之华丽,挽歌执绋,热闹非凡,官品越高,出丧阵仗愈繁华热闹。相比而言,庶人之丧葬则简单、朴素,无论经济实力还是礼制规定,都不可能将丧葬举办得如此浩大风光。如此可见,中国古代社会的等级划分,在丧葬中也纤芥无遗。

二、祭祀

　　祭祀是中国古代社会中的一件大事,因此祭祀之礼向来被视为礼之大宗。中国古代祭祀的对象繁多,《周礼》一书中罗列有对日月星辰、司中司命、风师雨师、社稷、五岳、山川林泽及四方百物等的祀典,这都属于吉礼所调整的范围,也就是古人祭祀的范围。但是,综合古代通行的主要祭祀大典,主要分为三类,即祭天地、祭鬼神、祭先祖。而祭天地、祭鬼神活动逐渐被国家独占,很多祭祀活动便被赋予了更多政治色彩,祭祀主体也逐渐被独占。但是,民间祭祀祖先的活动仍保持着一定的灵活性,没有被国家过多干涉与限制,但是在等级社会这样的大时代背景下,祭祀活动仍处处体现着等级的不平等。

　　关于庙数的限制,中国上古时期便有规定,天子七庙,诸侯五庙,大夫三庙,士二庙(一庙),庶人但祭其父。后代仍沿袭着该习惯,对于所祭祀世代之数均有一定的限制规定,王公大臣比照上古时代诸侯之制,祀不过五代,其余

①　通典 [M].北京:中华书局,2016.
②　明会典 [M].北京:中华书局,1989.
③　刘野.钦定大清通礼 [M].长春:吉林出版集团有限责任公司,2005.

均祀以三代、二代。依照背北齐之制,王及五等开国执事官散从二等以上,皆祀五代;五等散官正三品以下,从五品以上祭三代;执事官正六品以下,从七品以上祭二代。[1]开元十二年敕一品许祭四庙,三品许祭三庙,五品许祭二庙,嫡士许祭一庙。《开元礼》改定二品以上祀四庙,三品以上祀三庙,三品以上不须爵者亦四庙,四庙外有始封祖,通祀五庙,四品、五品有兼爵亦三庙[2]。祭祀制度经过世代变迁,渐渐发生转变,最初庶人只能祭祀一代,后渐渐推远至二代、三代、四代,后来渐渐消除了贵贱之间在这方面的等差。到清代,无论品官士庶一律奉高、曾、祖、祢四代进行祭祀。[3]至此,祭祀在等级间已不再有世代多寡的分别。

对于庙的建筑大小也有规定。唐制三品以上九架,厦两旁,三庙者五间,中为三室,左右厦一间[4];明制规定,五庙者五间九架,厦两旁,四庙者三间五架[5];清制三品以上官庙五间,阶级五,东西庑各三间,四至七品官庙三间,阶三级,东西庑各一间,八、九品庙亦为三间,但中广左右狭,阶只一级,堂亦无庑,堂及垣皆只一门(七品以上皆三门)[6]。庶人向来不许立庙,只能在居室之中进行祭祀。《国语》《谷梁传》《礼记》中皆有此等论述。北齐之制中规定,八品以下达于庶人皆祭于寝[7]。《开元礼》中也有类似规定,只不过品级有所差别,六品以下达于庶人皆祭祖祢于正寝[8]。明制中规定,庶人并不能设置祠堂,将二代神主置居室中间,无楼[9]。各代对于该项规定不尽相同,但总的原则并未改变,庶人及品级较低的官吏一般不许设立宗庙、祠堂,所以其祭祀活动也就只能在居室之中简单进行了。

当然,在祭祀活动中,所用到的祭器与祭品肯定是越多越彰显尊贵。关

① 通典 [M]. 北京:中华书局,2016.
② 新唐书 [M]. 北京:中华书局,1975.
　 唐会要 [M]. 北京:中华书局,2017.
③ 刘野. 钦定大清通礼 [M]. 长春:吉林出版集团有限责任公司,2005.
④ 新唐书 [M]. 北京:中华书局,1975.
⑤ 明史 [M]. 北京:中华书局,1974.
⑥ 刘野. 钦定大清通礼 [M]. 长春:吉林出版集团有限责任公司,2005.
⑦ 通典 [M]. 北京:中华书局,2016.
⑧ 通典 [M]. 北京:中华书局,2016.
⑨ 明史 [M]. 北京:中华书局,1974.

于祭祀中用到的各种盛食器、取食器以及酒器等祭器，各代都有详细规定。唐制五品以上每室樽、簠、簋、甀、铏、俎各二，笾豆一品、二品各十，三品八，四品、五品六，六品以下樽、簠、簋、甀、铏、俎各一，笾豆各二；宋制规定则略有差别，正一品每室笾豆各十二，簠、簋各四，从一品笾豆各十，簠、簋各二，正二品笾豆各八，簠、簋各二[①]；清制三品以上，每案笾豆各六，俎、铏、敦各二，七品以上笾豆各四，俎、铏、敦各一，八品以下笾豆各二，俎、铏、敦各一[②]。而关于祭品则更是非常讲究，一直以来有着严格的限制。春秋时代，楚昭王曾问观射父祭祀所用牲畜之事，观射父答曰："天子举以大牢，祀以会；诸侯举以特牛，祀以太牢；卿举以少牢，祀以特牛；大夫举以特牲，祀以少牢；士食鱼炙，祀以特牲；庶人食菜，祀以鱼。上下有序，则民不慢。"[③] 从中我们可以看到，古人对祭祀之事非常看重。天子平时盛馔用牛、羊、猪齐全的太牢，祀便要用会（三太牢）；诸侯平时盛馔用一头牛，祀便要用太牢；卿平时盛馔用一羊一猪的少牢，祀便要用一头牛；大夫平时盛馔用一头猪，祀便要用上一羊一猪的少牢；士平时盛馔用鱼肉，祀便要供上一头猪；庶人吃蔬菜，但是祭祀之时便要用鱼。从中深刻体会出其尊卑上下的等级秩序。同时通过观射父的答语看到，同样为人，不仅生前在所食之物上有着差别限制，即使死后血食之物也不能得到平等对待。如此规定在之后的历代都有详细规定，北齐律中三品以上牲用太牢，从五品以上用少牢，六品以下从七品以上用特牲[④]。唐时规定，五品以上祀用少牢，六品以下至庶人用特牲，无论祖父之品官高低，皆以子孙之牲，另外五品以上簋实稷黍，簠实稻粱，笾实石盐干脯枣栗之属，豆实醓酱菹菹之属，六品以下簋实稷，簠实黍，笾实脯枣，豆实菹醢[⑤]。唐代不仅详细规定了祭祀时所用牲以及数量情况，而且详细规定出不同品级官吏粮食谷物干果等祭品情况。明时规定，二品以上羊和猪各一头，五品以上羊一头，五品以下都是猪一头，并且规定所用祭祀之牲必须切分成四部分，不能用整头进行祭祀[⑥]。清时也有详细

① 宋史 [M].北京：中华书局，1985.
② 刘野.钦定大清通礼 [M].长春：吉林出版集团有限责任公司，2005.
③ 国语 [M].陈桐生，译注.北京：中华书局，2013.
④ 通典 [M].北京：中华书局，2016.
⑤ 通典 [M].北京：中华书局，2016.
⑥ 明史 [M].北京：中华书局，1974.

规定，三品以上祀羊、猪各一头，四品至七品祀特牲，八品以下用豚肩，庶士荐饼饵二盘，肉食果蔬四器，羹二，饭二，庶人每案不得超过四器，羹饭具^①。以上便是个别朝代关于祭品的一些规定，各代均有些许差别，但基本都详细规定了不同等级间祭品的种类与数量以及特别限制之处。

除此之外，在祭祀活动中，官吏进行私祭亦需着公服。唐制明确规定，二品以上官吏即使进行私家祭祀，也必须服元冕，即五品之服；五品以上进行私祭得服爵弁，也就是六品以下九品以上之服；六品以下则服进贤冠，即文武百官朝参、三老、五更之服。^② 主妇得服用花钗礼衣，后来为衣冠从公服，没有的则服常服即可^③。司马氏在《书仪》中写道：冠、婚、祭仪主人皆盛服，有官者具公服靴笏，无官者具幞头靴襕或衫带，各取所服平日最盛者。明制规定，文武官家祭亦服祭服，一般着青罗衣赤罗裳，赤罗蔽膝，方心曲领，冠带佩绶同朝服。三品以上但去方心曲领，四品以下去领及佩绶而已。命妇亦得服用礼服，妇人曾受封者则花钗翟衣，士人未为官者则幅巾深衣，庶人则巾衫结绦，妇人则大袄长裙，首饰如制。^④ 清礼也有类似规定，家祭时主人服朝服，率执事者盛服入庙^⑤。历代几乎对祭服都有相关定制，但唯有元代不许用公服祭祀，此一例外。《元律》云："诸家庙春秋祭祀辄用公服行礼者，禁之。"^⑥

以上便是关于中国古代关于丧葬与祭祀的一些规定，服丧守孝、祭祀先祖这些原本属于很私人的一些行为，在封建等级社会中被赋予了更多复杂的社会含义。在中国传统礼治社会中，丧礼、祭礼便成了封建统治者维护其统治的有力工具。

第四节　等级社会中的法律

中国古代社会不同等级社会成员间的生活方式、婚姻、丧葬以及祭祀活动等，其实在传统法律中也都有着不同程度的反映，虽然其效力的发挥主要

---

① 刘野.钦定大清通礼[M].长春:吉林出版集团有限责任公司，2005.
② 通典[M].北京:中华书局，2016.
③ 新唐书[M].北京:中华书局，1975.
④ 明会典[M].北京:中华书局，1989.
⑤ 刘野.钦定大清通礼[M].长春:吉林出版集团有限责任公司，2005.
⑥ 元史[M].北京:中华书局，1976.

靠行政以及伦理道德的力量来维持,但我们之所以将中国古代社会称之为典型的等级社会,最根本的原因仍在于其传统法律本身。细数中国历朝历代的法律条文,我们不得不对中国古代全面而周密的等级法律制度惊叹不已,并深深地为传统文化对社会政治法律制度的影响之深和之广而折服。

现代的我们已经无人不晓法律是什么,法律对人们意味着什么,法律面前人人平等。但是,在处处存在着等级差异的中国古代社会中,法律到底是为谁而设?在漫长的中国古代社会中,法律始终都是少数统治阶级意志的体现,代表和维护的始终是特权阶级的利益。

一、贵族与特权阶层的法律

中国古代的法律始终承认某些人在法律上享有一定的特权,在法律上被予以特殊的保护,这些人在法律上的地位显然与普通黎民迥然有异。作为君临天下的帝王当然凌驾于国家法律之上,法律赋予他的是不受限制的无限权利,不用承担任何义务。另外,帝王的"圣旨"本身就具有法律效力,甚至高于任何已有成文法。他不仅是最高的立法者,还是全国最高的司法审级,可以随意复核并决定任何一个判决。皇帝的羽翼庇佑着大批贵族和官僚,这些人便成为古代社会中的法律特权阶层。

(一)关于"礼不下庶人,刑不上大夫"

贵族和官僚法律特权来自古代一项根深蒂固的原则:"礼不下庶人,刑不上大夫。"[①] 这也是儒家学说最早确立的一项原则,自始至终对传统法律起着广泛而深远的影响。荀子曾说:"由士以上则必以礼乐节之,众庶百姓则必以数法制之。"[②] 在儒家传统文化的背景下,统治者逐渐形成这样一种心态,即国家的刑法主要是为"小人"设置的,而对"君子"主要以"礼"来规范,因而也就有"礼教荣辱以加君子,化其情也;桎梏鞭朴以加小人,治其刑也"[③] 之说。传统法律最初的立法宗旨,就是强制百姓遵守统治秩序,而对于贵族自身必是超然物外的。

关于礼不下庶人,刑不上大夫,常常发生各种误解。许多人以为因为"礼

---

① 礼记 [M]. 胡平生,张萌,译注. 北京:中华书局, 1985.
② 荀子 [M]. 方勇,李波,译注. 北京:中华书局, 2011.
③ 荀悦. 申鉴中论 [M]. 唐宇辰,徐湘霖,译注. 北京:中华书局, 2020.

不下庶人",所以庶人一般是不需讲究礼的。果真如此吗?如果我们承认礼是满足人类欲望的行为规范,而且承认这种行为规范有贵贱尊卑的差等,那么就不难明白,任何人都要讲礼,只是不同等级的人所守的礼有所不同而已。我们只能说,庶人所用的礼通常比较简陋,随意性较大,但不能因此说庶人无礼。如以婚姻来说,婚姻在古代是一种非常重要的礼,所以无论是天子贵族还是普通百姓,都需要遵守一定的婚礼规定。没有婚礼的程序,婚姻关系则不能成立。天子、诸侯、卿大夫、庶人等不同等级的社会成员,只需遵循各自婚礼之程序按规定完成即可。如《礼记》云:"夫礼者所以章疑别微以为民坊者也,故贵贱有等,衣服有别,朝廷有位,则民有所让。"①《荀子》中载有:"礼之生为贤人以下至于庶也。"②《礼记》中还曾提道:"夫礼者自卑而尊人,虽负贩者必有尊也,而况富贵乎?富贵而知好礼则不骄不淫,贫贱而知好礼则志不慑。"③可见,无论贫贱还是富贵,都要严格遵守礼制。

"刑不上大夫"的原意是指大夫明礼,遵守礼法,因此必然不会做出违反伦理大逆不道之事,所以也就用不着对其施以刑事处罚。但后来却逐渐演变为因大夫身份尊贵,所以不能对其用刑,如此便会有辱其身份。这样一来,"刑不上大夫"也就由最初的主观理论逐渐推演为客观的事实了。而"刑不上大夫"之"刑",到底该作何理解呢?《白虎通德论》云:"刑不上大夫者,据礼无大夫刑,或曰挞笞之刑也。"④大夫固然不受笞棒之刑,更不会入狱。但对于"刑不上大夫"一语我们亦常有所误解,此之"刑"并不仅指笞棒之刑而言。汉文帝废除肉刑,并开始以笞为刑,汉以前并无笞刑,但是有五刑,因此这里的"刑不上大夫"之"刑"应该指的就是五刑。五刑之中除死刑之外,墨、劓、剕、宫四者皆为肉刑,均损毁其肢体或者官能,而这种容貌形体上无法掩饰的残毁,对当事者而言莫不为奇耻大辱,而这种侮辱对贵族全体来说也是一种极大的侮辱,自是不能接受。所以,正如贾谊所言:"廉耻节礼以治君子,故有赐死而无戮辱,是以黥劓之罪不及大夫。"⑤如此看来,"刑不上大夫"之"刑"指的就

---

① 礼记 [M].胡平生,张萌,译注.北京:中华书局,1985.
② 荀子 [M].方勇,李波,译注.北京:中华书局,2011.
③ 礼记 [M].胡平生,张萌,译注.北京:中华书局,1985.
④ 班固.白虎通德论 [M].上海:上海古籍出版社,1990.
⑤ 汉书 [M].张永雷,刘丛,译注.北京:中华书局,2016.

是五刑,这一点是值得肯定的。

对于大夫违反礼法的行为,到底该如何进行规范呢?对于大夫违礼的行为,社会的反应一般是舆论的制裁,违礼的行为常常会引起社会舆论的轻视、贬责,甚至是讥讽与嘲笑。《左传》中充满了这样的论调,君子曰,"礼也"或"非礼也",便是当时士大夫阶层对于某一士大夫行为的赞许或者不赞许的反应。当然这种批评是不会针对普通庶人的,因为他们不懂礼,无须遵守礼的规范,所谓君子也不会和他们浪费口舌,庶人若有过失行为自会受到法律的制裁。但我们切不可轻视这种消极的舆论制裁的强大力量。中国古代的象刑、赭衣之制,以及明代的申明亭都具有舆论制裁的意义。人类学研究表明,在一共同生活的小社会团体中,讥讽、嘲笑的言语以及歌唱对于被嘲弄的人来说的确是一种极其严重可怕的惩罚,被嘲弄的人极端难堪、痛苦与无助,而且无法逃避,严重的甚至会使人失去原本的社会生活,无异于被社会所遗弃。古代社会士大夫团体只是经社会选择的一小部分人群,且其社会活动与接触非常密切,姓名、家世、政治活动等无不彼此知悉,因此无论美行恶行都很难逃脱他人的耳目。遭受恶意指责与嘲弄的人,不但被同类所不齿、被歧视,甚至会被排斥于大夫与君子团体之外。

除了社会舆论的制裁之外,还有更多制裁手段。士大夫等贵族阶层若有篡位、弑君、弑父以及贵族之间自相残杀等严重危及国家秩序、损害贵族安全之行为,不能为全体贵族所容忍,舆论谴责已不足以对其进行制裁,此种情况下通常被放逐或杀戮。梁启超举"投诸四裔以御魑魅","屏诸四夷,不与同中国",以及鲁人盟臧孙纥的例证,以为对于贵族有放逐的办法,妨害本社会秩序者则屏诸社会以外[①]。春秋时代流放的习惯仍很普遍,公孙楚伤公孙黑,子产放之,曰:"余不女忍杀,宥女以远,勉速行乎,无重而罪。"[②] 除此之外,值得注意的一点是,"刑不上大夫"是包括死刑的。一般而言,对大夫等贵族阶层,不予施加死刑的处罚,大辟弃于市只用于庶人。但是对于贵族阶层严重危害国家秩序与安全的行为,也会剥夺其生命予以惩罚,而自尽则是最能保全贵族体面及尊严的办法。不令众庶见之与受戮于吏完全不同。所以贾谊云,君子"有

① 梁启超.先秦政治思想史 [M].北京:商务印书馆,2017:47.
② 左传 [M].郭丹,程小青,李彬源,译注.北京:中华书局,2016.

赐死而亡戮辱,……虽或有过,刑戮之罪不加其身者,……闻遣何则白冠氂缨,盘水加剑,造请室而请罪耳,上下执缚系引而行也,其有中罪者闻命而自弛,上不使人颈盩而加也,其有大罪者,闻命则北面再拜,跪而自裁,上不使捽抑而刑之也"[1]。先秦时代许多贵族大臣都如此从容自裁。后代也多有保留大臣赐死的遗习,汉文帝吸纳贾谊之言,大臣有罪一般自尽而免受刑,北魏时大臣当大辟者多得归第自尽[2]。当然还有一种结束生命的方法便是杀之,如《春秋》经传中有很多贵族被杀的记载,但是这种杀害与大辟、弃市是截然不同的,是不刑于市的。北周常囚死罪,皆书其姓名及其罪于牍,杀之于市,唯皇族与有爵者隐狱[3],大概就是这个意思。

(二)贵族与官吏之法律

在传统社会里,有一个备受法律保护的特权阶层,他们之中,身份地位越高,被赋予的法律特权就越多。而"八议"与"官当"制度就是对特权阶层进行精心保护的有效手段,也是等级观念在传统法律中最典型的体现。

"八议"制度的前身为《周礼》中的"八辟"。《周礼》规定:"以八辟丽邦法,附刑罚:一曰议亲之辟,二曰议故之辟,三曰议贤之辟,四曰议能之辟,五曰议功之辟,六曰议贵之辟,七曰议勤之辟,八曰议宾之辟。"[4]对上述八种特殊身份的人制定专门的法律,他们犯法将受到特别优待。由"八辟"演化成"八议",并正式入律始于三国时期的魏国。魏明帝制定的《新律》中,第一次将"八议"确立下来,并被后代所沿袭。由于典籍的缺失,我们今天看到的最早、最确凿可信的"八议"在《唐律疏议》中。《唐律疏议》不但肯定了"八议"这一特权制度,而且列之于《名例》之中,赋予其法律原则的重要地位。所谓"八议"就是"议亲""议故""议贤""议能""议功""议贵""议勤""议宾",也就是对皇亲国戚、皇帝故旧、有大德行者、有大才业者、有大功勋者、高官显贵、有大勤劳者以及前朝遗族这八类人给予法律特权,他们或有"十恶"以外的任何犯罪,均适用一种特殊的司法程序,下面将细数之。

---

① 汉书[M].张永雷,刘丛,译注.北京:中华书局,2016.
② 魏书[M].唐长儒,点校.北京:中华书局,2018.
③ 隋书[M].北京:中华书局,2020.
④ 周礼[M].徐正英,常佩雨,译注.北京:中华书局,2014.

对于"八议"者及其他官吏等这些特权阶级,一般不受司法机构及普通法律程序的拘束。许多朝代均有法律规定,除非得到皇帝的许可,一般来说对于特权阶层的犯罪情况,司法机构是不能擅自逮捕与审问的。如宋神宗诏,品官犯罪,按察之官并奏劾听旨,毋得擅捕系罢其职①。明清二代,"八议"者犯罪,官吏亦不能擅自逮捕,须先将犯罪事实上奏听旨,奉旨推问,才许拘问,若奉旨免究,便作罢论②。另外,"八议"以外的官吏通常也能享受这种特别优待。如清律规定,无论大小官员,所司皆须开具事实实封奏闻请旨,不许擅自勾问③。同时,他们也不受拘系及刑讯。如汉孝惠制,爵五大夫、吏六百石以上及官皇帝之命者,有罪当盗械者皆颂系④。而不受刑讯的规定,自唐以来皆有明文,唐宋规定,对"八议"以内者,以及应议者期以上亲及孙,若官爵在五品以上之人等,都不得进行拷问,违背规定者,进行拷问的官吏是有罪的。更加重要的一点是,即便审问以后,对于特权阶层犯罪司法机关也不能依照普通程序加以决断。如汉制,在先请之列的贵族及官吏有罪,必须得到皇帝的批准才能判刑⑤。唐、宋、明、清各代都有类似的规定,即便是"八议"以外的官吏犯罪,虽然不必经议请的程序,但仍不能由承审官直接判决。从以上法律规定我们看到,这些拥有特权的阶级犯罪,司法机关不能依法进行逮捕、不能擅自进行审问,更不可能判决罪名。只有皇帝才能命令官吏对其进行逮捕,只有皇帝才能命令法官对其进行审问,当然也只有皇帝才能宣布他的罪名并决定其执行。当然,由皇帝进行一切决定便具有了极大的弹性,至于最终皇帝是否过问、是否进行惩罚,便没有那么严谨了,这便是等级社会的法律特权现象。

至于特权阶级犯罪判决后实际发落的情况,也是值得特别注意的方面,这就不得不提及刚刚谈到的另一个特权制度,即官当。"当"者,抵当也,一般指贵族及国家官吏犯罪并被判决一定的刑罚后,无论公罪、私罪都能获得一定的优免机会,可以其官阶来抵当部分或全部刑罚。作为古代法律的重要内

---

① 宋史 [M]. 北京:中华书局, 1976.
② 大明律 [M]. 怀效锋,点校. 沈阳:辽沈书社, 1989.
　　大清律例 [M]. 北京:中华书局, 2015.
③ 大清律例 [M]. 北京:中华书局, 2015.
④ 汉书 [M]. 张永雷,刘丛,译注. 北京:中华书局, 2016.
⑤ 汉书 [M]. 张永雷,刘丛,译注. 北京:中华书局, 2016.

容,官当制度突出反映了法律的不平等以及特权法律的性质,它是古代等级社会结构以及社会等级观念发达的法律表现。对于官方来说,对这种不平等的特权法律,非但毫不掩饰,甚至有意追求,并精心设计了一套完整的法律等差秩序,官当制度正是这一秩序的内容之一。

官当之制是在魏晋以后才确立的,但在秦汉时期便已见端倪。《汉书》曾记载:"博阳侯周遬有罪,夺爵一级为内关侯。"[①] 这种手段虽没有官当之名,但已颇有其实了。汉时,上造以及内外公孙、耳孙有罪当刑及当为城旦舂者,皆耐为鬼薪白粲[②],而使其不必受刑。《晋律》中官当便作为一种制度开始出现了,它明确规定免官可以抵当三岁刑。晋律应八议以上皆留官收赎,勿髡、钳、笞[③],免冠者比三岁刑[④]。以后历代法律几乎皆有以官当抵刑的规定。隋、唐、宋制,品官犯罪不仅可以收赎,徒、流罪还可以官当,以官爵大小折抵其罪刑,官爵越高则所当之罪越多,减免机会也越多,特别对大官的优待比前朝更为丰厚。据律,犯私罪以官当徒者,五品以上官当徒二年,九品以上官当徒一年;犯公罪当徒者,五品以上官当徒三年,九品以上官当徒二年,当流者三流同比徒四年[⑤]。唐、宋官当法对官吏之优待可谓无微不至,虽官当最多比徒三年,但实际操作中总会以各种办法使其不致行实刑,同时还会设法保住其官位,使其不致断送政治生命。明、清律在法律上已没有了关于官当的条文,官吏犯罪表面上也不如唐、宋时期优待之多,官吏免刑的范围仅限于笞、杖等轻罪,对于徒、流以上重罪便须实配。如清制,官吏犯笞刑者分别罚俸,笞一十,罚俸两个月;笞二十,罚俸三个月;三十、四十、五十各递加三个月,犯杖刑者分别降级革职[⑥]。官当作为一种盛行于古代社会的制度无疑是"刑不上大夫"精神原则在法律上的体现,同时也是古老的礼制精神的法律传承。官职本来仅是一种行政职位而已,但在古代则被视为个人的一种身份象征,一旦获得此种身份,也便意味着可以享受种种特权,不仅在生活中如此,在法律上也是如此。

---

① 汉书 [M].张永雷,刘丛,译注.北京:中华书局,2016.
② 汉书 [M].张永雷,刘丛,译注.北京:中华书局,2016.
③ 唐律疏议 [M].岳纯之,点校.上海:上海古籍出版社,2013.
④ 李昉.太平御览 [M].北京:中华书局,1992.
⑤ 瞿同祖.中国法律与中国社会 [M].北京:中华书局,1981.
⑥ 大清律例 [M].北京:中华书局,2015.

（三）贵族及官吏的家属之法律

贵族官吏在法律上因为其特殊地位而被称为特权阶级，他们的家属后代借助他们的荫庇也被包括在特权阶级之列，因为其特殊身份而获得异于平民的法律地位，享受着特权阶级才有的各种特权及法律优待。所以说，古代社会贵族官吏自身不仅可以获得法律上的许多特权，还可将这种特权扩大到他们的家属及后代，他们的官爵越高，则扩延的范围越广，法律给予的优待也就越多。

唐、宋皆有明文规定，"八议"者期以上亲及子孙犯死罪可以上请，流罪以下减一等，五品以上官之祖父母、父母、兄弟、姊妹、妻、子孙，犯流罪以下亦减一等，七品以上官祖父母、父母、妻、子孙，犯流罪以下则听赎。便是五品以上官之妾流罪以下亦听赎①。明、清在此方面的法律规定则更为宽松，对贵族官吏家属的优待与贵族官吏自身是一样的，只是在实际操作过程中采取较为弹性的办法，在法律中并无固定的依例减赎规定，只是在审问与判决的程序上与平民不同而已。凡应"八议"者之祖父母、父母、妻以及子孙犯罪，和"八议"者本身之待遇相同，须实封奏闻取旨，不许擅自勾问。奉旨推问之后，也不能由法司径自裁判，须开具所犯及应议之状，先奏请议，议定奏闻，最后由皇帝决之②。可见，"八议"者亲属犯罪之特殊待遇与其几乎完全相同。皇亲国戚及功臣之外祖父母、伯叔父母、姑、兄弟、姊妹、女婿、兄弟子，以及四品、五品官之父母、妻及应合袭荫子孙犯罪，此种情况虽然许可有司可以依据普通司法程序予以逮捕审问，不用参提，但依然不得由有司径自判决，仍须议拟奏闻，取决于帝③。

官吏因为其特殊身份可以荫庇其亲属，这本是国家法律对于特殊阶级的一种推恩。推恩的本身就是家族主义的一种表现，基于骨肉之亲以及慈孝之心，贵族官吏便可以因其特殊身份，荫庇其亲属子孙。但是若这种推恩的初心已不复存在，出现骨肉相犯、不慈不孝的情形，则不能再被荫庇。如唐、宋律均有此种规定，若子弟借尊长荫而犯所荫尊长，或借旁系亲属之荫而犯旁

① 瞿同祖.中国法律与中国社会［M］.北京：中华书局，1981.
② 大明律例［M］.北京：北京大学出版社，1993.
　　大清律例［M］.北京：中华书局，2015.
③ 大明律例［M］.北京：北京大学出版社，1993.
　　大清律例［M］.北京：中华书局，2015.

系亲属之祖父母、父母,出现此种情形便已与荫的立法原意不符,甚至完全相反,全然失去慈孝的本意,所以在这种情形下便不许用荫①。这种精密周到细致的法律规定,也说明了当时立法者对于家族主义以及伦常的注意。一方面既要体念骨肉之情、慈孝之恩,使家属可以得到一人的荫庇;另一方面又必须顾及利用荫庇而有违反原意的行为,二者皆为伦常所维护。

二、良民与贱民的法律

中国历史上的社会等级,如果说贵族与平民是一种划分范畴,那么良民与贱民则是另一种范畴。《清会典》有云:"凡民之著于籍,其别有四:一曰民籍,二曰军籍,三曰商籍,四曰灶籍,察其祖寄,辨其宗系,区别良贱。"② 因此可以说,良贱不只是习惯用语上的一种名词,在户籍上、在考试上、在刑法上以及等等,都有分别。在社会上,贱民当然地成为最底层的成员。我们可以这样理解,如果说贵贱的区分代表着贵族官吏与普通平民身份地位的不同,那么良贱的区分则代表着良民与贱民的不同社会地位。

(一)良贱之间

一旦被列为贱籍,便意味着成了社会上的下等人,在法律上则明确规定其社会地位与身份与良民有着本质的区别,如他们的生活方式与良民已大不相同,且不能去应考出仕,更不能与良民通婚,任何企图改变其身份的途径都为法律所禁止。而且一旦贱民犯了罪,处罚总是比常人更重。历代立法都遵循这样一个原则:良犯贱,量刑从轻;贱犯良,量刑从重。

首先以良贱之间的杀伤罪为例。奴婢殴杀良民,处分极重,如汉时规定,奴婢射伤人者皆弃市③。唐、宋以后,凡贱民殴杀良民,一律加凡人一等治罪;而良民殴伤贱民,可减凡人一等甚至二等治罪。如唐、宋律规定,官户、部曲及部曲妻殴良民者加凡人一等治罪,奴婢因身份较官户、部曲低,所以又加一

---

① 唐律疏议 [M]. 岳纯之,点校. 上海:上海古籍出版社,2013.
   窦仪. 宋刑统 [M]. 北京:中华书局,1984.
② 清会典 [M]. 北京:中华书局,1991.
③ 后汉书 [M]. 北京:中华书局,1965.

等,等于加凡人二等①。而明、清二代,奴婢已无高下之分,凡殴良民者,一律加凡人一等治罪,若奴婢殴良民伤至折跌肢体,瞎目及笃疾者,唐宋明清各律皆处绞刑,至死者斩。

而良民殴伤他人奴婢一律按凡人减刑论罪,唐、宋律部曲奴婢稍有差别,一减一等,一减二等②,明、清律各减一等③。按唐、宋、明、清律规定,常人相互斗殴,杀人者处绞刑,故意杀人者则处斩。但唐、宋杀部曲者处绞,若所杀者为奴婢,则不用处死刑,流放三千里即可④。明清律关于殴杀奴婢,不问殴杀与故杀之情形,一律止于绞刑⑤。而元代对于杀奴婢的处分最轻,常人斗殴杀人者,例处绞刑⑥,但殴死奴婢止杖一百,征烧埋银五十两⑦。从中可以看出,一个处绞刑,一个只处杖刑一百而已,相差之悬殊可见奴婢地位之卑下,历代法律中也没有比元代更轻的了。

其次再来看良贱之间的奸非罪。其实奸非罪立法的原则与杀伤罪是一致的,仍以贱奸良人者,加重处罚,良人奸贱者,减轻处罚。之前的内容已经谈到过关于良贱之间存在的通婚禁止规定,良贱之间除婚姻关系之外的性关系,更在法律严厉禁止并加重处罚之列。在古代社会中,性的禁忌不但为社会习惯与风俗所不许,更是法律严厉制裁的内容之一。

阶级内婚制所重视的不仅是家族血统的纯正及其后裔的社会地位,在封建传统道德伦理观念中,更有观念认为良民妇女不是卑贱的奴婢所可以接触

① 唐律疏议 [M].岳纯之,点校.上海:上海古籍出版社,2013.
  窦仪.宋刑统 [M].北京:中华书局,1984.
② 唐律疏议 [M].岳纯之,点校.上海:上海古籍出版社,2013.
  窦仪.宋刑统 [M].北京:中华书局,1984.
③ 大明律例 [M].北京:北京大学出版社,1993.
  大清律例 [M].北京:中华书局,2015.
④ 唐律疏议 [M].岳纯之,点校.上海:上海古籍出版社,2013.
  窦仪.宋刑统 [M].北京:中华书局,1984.
⑤ 大明律例 [M].北京:北京大学出版社,1993.
  大清律例 [M].北京:中华书局,2015.
⑥ 元史 [M].北京:中华书局,1976.
  元典章 [M].陈高华,张帆,刘晓,等点校.天津:天津古籍出版社,北京:中华书局,2011.
⑦ 元史 [M].北京:中华书局,1976.

的。在古代极其看重贞操的社会中,高贵的妇女被卑贱的男子所接触,则会终生成为不可洗涤的耻辱。妇女被人奸污,是异常重大之事,被奸污的妇女往往无法在社会中生存下去,常常会羞愤自杀。但是反观贱民女子如果被良民男子所奸污,则被认为不是什么大事,社会中也普遍认为无足轻重,对于男子来说根本谈不上什么羞耻,所以给予的处分也极其轻微,一般来说均从轻处罚。

在中国古代极其重视道德风化的社会里,奸非罪是被异常重视的,犯奸的男女不分高下,二者皆有罪论处,但不同的就是良民奸贱民的处分是极其轻微的。唐、宋律规定,部曲、杂户、官户奸良民者,和常人相奸比,要加一等治罪,徒两年或两年半。若属于强奸的情形,则罪加一等,因奸折伤则加斗伤罪一等。奴隶奸良民徒两年半,强奸的情形罪加至流罪,因奸折伤者处绞刑。但是若良民奸他人部曲妻子或者杂户、官户之妇女的情形,处分则大不相同,只处杖刑一百,若奸官之私婢则会又减一等,杖九十。强奸加一等,因奸折伤加斗伤罪一等[1]。明、清律中奴隶奸良民妇女加凡奸罪一等,强奸的话由绞加至斩刑。良民奸他人婢女,减凡奸罪一等。[2]

(二)主奴之间

主奴关系是古代社会最普遍的社会关系之一,主奴间不仅存在着良贱的区别,而且存在着尊卑的划分,因而不平等的程度更深。关于奴婢的来源,有的是因买卖而得,有的则来自国家的赏赐,还有的是出于各种原因的投靠。但他们一旦属于某一个主人之后,便完全丧失其自由及人格,几乎成为一种商品,不仅具有经济价值,可以随意转让或买卖,还具有劳动价值,可留供劳役。正如《唐律疏议》所云"奴婢同于资财""奴婢贱人律比畜产""奴婢部曲身系于主""奴婢合由主处分"[3]等,这些话充分表明了社会、法律对于主奴关系的普遍看法。

首先以主奴之间的杀伤罪为例。《僮约》曰:"当从百役使,不得有二

---

① 唐律疏议 [M].岳纯之,点校.上海:上海古籍出版社,2013.
　　窦仪.宋刑统 [M].北京:中华书局,1984.
② 大明律例 [M].北京:北京大学出版社,1993.
　　大清律例 [M].北京:中华书局,2015.
③ 唐律疏议 [M].岳纯之,点校.上海:上海古籍出版社,2013.

言。"① 奴婢对于主人而言，必须完全恭顺服从，否则主人可以任意责罚。扑责奴婢本是主人当然的权利，即使不慎将奴婢打伤致死，只要不是故意殴打致死，便完全不用承担任何责任。法律所禁止的只是非刑和擅杀的情形。《后汉书》有言："敢灸灼奴婢，论如律。"② 宋、元时期因士庶之家常私自将家奴黥刺，因此特加禁止③。关于杀死奴婢，《唐律疏议》有云："奴婢贱隶，虽各有主，至于杀戮，宜有禀承。"④ 奴婢虽然身份卑贱，但是人命不分贵贱，所以人贱命不贱，即使身为奴婢也不可随意杀死，生杀之权在于国家，而不在任何其他人之手。所以除过失杀死奴婢之外，擅杀奴婢不问其是否有罪无罪，都要负责任。光武诏："天地之性人为贵，其杀奴婢不得减罪。"⑤ 主人虽不能对奴婢任意处决，但若奴婢有罪，法律规定主人可以告官陈述罪状，请求杀之。如晋法规定，奴婢悍主，主得谒杀之⑥，后代也都有相关法律规定，凡奴婢有罪，主人可告官而杀之，但是不得擅杀。主人若擅杀奴婢，也会得到法律的相应处罚。如唐、宋、元、明、清律中均有相关规定，主人擅杀奴婢皆杖一百。

反过来看，奴婢事主，应心怀谨慎与敬重之心，当然更不能有侵犯主人的行为，历代以来法律都将奴婢视同子孙，要求他们以对父祖的态度对待家长。奴婢若有殴骂家长以及更加严重的行为，当然不能被社会所认同，所为悖逆，同子孙殴骂父祖一样，属于恶逆大罪，法律上处分极重。暂且不论殴打之行为，即便骂便已构成重罪。唐、宋律规定，部曲、奴婢骂主，以及因过失伤及主人，皆处流刑⑦；明、清律规定，奴婢骂主人者绞，殴者不论有伤无伤皆斩⑧。若将主人杀死，自然更是罪大恶极，必须要入于极刑之列。唐、宋律规定，部曲、奴婢杀死主人，即便属于过失也必须处以绞刑⑨。元时规定更为严厉，奴婢杀

---

① 王充. 论衡 [M]. 上海：上海人民出版社，1974.
② 范晔. 后汉书 [M]. 北京：中华书局，2007.
③ 马端临. 文献通考 [M]. 北京：中华书局，2011.
④ 唐律疏议 [M]. 岳纯之，点校. 上海：上海古籍出版社，2013.
⑤ 后汉书 [M]. 北京：中华书局，1965.
⑥ 晋书 [M]. 北京：中华书局，2015.
⑦ 唐律疏议 [M]. 岳纯之，点校. 上海：上海古籍出版社，2013.
　窦仪. 宋刑统 [M]. 北京：中华书局，1984.
⑧ 大明律例 [M]. 北京：北京大学出版社，1993.
　大清律例 [M]. 北京：中华书局，2015.
⑨ 唐律疏议 [M]. 岳纯之，点校. 上海：上海古籍出版社，2013.

伤本主者处死,故杀者凌迟^①。明、清律沿袭元时规定,奴婢杀死主人,不论殴杀、故杀、谋杀,一律处凌迟处死^②。凌迟是古代最为残酷的重刑,为刑外之极刑,一般只适用于谋反、大逆、子孙妻妾杀尊长等一些重罪,而奴婢杀死主人则处以凌迟,可见古代法律对于主奴身份之重视程度。

以上便是主奴之间互相侵犯的法律规定,我们可以清晰地看到法律制定之原则,即主人侵奴婢,处罚从轻;奴婢侵犯主人,处罚从重原则。于良贱关系之外,再加上主奴关系,名分綦重,于此,一切也便不难理解了。若主人非平民,而是贵族官吏,则其主奴之间的差异就更深了。在此便不赘述。

其次再来看主奴之间的奸非罪。如前文所述,奴婢以及子女本身就是属于主人所有的,主人当然可以对其任意处分。所以,对于男主人对女婢性的要求,本属非常合理的要求,甚至可以认为是男主人当然的权利。几千年来的中国社会,婢女与男主人之间性的关系一直以来被社会和法律所默许。唐宋律中便有规定,若婢女生子即可变为良人,因此即可成为主人之妾室^③。

中国古代社会法律因注重礼教的关系,对于奸非罪向来极为重视,对于有夫奸的重视尤其甚于无夫奸,处罚也极重,但是对于主奸奴,虽部曲及雇工人妻也不为罪。对于这一现象我们至少可以认为法律实际上默许了男主人对奴仆的妻子及女儿的通奸权。这种现象维持了很长一段时间,到清代才附加条例予以限制,对于有夫的仆妇和无夫的婢女加以区别,由此在法律上主人的通奸权得以缩减,仅以无夫的婢女为限。但是即便如此,主人奸下人夫之妇者,不过笞四十,系官交部议处^④,其处分也是极轻的。清律规定,常人因强奸而杀死妇女,或因奸而逼人致死,一律处以死刑,但是这两条规定对于主人是不适用的。条例规定,凡家主将红契所买奴婢及白契典买、恩养已久奴仆之妻妄行占夺,或图奸不遂,因而将奴仆毒殴致死,或将其妻致死,审明确有实据

　　窦仪．宋刑统 [M]．北京:中华书局,1984.
① 元史 [M]．北京:中华书局,1976.
② 大明律例 [M]．北京:北京大学出版社,1993.
　　大清律例 [M]．北京:中华书局,2015.
③ 唐律疏议 [M]．岳纯之,点校．上海:上海古籍出版社,2013.
　　窦仪．宋刑统 [M]．北京:中华书局,1984.
④ 大清律例 [M]．北京:中华书局,2015.

及本主自认不讳者,家主不分官员平人,俱发黑龙江当差。若所杀奴婢系白契所买、恩养未久,则照杀雇工人律拟绞监候[①],由此可见该规定与常人因奸杀死妇女斩决的处分之悬殊[②]。

如上文所述,奴仆奸良人妇女以属罪不可恕,若奴仆奸主人妻女,以下犯上、渎乱名分,自然罪大恶极,不可容忍。所以明洪武初定真杂犯死罪各项罪名时,以奴奸主人妻女入于真犯死罪中[③]。历代法律对于此种罪名处罚之重,无不表现出一致性。奴奸良人不过徒刑,但奴仆奸主人妻女之行为则加至死刑。如唐、宋部曲及奴奸主者绞,强奸者斩[④]。明、清律奴及雇工人奸主人妻女者斩[⑤],清律且规定即使强奸未成亦斩立决,便是调奸未成,亦从重处分,发黑龙江给披甲人为奴[⑥]。而唐、宋、明、清等法律中也有规定,若奴所奸为主人之妾或者主人亲属之妾,则可以各减罪一等。

以上便是主奴间关于杀伤罪及奸非罪的一些规定,综上可以看到,无论从法律的形式到内容,还是从法律的程序到实体,主奴之间都有着天壤之别,当然这也是整个社会等级链条中非常重要的一环。主奴间的等级差异只是古代等级社会中的冰山一角,但是从中也可以反映出当时社会政治、经济、文化社会的等级差异,这对于全面研究古代社会法律文化起着重要的作用。

①　大清律例 [M]. 北京:中华书局,2015.
②　大清律例 [M]. 北京:中华书局,2015.
③　明会典 [M]. 北京:中华书局,1989.
④　唐律疏议 [M]. 岳纯之,点校. 上海:上海古籍出版社,2013.
　　窦仪. 宋刑统 [M]. 北京:中华书局,1984.
⑤　大明律例 [M]. 北京:北京大学出版社,1993.
　　大清律例 [M]. 北京:中华书局,2015.
⑥　大清律例 [M]. 北京:中华书局,2015.

第二章
中国古代法律文化中的礼与法

　　孔子曰:"安上治民莫善于礼。"[①] 荀子又言:"人无礼则不生,事无礼则不成,国家无礼则不宁。"[②] 礼为治国的基础,这是以孔子为代表的儒家一贯的主张,礼与治国的关系几乎是不可分离的。而商鞅则曰:"圣人之为国也,壹赏,壹刑,壹教。"[③] 韩非子更曰:"以道为常,以法为本。"[④] 法家的兴趣并不在于伦理道德之上,他们注重的是法律、秩序之维持,认为国家的治理,重在赏罚分明的公平执法。儒家以礼为维持社会秩序之行为规范;法家以法律为维持社会秩序之规范;儒家以德教为维持礼之力量,法家以法律制裁为推行法律之力量。

　　中国传统法律文化中的礼与法也是密不可分的,有时为一,有时为二,有时分治,有时合治。其实,礼与法都是国家治理的行为规范,都是约束人们行为的手段,其区别或许是其不同形式,或许是其强制力之大小,又或许是其不同的制裁性质与方式。但无论如何,我们发现凡是礼所容许的、认为对的,也都是法所认可的、认为合法的;凡是礼所不容许的、禁止的,也都是法所禁为的、所制裁的。所以,礼与法的关系,从来都不是互不相容、绝对割裂的。一直以来,礼与法的关系问题都是中国法律文化史领域的重大研究课题。当然,深入地研究和理解中国古代关于礼与法的关系问题,对全面认识和整体把握传统法律文化的内在精神和外在表现均能起到提纲挈领的重要作用。若我们

---

① 孝经 [M].李捷,译注.呼和浩特:远方出版社,1996.
② 荀子 [M].方勇,李波,译注.北京:中华书局,2011.
③ 商君书 [M].石磊,译注.北京:中华书局,2011.
④ 韩非子 [M].李维新,译注.郑州:中州古籍出版社,2009.

以文化为背景，以中国古代礼与法的关系为视角，去整体理解和把握传统法律的精神和要义，则无异于高屋建瓴，相信对中国古代法律文化的系统研究具有重要意义。

第一节　中国古代法律文化中的礼

礼，是中国传统文化的核心，浸透于中国古代社会的方方面面，是中国古代文明的标志。我们从对礼的研究中，可以了解到古人对法律作用与法律价值的认识，同时，可以了解到传统法律的价值取向。

一、礼的起源与发展

礼的起源很早，甚至可以追溯到原始社会后期。以"礼"字为例，它最早出现于商朝的甲骨文中，繁体字写作"禮"，古文中写作"豊"。"豊"下面的"豆"字意为盛器，是古代祭祀时所用的一种器具，象征用器皿盛满东西献祭于祖先，这说明礼实际上就是一种早期祭祀活动的仪式与礼节。正如《说文解字》中对"礼"的解释："履也，所以事神致福也。"[1] 可见礼的起源与古代祭祀活动密切相关。由于古代社会祭祀活动非常频繁，所以礼也就逐渐成了奉神致福和祭神祭祖等仪式的代名词。近代大学问家王国维先生也认为，"礼"字的诸多写法"皆象二玉在器之形。古者行礼以玉，故《说文》曰：'豊，行礼之器，其说古矣'。[2] 王国维先生通过研究，认为上古祭祀至上神或祖宗神，都要用两块玉盛在一个器皿里作为供奉，以示敬意。这种说法也得到了学术界的广泛认可。在此基础上，王国维先生将"礼"的解释进一步具体化："盛玉以奉神人之器谓之豊，推之而奉神人之酒醴亦谓之醴，又推之而奉神人之事通谓之禮。"[3] 对此，郭沫若也非常认同此观点，认为"礼之起源于祀神，故其字后来从示，其后又扩展而为对人，更其后扩展而为吉、凶、军、宾、嘉的各种仪制"[4]。综上可知，礼起源于古时的祭祀活动，在古人的心目中，礼就是天地鬼神的治人之法。

---

[1] 许慎. 说文解字 [M]. 北京：中华书局，1963.
[2] 王国维. 观堂集林 [M]. 北京：中华书局，1959.
[3] 王国维. 观堂集林 [M]. 北京：中华书局，1959.
[4] 郭沫若. 十批判书 [M]. 北京：人民出版社，1954.

随着生产力的不断发展,原始社会后期开始出现了私有财产,当原本处于平等地位的氏族首领获得财产上的优势之后,便更加希望借助神的力量巩固其既得利益及现有地位,所以对神的供奉便愈加虔诚。这种虔诚体现在祭祀活动中对"酒"及"器"开始大做文章,这使得礼从最初的状态开始发生变化,逐渐成了氏族首领及统治者显示其身份地位、独掌祭祀权力的一项专权。由此,阶级社会的礼便正式产生了。

荀子曾说:"求而无度量分界,则不能不争。争则乱,乱则穷。"[①] 于是,"先王恶其乱也,故制礼义以分之"[②]。那么,"分"的内容是什么呢?法家早期代表人物之一慎到曾对此做过形象的说明:"一兔走,百人追之,分未定也。积兔满市,过而不顾,非不欲兔,分定不可争也。"[③]法家的另一代表商鞅也认为,"圣人"为了"止乱"而"定分"。所以,"分"就是建立在财产私有制基础上的权利义务的划分,而这种划分的终极目标就是使"上下有别、贵贱有分、长幼有序、贫富有度"[④]。此种"分"的本质内容不外乎对与人身关系相对应的权利义务关系进行有秩序的调整,礼由此上升为整个社会基本的行为规范。随着私有制的产生与国家的出现,礼的主体也逐渐演化为一种开放性的社会行为规范,这种开放性意味着任何一种社会关系都随时可以成为礼所调整的对象,只要统治者愿意的话。这一过程,也正是统治者在统治过程中不断积累和总结经验的过程,其结果便是使礼成了社会政治以及伦理道德领域的最高准则,成为早期国家划分并确立社会成员尊卑贵贱地位及其相应权利义务关系的基本依据。

二、礼的内容

礼的内容可谓包罗万象,正是由于其内容的博大精深与表现形式的复杂多样,一直以来使其成为中国传统法律文化研究的难点。近代以来,许多学者对礼的内容进行了全面深入的研究,有人认为古代的礼如同西方的神权法、自然法、习惯法,有人则认为礼是中国古代的"宪法""民法",当然礼与刑法

---

① 荀子.富国 [M].方勇,李波,译注.北京:中华书局,2011.
② 荀子.礼论 [M].方勇,李波,译注.北京:中华书局,2011
③ 商鞅.商君书 [M].石磊,译注.北京:中华书局,2011.
④ 管子.五辅 [M].李山,轩新丽,译注.北京:中华书局,2019.

也有着密不可分的关系。因此，要想全面认识包罗万象的礼，必须辨明礼与神权法、自然法、习惯法、宪法、民法以及刑法的关系。

（一）礼与神权法、自然法、习惯法

据人类学家研究，人类最原始的信仰有两种，一是天地信仰，二是祖先信仰。基于对天地鬼神的崇拜，人们为了能风调雨顺、降福免灾，因此对天地鬼神进行虔诚的祭祀。如前所述，礼起源于祭祀活动，是天地鬼神的治人之法，因此具有一定的神秘性。正是这种神秘性，导致许多人常常将礼与宗教相提并论，所以在某一时期、某种程度上，礼就是那个时期所谓的"神权法"。

礼所崇尚并敬重的天地鬼神在中国古代哲学中包含两种含义：一是具有人格意义的至上神灵，二是自然演化而形成的人类无法抗拒、只能顺应的规律。梁启超在分析先秦的"天道观"时指出："有一有感觉、有情绪、有意志之天直接指挥人事者，既而此感觉、情绪、意志化为人类生活之理法，名之曰天道。"① 春秋时著名的政治家子产论礼时说道："夫礼，天之经也，地之义也，民之行也。"② 礼由神秘化演进为自然化是历史的一大进步。③ 这一进步使中国传统文化，当然也包括中国传统法律走上了崇拜自然为主的道路。《汉书》曾这样总结中国传统法与自然法的关系："先王立法，'则天之明，因地之性'也。刑罚威狱，以类天之震曜杀戮也；温慈惠和，以效天之生殖长育也。《书》云：'天秩有礼'、'天讨有罪'。故圣人因天秩而制五礼，因天讨而作五刑。"④ 在不可抗拒的自然法则面前，人类效法自然、尊重自然规律、与自然沟通，最终在顺应自然法则的基础上制定人类的法则，这便是礼，也便是中国古代的"自然法"。

神化与自然化是人类为法披上的神圣而合理的外衣，而礼的真实内容在初始阶段则是风俗习惯的升华。所以学术界许多人又将礼视为"习惯法"。如德国法学家罗曼·赫尔佐克认为："法的源头是习惯法，这是一种社会常规……历史上曾经有一些国家，它们仅仅靠一套精心制定的习惯法法规去解

① 梁启超.先秦政治思想史 [M].台北：东大图书公司，1987：25.
② 左传 [M].郭丹，程小青，李彬源，译注.北京：中华书局，2016.
③ 刘泽华.先秦政治思想史 [M].天津：南开大学出版社，1984.
④ 班固.汉书 [M].张永雷，刘丛，译注.北京：中华书局，2016.

决问题便已经觉得绰绰有余了。……在中国,起过与埃及的 ma'at 类似作用的很可能是'礼',这是当时中国风俗习惯的总体现。"① 将礼视为习惯法也是有着充分依据的,从《礼仪》《礼记》等古书的内容中可以看出,风俗习惯是构成中国古代礼的重要组成部分。这些风俗习惯产生于人们的日常生活,同时也是人们日常生活中的准则。如果人们的言行举止符合礼的要求,就会受到社会舆论的赞扬;相反,若人们的言行违反或者不合乎礼的准则,就会受到舆论的嘲笑与讽刺,甚至会得到强有力的社会制裁。从中我们便有理由认为,那些被人们尊崇的风俗习惯,即礼,就是我们所认为的习惯法。《汉书》中对礼的作用也有精准的总结:"人性有男女之情,妒忌之别,为制婚姻之礼;有交接长幼之序,为制乡饮之礼;有哀死思远之情,为制哀祭之礼;有尊尊敬上之心,为制朝觐之礼……故婚姻之礼废,则夫妇之道苦,而淫僻之罪多;乡饮之礼废,则长幼之序乱,而争斗之狱蕃;丧祭之礼废,则骨肉之恩薄,而背死忘先者众;朝聘之礼废,则君臣之位失,而侵陵之渐起。"②

综上所述,中国古代的礼在某种程度上可以与西方古代的神权法、自然法、习惯法相比拟,但是不完全相同,礼具有其自己的特色。礼虽然借助了天地神灵与自然的力量加强了神秘性与合理性,但是其内容又源于人们的日常生活与人情。

(二)礼与宪法

基于礼在中国古代社会中的地位和作用,很多学者认为礼在中国古代具有当代宪法的意义。从某些方面来看,礼与当代之宪法确有相似之处。

宪法是国家的根本大法,具有最高的法律效力,可以说是一个国家最重要的法律。卢梭曾经这样评价:"这种法律既不是铭刻在大理石上,也不是铭刻在铜表上,而是铭刻在公民们的内心里;它每天都在获得新的力量;当其他的法律衰老或消亡的时候,它可以复活那些法律或代替那些法律,它可以保持一个民族的创新精神,而且可以不知不觉地以习惯的力量代替权威的力量。"③ 而古代的礼,在中国古人的心中正是这样一种法则。如清代名臣张廷

---

① 罗曼·赫尔佐克.古代的国家——起源和统治形式 [M].赵蓉恒,译.北京:北京大学出版社,1998:364-365.
② 班固.汉书 [M].张永雷,刘丛,译注.北京:中华书局,2016.
③ 卢梭.社会契约论 [M].何兆武,译.北京:商务印书馆,1987.

玉等人在修《明史》时曾说:"《周官》《仪礼》尚已,然书缺简脱,因革莫详。自汉始作《礼志》,后皆因之,一代之制始可考。欧阳氏云:'三代以下,治出于二,而礼乐为虚名。'要其用之郊庙朝廷,下至闾里州党者,未尝无可观也。惟能修明讲贯,以实意行乎其间,则格上下、感鬼神,教化之成即在是矣。安见后世之礼,必不可上追三代哉!"① 由此可以看出,礼在中国古人心目中是自然演化并促进发展的根本大法,且这个根本大法将永恒存在,并依靠人们内心的自觉而不断践行。

隋代之后在几千年的社会发展过程中,礼的形式、内容等也在不断变迁发展,夏、商、周时期的礼早已"书缺简脱",到明清时期甚至早已"莫详"。但是不得不承认,礼的内在精神在历史的发展过程中、在人们的内心中却从未消失过。这也是张廷玉所说的,后世之礼未必不能与三代之礼相提并论。因此我们可以说,自周公制礼至明清时期,数千年历史长河的发展,无论盛世还是乱世,礼始终是人们孜孜以求的理想之地。凭借着礼的精神,人们可以"兴灭国,继绝世,举逸民"②,可以在国家危难、制度凋敝的情况下拨乱反正,延续文明。正如贾谊所说:"礼云礼云者,贵绝恶于未萌,而起教于微眇,使民日迁善远罪而不自知也。"③

(三)礼与民法

许多观点认为中华法系的主要特征便是"重刑轻民",这一结论如果仅就立法方面而言,应该是毋庸置疑的。而中国古代到底有无"民法"这一问题,始终是学术界研究的热点与难点话题。民法权威学者谢怀栻说:"我国自古没有民法。清末变法,学习西方法制,开始制定民法,但未及成功而清朝亡。"④但是杨鸿烈等人撮历代律、令、典等有关户、婚、田等方面的一些规范条文,径直以"民法"相称。⑤ 在"有"与"无"两种绝对的意见之间,还有一种观点认

---

① 明史 [M].北京:中华书局, 1974.

② 孔丘.论语 [M].张燕婴,译注.北京:中华书局,2006.

③ 戴德.大戴礼记 [M].济南:山东友谊书社,1991.

④ 谢怀栻.大陆法国家民法典研究(二)[M].北京:北京大学出版社,2002.

⑤ 杨鸿烈.中国法律发达史 [M].上海:上海书店,1990.(该书第三章之后各章,均有"民法"之谓).

为，中国古代"虽无民法专书，而关于民事法则之见于载籍者，不胜枚举"①。这种介于两者之间的观点，较之绝对的"有"和绝对的"无"显然更有说服力，也更符合实际。

但是，不得不承认，已知的古代法典确实都是刑法典，作为一代大典、后世范本的《唐律疏议》也并非如一些学者所认定的那样是一部"诸法合体"之作，它其实是一部单纯的刑法典。其中某些条文，按照我们今天来看本属于民法范畴之内容，却也都无不以刑事规范的手段出现。但是，一个社会的运行和发展，不可能全部由刑法来调整，尽管中国古代社会以重义务、轻权利著称，但依然存在大量的普通民事纠纷。基于这样的情形，必然产生一个令人费解的难题：在毫无明文法典可依据的状况下，法官们是如何审理这类民事纠纷的呢？其实答案很简单，就是一个字：礼。

隋代之后，各级地方长官都是通过科举考试层层选拔、精心挑选出来的士子，而隋代以前也是通过举孝廉的方式选拔出来的地方精英，他们大都饱读诗书、深谙礼之精髓，在实际案件中能将有形的条文与无形的准则于一体的礼运用其中，足以解决民间纠纷。中国古代不再单独制定民法典，正是因为有礼的存在，统治者们普遍认为再无单独进行民事立法的必要。蔡元培先生曾言："我国古代有礼、法之别。法者，今之所谓刑法也；而今之所谓民法，则颇具于礼。"②如前所述，礼由祭祀而逐渐辐射到社会生活的各个领域之后，其调整的主要内容为人与人之间尊卑、贵贱、亲疏等名分关系，而这些更多地具有民事法律关系的属性。所谓"礼达而分定"③，就是将礼视为划分人们权利义务关系的准则，且主要是从民事法律关系的意义上出发和着眼的。

仍然值得注意的是，关于礼中的这些"民事法则"，虽见于"载籍"之中，但它并不像我们现在所归纳的那样作为一个"类别"而出现，而是散见于律、令、典、例之中。古老的传统、现实的需求，加上儒家文化的助推，导致司法审判中将礼奉为民事法律关系的基本准绳，当然这种选择也和古代统治阶级礼教治国的政治理想相契合。总之，礼不仅是古代调整民事关系的精神原则，而且可

---

① 谢振民.中华民国立法史［M］.北京：中国政法大学出版社，2000.

② 孙常炜.蔡元培先生全集：第三卷［M］.北京：商务印书馆，1977.

③ 礼记［M］.胡平生，张萌，译注.北京：中华书局，1985.

以视作规范本身。如果略去附着于礼中的其他内容,则古代之礼与民法几乎可以等而视之。

(四)礼与刑法

中国古代礼与刑法的关系大概可分为两个阶段。第一个阶段是西周时期,在周公设计并推行的"礼治"秩序中,刑法为礼所包容,即刑法是礼这一庞大系统中的一部分。据说周公制作了《周礼》一书,虽然后世学者对此多持怀疑态度,但从《周礼》一书基本反映了西周的政治制度这一点上,似有可信之处。按照《周礼》的记载,国家设置六官,职掌六典,即治典、教典、礼典、政典、刑典、事典,统称"邦典"。其中对"刑典"的解释为:"五曰刑典,以诘邦国、以刑百官、以纠万民。"① 显然,"刑典"作为《周礼》的一部分,是关于刑事方面的基本法律规定,这一点应无疑义。《左传》也说:"先君周公制周礼,……作《誓命》曰'毁则为贼,掩贼为藏,窃贿为盗,盗器为奸。主藏之名、赖奸之用,为大凶德,有常无赦,在《九刑》不忘'。"② 如此可见,《誓命》的内容纯属刑事法律的范畴,但是在当时是以礼的名义,并以礼的形式出现的。所以,《唐律疏议》序中有"周公寓刑于礼,不制刑书"的说法,并非无稽之谈。西周时期"寓刑于礼"的原因在于,当时不仅将礼视为包括刑法在内所有法律的指导原则,更将其视为衡量罪与非罪的唯一准绳。总之,在西周时期,从刑法的角度看,礼是根本原则,而刑则是其具体化、条文化的表现,二者互相补充、不可分割。

礼与刑法关系的第二个阶段便在西汉以后至清末时期。汉武帝"罢黜百家,独尊儒术"之后,礼与刑的关系开始发生巨变。与西周时期相比,二者发生的最大变化在于刑在名义上已经具备了独立的性格,不再作为礼的一部分,单独游离于礼这个庞杂的体系之外。西汉以后的古代社会,随着法律本身的逐步完善,礼不再像之前那样扮演法律的角色,而主要作为抽象的法的原则。此时礼与刑相辅相成,礼是刑的精神准则与价值目标,刑则是礼的价值体现手段与方式。正所谓"德礼为政教之本,刑罚为政教之用,犹昏晓阳秋

---

① 周礼[M].徐正英,常佩雨,译注.北京:中华书局,2014.
② 左丘明.左传[M].郭丹,程小青,李彬源,译注.北京:中华书局,2016.

相须而成者也"①。另一方面,礼与刑在具体变现形式上也进一步得到了规范,具体就是将一部分礼的规范直接转化为刑事法律条文,这就是唐太宗所说的"失礼之禁,著在刑书。"② 如此,大量礼的禁条在形式上独立出来,便成了当时的"刑法"。上述两个阶段就是礼与刑关系的变化过程,这一变化表现了古代立法的进步,尤其是立法技术上的不断成熟。

三、礼治及相关概念

礼的内容包罗万象,以致无论论证哪一部门法的历史都会追寻到礼的踪迹。礼的价值追求,凝结着中国传统法的精神与灵魂,所以这也是数千年来历代统治者们将礼作为治国主张与理念的根本缘由。

(一)礼治与德治

《左传》记载:"礼,国之干也……礼不行则上下昏,何以长世?"③ 此言强调治国不能没有礼。《礼记》言:"夫礼,坊民所淫,章民之别,使民无嫌,以为民纪者也。"④ 此言强调治民不能没有礼。《礼记》又曰:"人有礼则安,无礼则危。"⑤ 此言强调人之言行举止不能没有礼。所以,在儒家经典和史书中关于以礼治国的论述比比皆是。而将中国古人这种推崇礼的思想和行为以礼治加以总结概括的,应始于近代的梁启超。他引用日本学者对礼治的论述,考察了儒家学说关于礼的定义、礼的效用的相关论述,将儒家思想定义为"礼治主义"。

梁启超言:"日本穗积陈重博士曰'原始社会者,礼治社会也。举凡宗教、道德、惯习、法律,悉举而包诸礼仪之中。无论何社会,皆礼治先于法治,此征诸古代史及蛮地探险记而可见者也。支那古代,谓礼为德之形。礼也者,行为之有形的规范,而道德之表彰于外者也。……顾上自君臣、父子、兄弟、夫妇、朋友,下逮冠、昏、丧、祭、宫室、衣服、饮食、器具、言语、容貌、进退,凡一切人事,无大无小,而悉纳于礼之范围。……及夫社会确立,智德稍进,人各能应

---

① 唐律疏议 [M].岳纯之,点校.上海:上海古籍出版社,2013.
② 董诰.全唐文 [M].北京:中华书局,2013.
③ 左丘明.左传 [M].郭丹,程小青,李彬源,译注.北京:中华书局,2016.
④ 礼记 [M].胡平生,张萌,译注.北京:中华书局,1985.
⑤ 礼记 [M].胡平生,张萌,译注.北京:中华书局,1985.

于事物之性质,而为适宜之自治行为,无取复以器械的形式制驭之,而固定之礼仪,或反与人文之进化成反比例,此礼治之所以穷而敝也。'其于礼治主义之起源、发达及其得失,言之殆无余蕴矣。"①这里穗积陈重所说的"原始社会"实际上就是我们所说的与近代社会相对的"古代社会",梁启超还是比较赞同其关于礼治的起源、发达、得失的观点的。因为穗积陈重全面归纳了礼在中国古代社会的状况,礼不仅是德的外在表现,还包含了宗教、道德、习惯、法律等一切生活习俗,所以礼治本就是古代社会中的普遍现象,礼早已是古代社会中最有力且最有效的治理手段。自梁启超之后,用礼治概念来表达儒家思想、概括中国古代政治与社会的论述便开始频繁出现,而古代中国为礼治的国家也就成了学界的定论。

几乎与礼治一样,德治在古代典籍中也很难找到如此表达。但是,在古书经传中与德治相类似的表述却很多,如"德政""德化""德教"。

"德政"指顺民意、得民心的政令与政绩。如《佩文韵府》引《毛诗谱》言:"太平之时,人民和乐,讴歌吟咏,而作颂者,皆人君德政治所致也。"由此可见"德政"主要是指统治者道德节操对国家政治的影响。如此说来,"德化"与"德政"便是达成"德政"的手段,即统治者以自己的言行和表率作用感化、教导人民,使人民效法君主,以伦理道德来约束自己。《韩非子》中言孔子赞扬大舜:"舜其信仁乎! 乃躬藉处苦而民从之,故曰圣人之德化乎? "②孔子赞扬舜确实是一位仁君,他自己不畏艰苦因而得到百姓的拥戴,所以说圣人是要用自己的德行感化人民的。"德政"与"礼教"都是指以忠、孝、节、义教化人民。如推崇道德教化的儒家始终认为,无论人性善恶,都可以用道德教化的力量,在潜移默化中收获意想不到的效果。因为"德化"是以变化人心的方式,从根本上对人进行心理改造,如东汉王符曾曰:"是故上圣不务治民事而务治民心"③,荀悦所谓的"善治民者,治其性也"④与其意相同。"德化"讲的是使人心良善,知耻而无奸邪之心,因此是对人性教化最彻底、最根本也是最积极的方法,是法所不能企及的。

① 梁启超.饮冰室合集 [M].北京:中华书局,2015.
② 韩非子 [M].李维新,译注.郑州:中州古籍出版社,2009.
③ 王符.潜夫论 [M].上海:上海古籍出版社,1978.
④ 荀悦.申鉴 [M].北京:商务印书馆,1936.

将"德政""德化""德教"归纳为德治者究竟始于何人以及始于何时,现已难于考证。但从王国维先生关于殷周制度的一段经典论述中,关于礼治与德治的关系问题大概可以从中获得某些启发。"周之制度典礼,乃道德之器械。而尊尊、亲亲、贤贤、男女有别者四者之结体也,此之谓'民彝'。其有不由此者,谓之'非彝'。《康诰》曰:'勿用非谋非彝。'《召诰》曰:'其惟王勿以小民淫用非彝。'非彝者,礼之所去,刑之所加也。《康诰》曰:'凡民自得罪,寇攘奸宄,杀越人于货,愍不畏死,罔不憝。'又曰:'元恶大憝,矧惟不孝不友,子弗祗服厥父事,大伤厥考心,于父不能字厥子,乃疾厥子;于弟弗念天险,乃弗克恭厥兄;兄亦不念鞠子哀,大不友于弟。惟吊兹,不于我政人得罪。天惟于我民彝大泯乱,曰:乃其速由,文王作罚,刑兹不赦。'此周公告康叔治殷民之道,殷人之刑,惟寇攘奸宄。而周人之刑则并及不孝不友。故曰'惟吊兹,不于我政人得罪'。又曰:'乃其速由,文王作罚。'其重民彝也如此。是周制刑之意,亦本于德治礼治之大经,其所以致太平与刑措者,盖可睹也。"[1] 由此可见,王国维认为德治、礼治在西周时期皆为为政之本,一切制度,包括礼制与刑罚同为"民彝",是"道德之器械",是维护"亲亲、尊重、贤贤、男女有别"的方式方法。

之所以用德治来归纳"德政""德化"和"德教",主要是因为德治所强调的两个核心内容,一个是强调统治者自身要修身自律,为万民做表率,如《礼记》中所言"为人君者谨其所好恶而已矣。君好之,则臣为之;上行之,则民从之"[2];另一个是德治强调以缓和的教育方式引导人民向善,民心教化可能需要的周期较长,但教化成功之后,则人心更正,心术不变,这样就可以永不为恶,使社会长治久安。如此,以上两点恰好总结了"德政""德化"和"德教"的内容。除此之外,礼治与德治基本是一致的,礼治更加偏重强调德政的外在表现形式,而德治更加偏重强调德政的内涵。

（二）礼制、礼义与礼教

1. 礼制

简单来说,礼制就是古人在参加祭祀活动时需要遵守的祭祀程序及仪

① 王国维.观堂集林 [M].北京:中华书局,1959.
② 礼记 [M].胡平生,张萌,译注.北京:中华书局,1985.

式。如前所述,礼起源于古人对天地鬼神以及先祖的祭祀,作为一项庄重的集体活动,要求具备严格的程序和范式,而礼就是保证这种仪式按照程序顺利进行的基本规则,一般称为礼制或礼仪。

由于祭祀凝聚了同一氏族所有成员对神灵和祖先的崇敬,而且祭祀的程序和仪式直接关系到神明和祖先的喜恶,关系到其能否得到神明的庇佑,关系到生者的幸福和氏族的兴衰,所以礼制最大限度地得到了认同和遵守。但是祭祀的程序和规范并不是礼制的唯一内容,自礼产生之后,其内容也随着社会的发展而不断扩大。礼制的内容十分繁杂,流传至今的儒家经典《礼仪》《周礼》总结三代的礼制而成,对中国古代制度的影响源远流长。《礼仪》与《周礼》既是对以往历史制度的总结,同时更是对未来理想制度模式的深远规划。汉代以后,国家机构,尤其是行政机构逐步按照《周礼》所描绘的天(吏)、地(户)、春(礼)、夏(兵)、秋(刑)、冬(工)六官的模式组成。《仪礼》十七篇则主要记述了冠、婚、丧、祭、射、乡、朝、聘等仪式规程,并详细规定了不同等级与身份的人参加这些仪式所应具有的心情和表情。而《仪礼》所反映的精神通过《礼记》的阐发,成为中国古代社会人们的追求和信仰,成为人们生活的准则,成为中国古代设法立制的方针和原则。

从法律的角度说,礼制在氏族社会后期及夏商西周时期已经具有了习惯法的性质。19世纪英国著名的法律史学家梅因曾给"习惯法"下定义为:"法律寡头政治现在所主张的是要垄断法律知识,要对决定争论所依据的各项原则有独占的权利,我们在事实上已到了'习惯法'时代。"[①] 从《尚书·吕刑》记载的半神半人的传说英雄颛顼"绝地天通"、《左传》记载的晋国贵族叔向"先王议事以制"[②] 来看,颛顼已经垄断了祭祀权力,从而也就垄断了立法与解释法律的权力,而叔向所说的"先王"们所掌握的"议事"之权,实际上也说明贵族已经垄断了"法"[③]。这种被王与贵族所垄断的,通过"神意"而产生的节制人情、渗透于社会各个领域中的礼制,就是梅因所说的习惯法。夏商西周以后,在保留习惯法性质的同时,礼制的许多内容转化为成文法中的条款。

---

① 梅因.古代法 [M].北京:商务印书馆,1984.
② 左丘明.左传 [M].郭丹,程小青,李彬源,译注.北京:中华书局,2016.
③ 武树臣,马小红.传说时代的国家与法律 [M]// 李光灿,张国华.中国法律思想通史.太原:山西人民出版社,1994.

具有习惯法性质的礼制与风俗习惯有着明显的区别：风俗习惯的产生与人们生活的环境息息相关，所谓"十里不同风"。礼制虽然与风俗习惯有着密切的联系，但是其发源于人们对天地鬼神的敬畏之心。因此礼制较风俗习惯更具有神秘性与权威性。如果说风俗习惯只依靠人们的"知耻之心"就足以维持，而礼制在依靠人们的羞耻之心的同时，更要依靠"神"的权威和人们的"敬畏之心"而维持。除国家制定颁行的法外，中国传统法中关于诉讼、婚姻、家庭、宗族、继承、身份等方面的制度都可以在礼制中找到相应的规定。

2. 礼义

礼义是礼制（礼仪）精神与原则的体现。春秋战国成文法盛行并成为定制以后，礼义也是法制精神之所在。简单地说，礼制与法制是一些具体的条文规范，规定人们应该做什么，不能做什么；而礼义则是解释礼制与法制制定的背后原因极其价值追求等一些抽象原理。

阐述礼义的经典著作是儒家的经典《礼记》。根据《史记》《汉书》的记载，《礼记》为孔氏门生所记。经今人考证，《礼记》"除可以确定为西周文字及秦汉人所作之外，多数篇目大致撰于战国时期"[1]。它与成书略早的《仪礼》是姊妹篇。按照朱熹的解释，"《仪礼》皆载其事，《礼记》只发明其理"[2]。所以可以说，《仪礼》是记载礼的具体制度的书，而《礼记》则是阐发礼制原理的书。由于《礼记》主要阐发"礼之义"，所以当《仪礼》中所记的繁文缛节经时变世遗与现实社会日益疏远，为后人不解或难解时，《礼记》的地位就愈发凸显。

礼是古代社会中祭祀天地鬼神的产物，始终强调冥冥之中的神力和血缘的亲情。因此礼义竭力倡导的是天地人的相通，是源于人情的伦理道德。《礼记》谈礼的缘起时说："凡礼之大体，体天地、法四时、则阴阳、顺人情，故谓之礼。"[3] 礼在沟通人与天地的和谐关系的同时，将伦理道德作为"人道"的基础，并强调实践这些伦理道德是人类社会以及每一个人人生的最终目的，这也是孔子强调"不学礼，无以立""不知礼，无以立也"[4] 的原因。鉴于此，《礼

---

① 钱玄. 三礼通论 [M]. 南京：南京师范大学出版社，1996.

② 黎靖德. 朱子语类 [M]. 北京：中华书局，1986.

③ 礼记 [M]. 胡平生，张萌，译注. 北京：中华书局，1985.

④ 孔丘. 论语 [M]. 张燕婴，译注. 北京：中华书局，2006.

记》中多次提到一些礼的制度、仪式是可以随时代的改变而修正的，但是礼的精神与宗旨，即体现人伦道德的"亲亲""尊尊"的"礼义"则是不可随意改变的。比如《礼记》解释"制""义"与时代的关系为"立权度量，考文章，改正朔，易服色，殊徽号，异器械，别衣服——此其所得与民变革者也。其不可得变革者则有矣：亲亲也，尊尊也，长长也，男女有别——此其不可得与民变革者也"①。可见，"制"是达到目的的方法，可以因时变通；"义"是人类社会永恒的目标，这个目标与永恒不变的自然规律相通，同与生俱来的人情相合，所以是永恒存在的。《礼记》中对"礼义"的概括是"故礼义者也，人之大端也，所以讲信修睦而固人之肌肤之会，筋骸之束也。所以养生送死事鬼神之大端也。所以达天道顺人情之大窦也"②。因此，衡量制度价值，包括法制价值的标准是"礼义"。夏商西周的礼制因最大限度地体现了礼之义，所以为后世所向往；战国至秦兴起的法治，严重地背离了礼义，因此为后世所讳言；自汉以后，礼义得到进一步宣扬，其目的在于将一切制度，包括社会风俗习惯、法、律都纳入体现礼义的范畴中，从而流传后世。总之，在古人的观念中，法必须体现礼义所倡导的精神，失去了礼义，法就失去了价值。

3. 礼教

所谓礼教，即礼义教化，通过国家、社会、宗族、家庭等各种教育手段，以礼义来统一人们的思想，指导人们的言行。自孔子主张"有教无类"③，又广收弟子三千，学在官府的传统被打破，重教蔚然成风，成为中华民族的优良传统。

礼教的主要内容是人伦道德。《孟子》言："教以人伦——父子有亲，君臣有义，夫妇有别，长幼有序，朋友有信。"④ 孟子的"教以人伦"的主张自汉武帝时起，就被作为治国的根本，一直绵延至清代。这些人伦道德正是古代法的精神价值之所在。所以，中国古代的立法和司法都十分强调法制与礼义（即人伦道德）的统一。

在中国古代社会，礼教所提倡的价值观浸透社会的每一个角落，也浸透

---

① 礼记 [M]. 胡平生，张萌，译注 . 北京：中华书局，1985.
② 礼记 [M]. 胡平生，张萌，译注 . 北京：中华书局，1985.
③ 孔丘 . 论语 [M]. 张燕婴，译注 . 北京：中华书局，2006.
④ 孟子 . 滕文公上 [M]. 方勇，译注 . 北京：中华书局，2017.

于法的规范之中。礼义是人们心目中的"大法",法制只是实施这个大法的一个渠道,而教化——包括国家的正规教育、民间教育,以及潜移默化的社会环境熏陶、社会舆论诱导等,才是实施礼义更重要的渠道。因为礼教的约束对象是全社会,帝王将相亦在其中,所以它的威力较具体的法制、律典更为强大。

第二节 中国古代法律文化中的法

法治是现代文明的制度基石,法治兴则国兴,法治强则国强。在中国传统文化中,法富含着公平如水、正义神圣的深刻意蕴,寄托着惩恶扬善、匡扶正义的价值追求。在漫长的人类文明演进过程中,法律发挥着特殊的社会规范作用。所以,深入了解我国古代法律的产生与发展历史,对我们深入研究中国古代法律文化具有基础性作用,同时对我们学习和把握现代法治理论、增强法治观念具有重要意义。

一、法的词源与发展

(一)法的词源与含义

从字形上看,"法"字首次出现于周代的金文当中,写作"灋",据汉代许慎编写的我国第一部文字工具书《说文解字》考证,其解释为"灋,刑也,平之如水,从水;廌,所以触不直者去之,从去。"[①] 以水为偏旁,象征了法的公平公正;而"廌",又名"獬豸",是古代传说中的一种神兽,头上长角,外形与麒麟类似。传说中獬豸拥有很高的智慧,懂人言知人性,它怒目圆睁,能辨是非曲直,能识善恶忠奸,发现有罪的人便用角去顶触,将其摒去。由此可见,法最初的含义就是刑,要公平公正地用刑来惩罚有过错的人。从这个解释中,我们也可以看出,古人亦认识到,在社会生活中无可避免会发生各种各样的纠纷与争端,然而在依靠人类自身的力量无法解决的情况下,便将评判人间是非曲直的权力以及惩戒的具体标准交给神明,于此法在最初阶段便拥有着神明裁判的属性。可以说,这是古人对法的最初认识。

后代的字书对"法"字的解释在《说文解字》的基础上进行了进一步发展。清代段玉裁注《说文解字》时解释"法"字为:"刑者,罚罪也。易曰'利

---

① 许慎.说文解字[M].北京:中华书局,1963.

用刑人以正法也'。引申为凡模范之称。本部曰：模者，法也；竹部曰：范者，法也；土部曰：型者，筑器之法也。"这个注释说明法字具有的"刑"之义就如同"模""范""型"为各种器物的规范一样，法是人的规范。

《康熙字典》集合古人的释法对法的解释有十种含义：第一，长久不变。如《尔雅•释诂》："法，常也。"① 第二，制度也。《礼记》："谨修其法而审行之。"② 第三，礼法也。《孝经》："非先王之法服，不敢服。"③ 第四，刑法也。《尚书》："惟作五虐之刑曰法。"④ 第五，象也。《文心雕龙》："申宪述兵，则有律令法制。法者，象也。兵谋无方，而奇正有象，故曰法。"⑤ 第六，效法也。《易•系辞》："崇孝天，卑法地。"第七，执法星名。《史记》："瑞门次东第一星为左执法，廷尉之象；瑞门西第一星为右执法，御史大夫之象。"⑥ 第八，姓。第九，拂。第十，废。《康熙字典》与《说文解字》相比，"法"的含义出现的变化为以下几点：首先，神的色彩减弱。古文字"廌"不再出现，已看不到神意对裁判的左右。其次，"平之如水"之意不再被强调。再次，法的内容更加广泛，包括了习惯与风俗等内容，如释义中的"常也""礼法也"。最后，法也自然现象及规律相联系，如星象。除此之外，法的"刑""规范""制度"等含义则一脉相承。

（二）刑－法－律

《唐律疏议》在简述法律之沿革时曰："昔者，三王始用肉刑。赭衣难嗣，皇风更远，朴散淳离，伤肌犯骨。《尚书大传》曰：'夏刑三千条。'《周礼》'司刑掌五刑'，其属二千五百。穆王度时制法，五刑之属三千。周衰刑重，战国异制，魏文侯师于李悝，集诸国刑典，造《法经》六篇：一、盗法；二、贼法；三、囚法；四、捕法；五、杂法；六、具法。商鞅传授，改法为律。"⑦ 这段话提到中国法律史，也是中国文明史上的三个重要时期：古代文明的形成、转换和大一统帝国的出现，并且相应地使用了三个用以指称古代法律的基本字：刑、法、

① 尔雅 [M].管锡华，译注，北京：中华书局，2014.
② 礼记 [M].胡平生，张萌，译注．北京：中华书局，1985.
③ 孔丘.孝经 [M].李捷，译注．呼和浩特：远方出版社，1996.
④ 尚书 [M].王世舜，王翠叶，译注．北京：中华书局，2012.
⑤ 刘勰.文心雕龙 [M].黄叔琳，注．杭州：浙江古籍出版社，2011.
⑥ 司马迁.史记 [M].北京：中华书局，2008.
⑦ 唐律疏议 [M].岳纯之，点校．上海：上海古籍出版社，2013.

律。当然,刑、法、律三字除了上面这种因时继替的纵向关系外,还有内容方面互注互训的横向关系。如《尔雅·释诂》:"刑,法也""律,法也"①。《说文解字》曰:"法,刑也。"②《唐律疏议》:"法,亦律也。"③ 这种语言现象本身,可以说是非常独特的。

　　古时之"刑"与我们现在所讲的"刑"意义可谓有着天壤之别。《慎子》谓:"斩人肢体,凿其肌肤,谓之刑。"④《吕刑》中墨、劓、剕、宫、大辟所谓"五刑"即是如此。但是这种专指肉刑、死刑的"刑",与后世包括了笞、杖、徒、流诸种刑罚的"刑"显然也不太一样。关于古代的"五刑",还有另外一种说法。《国语》有言:"大刑用甲兵,其次用斧钺,中刑用刀锯,其次用钻笮、薄刑用鞭扑,以威民也。故大者陈之原野,小者致之市朝,五刑三次,是无隐也。"⑤ 这里关于"五刑"的两种说法虽然有所不同,但是并无矛盾。《吕刑》的"五刑"是狭义的刑,讲的是刑的种类,做的是技术上的分类;而《国语》中的"五刑"是更加广义的刑,它讲的是刑的手段,实际是讲中国古代刑法的起源,有着丰富的历史文化蕴涵。但无论如何,在中国古代文明形成时期的法,在当时并不称为法,而是刑,如禹刑、汤刑、吕刑、九刑、五刑、刑书。这样一些特别的名称,曲折地向我们展示出中国早期文明发展的特异性。

　　谈到中国古代最早的法,大概可追溯到战国时期的所谓"成文法",即晋国之铸刑鼎以及郑国子产之刑书,但是《唐律疏议》讲到"战国异制",却只提到魏国李悝的《法经》。经对比不难发现,这或许并不是偶然的。将《法经》篇目拿来与旧时的法律"体系"进行对照,可以发现一个显著的差别。《周礼》注"夏刑大辟二百,膑辟三百,宫辟五百,劓墨各千"⑥,这便是《唐律疏议》引《尚书大传》所说:"夏刑三千条。"值得注意的是,此三千之数分系于五个刑种之下,换句话说,这是以刑种为纲领的刑罚体系。而这种情形在李悝的《法经》里面有了根本的改变。《法经》的头两篇"盗"和"贼"并非刑种的名称,

① 尔雅 [M].管锡华,译注,北京:中华书局,2014.
② 许慎.说文解字 [M].北京:中华书局,1963.
③ 唐律疏议 [M].岳纯之,点校.上海:上海古籍出版社,2013.
④ 慎到.慎子 [M].上海:华东师范大学出版社,2010.
⑤ 国语 [M].陈桐生,译注.北京:中华书局,2013.
⑥ 周礼 [M].徐正英,常佩雨,译注.北京:中华书局,2014.

而是概括性的罪名，刑罚的名称放在"具法"里面。这里，按照刑名分类，以刑种为纲领的体系，转变成了依罪名分类，以罪名为纲领的体系。这在中国古代法的发展史上是一次重要的转变，它表明了古人在立法方面的一个突破性进步。这种进步表现在语言文字方面，便是以法代刑的转变。《管子》："不法法，则事毋常。"① 又其《正第》："当故不改曰法。"② 这里，"法"是恒常，是度量行为的尺度，与基本只含杀戮之义的刑相比较，显然更宜于用来表达已由刑名体系转变为罪名体系的古代法。③ 战国以后，法字的使用频率日高，相关讨论也不断深入，不仅出现了《法经》，而且产生了"法"家的著名派别，究其缘由，恐怕都与上述变化有关。

律的本意是音律，即用声或音来展示或表现自然变化的规律。《说文解字》："律，均布也。从彳，聿声。"④ 律作为法律、法令的意义出现，最晚不会迟于商。甲骨文中即有"师为律用"，它与《易经》中的"师出以律"相印证。此处的"律"应解释为法、法制，此时此刻法意义上的律与音意义上的律是息息相通的，法律甚至就是音律的演化形式。古代的战争主要靠"声""音"划一行动，指挥士兵，所谓"鸣金收兵""击鼓奋进"。《史记》记："武王伐纣，吹律听声，推孟春以至于季冬，杀气相并，而音尚宫。"⑤ 在此，音律不仅反映了自然变化的规律，而且可以指挥兵士。在战争中，律被赋予法令的意义。司马迁的"律书"简洁地归纳和论证了律所具有的音律、军律、法律的意义和关系："王者制事立法，物度轨则，一禀于六律，六律为万事根本焉。其于兵械尤所重，故云'望敌知凶吉，闻声效胜负'，百王不易之道也。"⑥ 这段话简洁地说明了法律意义上的律就是肇始于战争中的军律，而军律恰来源于音律，这也印证了古人"刑起于兵"的说法。

以上便是对法的名称在古代社会发展演进历程的简要梳理。除此之外，必须指出的一点便是，法律一词并非舶来品。首先，法律作为一个专有名词在

---

① 管仲. 管子 [M]. 刘晓艺，校. 上海：上海古籍出版社，2015.
② 管仲. 管子 [M]. 刘晓艺，校. 上海：上海古籍出版社，2015.
③ 沈家本. 历代刑法考 [M]. 北京：中国检察出版社，2003.
④ 许慎. 说文解字 [M]. 北京：中华书局，1963.
⑤ 司马迁. 史记 [M]. 北京：中华书局，2008.
⑥ 司马迁. 史记 [M]. 北京：中华书局，2008.

中国古籍中曾多次出现。如《史记》中就有"（秦）二世然高之言,乃更为法律"①。汉之后在人物传记尤其是律学家的传记中,"法律"一词更是经常出现。《后汉书》记张敏上书言:"孔子垂经典,皋陶造法律。"②《三国志》记陈娇之子"不读法律而得廷尉之职"等。当然,古人的"法律"与近代以来西方法文化中的法律无论是体系还是内容都有很大的不同。其次,古文中的法有狭义与广义之分,狭义之法专指国家统一颁行的律,而广义之法不仅包括了国家的典章制度,而且还与无所不包的礼形成相互关联的统一体,因而在很多场合下,人们习惯将"礼法"并提。法远比律的领域宽泛。因此,尽管东西方之法有许多相异之处,但若对二者进行全面考察,相同、相通之处亦不罕见。

二、法及相关概念的区别

(一)"法"与"律"的区别

以上已对"法"与"律"相关内容进行了简单介绍,在此基础上我们还应对法律意义上的"法"与"律"加以区别。首先,一般情况下二者都表示必须遵守的规范和秩序。不仅如此,其他如典、彝、则、宪、刑也都与"法"与"律"有着相通之处。秦之后,"律"虽然在一定程度上取代了法律的其他名称,成为王朝统一颁行的稳定法典的专用名词,但在日常生活中人们往往仍是"法""律"通用。违法通常就是指违反了律条。其次,"法"在古代有广义狭义之分,广义的法可以指一切制度,甚至包括风俗习惯,战国时期法家之"法"即指制度而言。而古人常常"礼法"并用,此处的"法"指礼的纲纪伦常和习俗。而狭义的"法"专指律典。俗语"天子犯法与庶民同罪",此处的"法"即为"律"之义,主要指刑法而言。

从字意上去区别"法"与"律"主要有以下几点:第一,从字意的起源上看,"法"含有"平之如水""去不直"的观念,同时还有神判的含义;而"律"更注重制度、规则,注重统一人们的言行。所谓"律,均布也"。可以说,"法"注重的是裁判以及裁判的效果,而"律"最初表现的是周而复始的规律,更注重制度的整齐划一与稳定。"法"给人一种"动"的感觉,而"律"给人一种

---

① 司马迁.史记[M].北京:中华书局,2008.
② 范晔.后汉书[M].北京:中华书局,1965.

"静"的感觉。第二,"法"所涵盖的内容更广泛,除"律"外,一切规章制度都可以用"法"来表示,如令、科、格、式、比、故事、例。第三,从制度上说,"法"的层次更为丰富一些,朝廷颁行的统一的规则可以称为"法",地方、衙门,甚至家族内部制定的家规也可以称为"法"。而法律意义上的"律"自秦以来专指"律典"。律典虽不是"法"的全部,但却是"法"的最高层次,只有朝廷才有权制定颁行,其具有唯一性和权威性。这种权威性与唯一性随着社会的发展越来越严格,秦汉时尚律外有律,如汉《九章律》外,有《越宫律》《朝律》。经魏晋改革后,律典制定和颁行的程序更为严密,任何机构和个人都无权添加改动,只有在皇帝下诏、亲自主持或委任大臣主持的情况下,"律"才可以修订。因此,无论"律"在具体司法实践的过程中作用如何,在名义上只有"律"才可以成为国家的最高的统一的大法。第四,由于"律"所用的术语专业性很强,用词严谨、规范,所以往往只出现于案件的裁决和书面语言中。在人们的日常用语中使用"法"的频率要远远高于"律"。

(二)"法"与"法制""法治"

"法"与"法制""法治"的区别还是较为明显的。法制无论在古代还是现代,都是指经过特定的程序予以确立,并由特定机构实施的具有强制力与普遍性(在一定范围内)的制度。这些制度与社会状况及"法"的种类相辅相成,是有机结合的体系。法制的变迁也反映了人们对"法"的认识或"法"的观念的转化。而"法治"则是一种思想和主张,其常常以学说的形式表现出来。应该注意的是"法治"有多种类型,在主张完备"法制",依靠"法制"进行治理这一层面上,古今中外的"法治"并无二致。但是,中国古代,尤其是法家所讲的"法治",是作为帝王治国安邦的工具 ①,如《晏子春秋•谏上》言:"昔者先君桓公之地狭于今,修法治,广政教,以霸诸侯。" ② 法家对人性趋利避害的本质有着清醒的认识,认为统治者必须示民以力,繁法峻刑,以达到民"不敢犯"的目的。

---

① 韩非子 [M].李维新,译注.郑州:中州古籍出版社,2009.
② 晏婴.晏子春秋 [M].廖名春,邹新民,校.沈阳:辽宁教育出版社,1998.

三、"以刑为主"的古代成文法典

中国历来有"重刑轻民""以刑为主"的成文法典传统。关于此,日本学者浅井虎夫在 1911 年曾指出:"春秋时代,郑之刑鼎、竹刑,晋之刑鼎等已开中国法典之先河","战国时,魏李悝撰《法经》六篇,当为中国编纂法典之始";此后,"历秦、汉、魏、晋、唐、宋、明、清十余朝,以迄现代,无不编纂新法典"。[①]

(一)"铸刑鼎"与公布法律

据说上古时期民风淳朴,社会安定团结,但是自蚩尤作乱开始,社会风气渐坏,动荡不安。蚩尤为了加强统治、维持社会秩序,便创制了五种残酷的刑罚,用来制止犯罪行为。而这五种刑罚便被称为"法",从此蚩尤制法的传说便被流传下来。至于蚩尤是否制定过"法"已无从考证,但这一传说却反映了最早的"法"并没有完整规范的法律形式,且只是"以刑为主",而这便成了中国古代法律的一大特征被继承了下来。

春秋末期,郑国和晋国发生了两起轰动一时的重大事件,史称"铸刑鼎"。公元前 536 年,郑国执政子产将郑国的法律条文铸在象征着国家权力的金属鼎上,放于王宫门前,向全社会予以公布,这便是中国历史上第一次公布成文法的运动。二十三年后,即公元前 513 年,晋国也发生了同样的事。晋国大臣赵鞅、荀寅向百姓征收了四百八十斤铁,在汝水河畔铸造鼎,将晋国的法律铸于鼎上并公之于众,这便是中国历史上第二次公布成文法的运动。这两起著名的"铸刑鼎"事件也是中国古代两次具有里程碑意义的公布"成文法"运动。

法律的制定和颁行本应公之于众,这在今天看来是理所当然的事,但是在当时却引起了轩然大波,并受到了贵族代表们的猛烈抨击。晋国贵族叔向知道子产铸刑鼎后马上写信对其进行痛斥,并表示对其行为深表失望和遗憾;而孔子对晋国的铸刑鼎事件更是非常愤慨,甚至怒批赵鞅等人的行为实属亡国之举!在叔向和孔子看来,"铸刑鼎"一事确实关系到政权的存亡。在此之前,国家的法律处于秘密状态,藏之于盟府,秘而不宣,只由少数贵族掌握。在审理案件的时候,贵族官吏便可以根据这种秘密的法律自由裁量,定罪

---

① 浅井虎夫.中国法典编纂沿革史[M].陈重民,译.李孝猛,点校.北京:中国政法大学出版社,2007:2.

量刑。之所以不公布法律，就是怕百姓知道法律后会有讼争之心，从而破坏礼所确定的尊卑贵贱等级制度。贵贱无序，国家如何治理？这也是以叔向、孔子为代表的贵族们抨击"铸刑鼎"事件的最主要原因。但是春秋末期正是中国古代社会由奴隶制向封建制转变的时代，周天子已失去了昔日驾驭诸侯的威势，王权旁落，各大诸侯国争夺霸权；而诸侯国内部，卿大夫愈发专权跋扈，新旧势力矛盾激烈。如此所谓"礼崩乐坏"已然到来。

几乎在中国春秋末期"铸刑鼎"的同时，位于地中海的古代西方国家也出现了成文法。公元前594年，古希腊雅典城邦国家执政官梭伦进行了一系列改革，并制定了法律。据说，梭伦制定的法律是以诗句的形式表达的，其将全部条文刻在十六块可以旋转的白色木板上。这些木板立在最热闹的市场里，以便让所有的官民都能看到，这便是梭伦立法。公元前451年，古罗马元老院在考察希腊立法之后，制定了古罗马第一部成文法典，加上第二年补充的两章一共十二章，被铸在十二块青铜牌子上，放在罗马广场公布于众。这些铜牌又称为铜表，所以后世将其称为《十二铜表法》。当然，古希腊、古罗马制定法典并公之于众的行为同样遭到了反对。据古希腊作家的著作记载，梭伦的法律被形容成"富人不满，穷人失望"，受到不同方面的批评。而古罗马法律制定与公布的过程也并不顺利，屡屡遭到贵族官僚的反对与打击，平民为争取制定成文法进行了激烈的斗争，甚至引起了社会骚乱。

可见，无论是古代中国还是西方，制定法典并公布于众，并不是偶然事件，而是平民与贵族不断斗争的胜利成果，其目的就是为了使贵族的特权得到最大程度的限制。这些事件标志着习惯法到成文法的转变，人类的法律文化开始进入到成文法时代。

（二）"以刑为主"的封建王朝法典

1.《法经》

一般认为，中国封建法典始于战国时期的《法经》。[①]继春秋末期"铸刑鼎"之后，各诸侯国纷纷变法改革，制定法典。于是，战国时期掀起了成文法运动的热潮，一时间出现了很多成文法典。其中，最著名的就是《法经》。

公元前5世纪，魏文侯重用李悝为相，进行变法改革。李悝在总结春秋

---

① 程树德．九朝律考［M］．北京：中华书局，1963．

末期以来各诸侯国的立法情况之后,制定了《法经》六篇:即《盗法》《贼法》《囚法》《捕法》《杂法》《具法》。从结构上看,前五篇相当于现代法典的分则部分。其中,《盗法》是关于侵犯私人财产的规定;《贼法》是有关政治上的犯罪和侵犯人身的规定;《囚法》是关于断狱的规定;《捕法》是关于追捕罪犯的规定;《杂法》是有关前四篇之外相关问题的规定;《具法》相当于现代法典的总则部分,规定了加重或减轻刑罚的原则等内容。李悝认为,"王者之政莫急于盗贼"[①],因此此将《盗法》《贼法》置于六篇之首。站在现代法学的立场,从整体看,可以说《法经》基本上就是一部以刑法、刑事诉讼法为主体的法典。中国第一部封建法典《法经》所创设的"以刑为主"的法典体系,为后世历代法典所继承沿用,因此可以说,将《法经》视为秦汉以后封建法典的滥觞,不无道理。

公元前4世纪,商鞅携《法经》到秦国主持变法活动,其措施之一便是以《法经》为蓝本制定大秦律。此后,商鞅制定的秦律不断得到补充修订,为秦统一天下后所继续沿用。汉初,萧何参照秦律作《九章律》,在《法经》六篇的基础上,增加《厩律》(有关牛马畜牧、驿传之事)、《户律》(有关户籍、婚姻、赋税之事)、《兴律》(有关征发徭役、城防守备之事)三篇。三国时期之后,在汉朝《九章律》看的基础上,历朝法典都是沿着"以刑为主"的《法经》体系继续发展,到唐朝最终完备起来。

2.《唐律疏议》

唐朝是中国封建法律发展的辉煌时期。在将近三百年的封建统治中,几乎历朝皇帝都进行了立法活动。唐朝初期武德年间,以《开皇律》为蓝本制定了《武德律》;贞观年间,历时十年制定了《贞观律》,其较之《开皇律》和《武德律》都有所改革和创新,同时也为《永徽律》的制定奠定了充实的基础。以唐太宗贞观年间的《贞观律》为代表,其篇目为十二篇,分别为《名例》《卫禁》《职制》《户婚》《厩库》《擅兴》《贼盗》《斗讼》《诈伪》《杂律》《捕亡》《断狱》,共五百条。第一篇《名例》规定的是基本原则和刑法体系,相当于现代刑法的总则部分;第二篇至第十二篇,则相当于现代刑法的分则部分,每一篇都具体规定了各种犯罪的构成及其适用的刑罚。此外还有一些相当于现代民

---

① 晋书[M].北京:中华书局,2015.

法、婚姻法、行政法等方面的详细规定散见其中。

但是，鉴于当时律学尚无法定的解释，由此为每年举行的"明法"科举考试而没有统一标准答案造成了一大难题。于是，652年，唐高宗下诏命长孙无忌等广招天下律学人才，对《永徽律》逐条逐句进行注释，并剖析其内涵，揭示其精义。653年，律文注疏三十卷编写完毕，经唐高宗批准，颁行天下，与律文具有同等的法律效力，时称《律疏》。后来，将《律疏》分别附于《永徽律》的律文之下，统称《永徽律疏》。元朝以后，称为《唐律疏议》，流传至今。可以说，《唐律疏议》是中国法律史上一个划时代的里程碑，无论是其篇章体例，还是其注疏，都代表了封建社会前期最高的立法水平。

中国古代官方注释法律最早见于秦。1975年出土的《睡虎地秦墓竹简》中可见《法律答问》，即是秦官府对秦律的主体刑法部分进行的解释。汉代由于律学的兴起与发展，注释法律成为律学的主流，但当时仍以私人注释法律为主。到西晋，张斐、杜预注律即被官方批准，颁行天下，时称"张杜律"，可见其成就非凡。唐永徽年间的《律疏》，是由官方组织人力统一进行撰写注释，正是此前这种律学的兴盛，才致使法律发展集大成之作出现。这在律学发展史上的确是一大创举，因此注释法律也成了国家立法活动的一部分。

《唐律疏议》成为中国封建社会乃至世界范围内现存最早的、保存最完整的一部法典，被誉为世界四大著名法典之一，与《汉穆拉比法典》《查士丁尼国法大全》和《法国民法典》齐名，成为各国汉学家研究的热点。①《唐律疏议》不仅集中国封建社会前期法律之大成，而且成为唐朝以后各朝立法的模板。

3. 《大明律》

五代及宋朝的法律，几乎都是《唐律疏议》的翻版。史称，明太祖朱元璋对《唐律疏议》非常感兴趣，常命令大臣、刑官为其讲解唐律规定，每天二十条。②洪武六年，即1373年初定《大明律》，其篇目仍以唐律为准。但胡惟庸案发后，中书省被废，此后明朝一直未设丞相一职，而由皇帝直接统领吏、户、礼、兵、刑、工六部，结果导致明律体例一度遭遇大变革。洪武二十二年，即1389年，根据六部分掌握中书省职权的情况，为便于各部掌握、实施法律，在

---

① 杨鸿烈. 中国法律在东亚诸国之影响 [M]. 北京：中国政法大学出版社，1999.
② 明太祖实录 [M]. 上海：上海书店出版社，1982.

编纂体例上,以《名例》列于篇首,下按六部官制,设吏、户、礼、兵、刑、工律六篇。这种以"六部"分目,改唐律十二篇为七篇的举措,的确是明朝的一大创举。隋唐以来沿袭的法典体例从此开始发生改变。但是,《大明律》的精神实质及其主要内容,仍是以唐朝为模板。清朝的《大清律例》以《大明律》为蓝本,直至 1910 年的《大清现行刑律》,才一改以"六部"分篇目的法典体例,至此,"以刑为主"的传统法典模式最终宣告终结。

第三节　中国古代法律文化礼与法的演进

中国历史上的儒法之争常常成为后人的研究话题。儒家重礼,法家重刑,儒家任人,法家任法,侧重点有所不同。倘若说到法的本质、功能等更为根本的问题,大家的认识又几乎并无二致,只不过这种一致性,从来都是隐而不彰,它是儒、法之争的潜在背景,其实也是礼与法在中国政治史及法律史发展过程中不断演进的过程而已。

一、礼治时代

从夏、商到西周,近三千年的漫长岁月,中国古代法制伴随着"礼治"的发展,由最初的萌芽,发展成有一定特点的古代法律制度,这便是我们所要论述的礼治时代。

(一)周公制礼

礼源于古时祭祀活动,也是人类最初对自然现象和生命起源无法解释而产生的恐惧和敬畏心理的反映。因为这种"事神致福"的祭祀,遂产生一定的礼节仪式及必要的禁忌,这便是礼的产生。

殷周之际宗教文化发生巨变,使"人事"的因素得到比"神事"更大的重视。表现在社会礼仪方面,是注重人事和社会实践的"礼"的范畴,比注重神事的宗教祭仪受到更大的重视,而周初最重要的礼,即宗族之礼,也便是完备于西周的宗法制度。

随着宗法制度的完备,为调整贵族之间的等级秩序,周初统治者承袭和利用了夏商以来"事神致福"的"礼"[①],赋予其新的性质,在周公主持下对其

---

① 孔丘.论语 [M].张燕婴,译注.北京:中华书局,2006.

进行加工改造、充实更新，并将其系统化、规范化，使之成为法定的典章制度。大至国家制度、社会制度、社会生活，小至人们的日常生活言行、应对进退，无不受礼的约束。所谓"礼以体政，政以正民"①，以此来保证"贱不妨贵，下不犯上"。礼被统治者视为"经国家、定社稷、序民人、利后嗣"②的工具，统治者认为"安上治民，莫善于礼"③。

　　另外，宗法制度对周公制礼的影响极为重要。在谈到商代法律时周公曾说，"小邦周"对大国殷的统治，最伤脑筋的问题就是如何以自己微弱的主观力量来有效地统治广大的异族。周族统治者一方面在思想领域进行着"以德配天"的宗教性鼓吹，另一方面在政治组织上推行封诸侯、建同姓的"封建"制度，目的在于用有血缘关系的诸侯们来"蕃屏"周室，正所谓"封建亲戚，以蕃屏周"④。为什么选择了这样一套制度呢？主要是因为以下几个方面。第一，力量对比关系上的因素。周人以少数人来统治众多的异族殷人，在一个血缘关系尚十分受到重视的时代，所信赖和熟悉的，就是用族人（亲戚）来进行巩固其统治的一切活动。采用的具体方式就是将周人旧有的氏族统治方式（族长、家长——族权、父权）适应社会上现有的为人们所接受的封建制度（商的封诸侯之制），即将氏族组织扩大成国家组织，形象地说就是把氏族组织的内容装进国家组织的形式之中。所以周人封诸侯，建同姓。前者是为了适应对国家的统治，后者是为了保证这一统治是周人的统治，这就导致了所谓的"国家不分""亲贵合一"。第二，宗法分封制度。采取分封亲戚、维系血缘的宗法制度，也是基于商代中央王朝与属国政治上联系薄弱，诸方国对商臣叛无常这一历史教训，企图在政治上的臣属关系之外，再加上一个血缘上的亲戚关系，以此来巩固统治。这也是所以产生"天下一家""非我族类，其心必异"等传统观念的社会基础。第三，嫡长子继承制的确立。这有两层含义：一是商末已行嫡长继承，成为其时国人所接受的君统法则；二是氏族制残余颇多的周人很早以来就尊行嫡长继承，也已成为族人视为当然的宗统法则。周初统治者遂将这一宗统与君统合二为一，将氏族色彩较浓的家法上升为国法。第四，

① 左丘明．左传［M］．郭丹，程小青，李彬源，译注．北京：中华书局，2016.
② 左丘明．左传［M］．郭丹，程小青，李彬源，译注．北京：中华书局，2016.
③ 孝经［M］．李捷，译注．呼和浩特：远方出版社，1996
④ 左丘明．左传［M］．郭丹，程小青，李彬源，译注．北京：中华书局，2016.

统治方式的选择。对任何统治者来说，他既不能用自己不熟悉的方式进行统治，也不能脱离现实进行统治。特别是对文化落后的周族统治者来说，能否适应并不失时机地利用旧有文化和统治方式，关系到其统治能否继续和巩固。正是基于以上几方面的因素，周初统治者们选择了这样一种封诸侯，建同姓，君统、宗统合一，国家合一，亲贵合一，嫡长继承的政治组织制度。而这也就是所谓的宗法制度。之所以称为宗法，就是因为它本来自处理家族（宗族）内部关系的家法。由此可以说，宗法制度源于家族制度。

（二）礼治的体系

礼治思想集中体现在"亲亲""尊尊"上。礼治的思想根植于宗法制度，其目的是维护宗法等级制，而宗法等级制的主要内容就是维护宗族内部的尊卑长幼关系和国家结构中的等级关系。因而维护这种宗族关系和等级关系也就成了礼治的基本原则。礼治是一个不断发展、兼容并蓄的体系，可以说是一个系统的社会管理工程。

礼治的内容是由礼义与礼制（礼仪）构成的，法是礼治的附属物。在商代，尤其是西周的礼的全盛时代，社会各个领域无不处在礼治的控制下。就内容而言，礼治可以分为两个部分：礼义（即礼的宗旨和精神）和礼制（也即礼仪，指礼的外在表现形式，礼的制度、条文、规范，其中也包括法制、刑制）。作为抽象精神原则的礼义，可归纳为"亲亲""尊尊"，作为具体的礼仪形式，通常有"五礼""六礼"和"九礼"。礼义与礼制在礼治体系中，显然前者占据绝对的主导地位。三代史料言刑必言德。如《尚书》记载："惟敬五刑，以成三德……""朕敬于刑，有德惟刑……"[①]。而三代的法在礼治体系中虽不占主导地位，但其与道德、制度、习俗皆有着密切的关系。

实施礼治的方法大体有两种，即教化和刑罚。这两者在初始时大致有着明确的分工，教化用于本部落或本族成员，刑罚用于敌对及臣属部落和异族。所谓"德以柔中国，刑以威四夷"[②]。在礼治的体系中，教化与刑罚也有大致的分工，即以教化推行礼义，以刑罚维护礼制。礼义既然是礼治体系中的主导，教化也自然成为礼治体系中的主要手段。教化的实施远比刑罚复杂，但其负

---

① 尚书［M］.王世舜，王翠叶，译注.北京：中华书局，2012.
② 左丘明.左传［M］.郭丹，程小青，李彬源，译注.北京：中华书局，2016.

面影响较小。教化的特点是重视环境的营造、重视潜移默化的作用。如《礼记》所言："礼之教化也微，其止邪也于未形，使人日徙善远罪而不自知也，是以先王隆之也。"①教化的目的在于"正人心"，使人向善。礼治体系中的刑罚，实施起来比较简单，其主要目的在于维护礼制，以正人言行。商代由于血缘关系的松散及商人对鬼神的一味敬畏而刑罚格外严酷，周人对此进行了矫正。在西周的礼治体系中，刑罚的锋芒深藏，为了使贵族洁身自律，远离犯罪，不辜负自己高贵的血统，西周统治者确立了"礼不下庶人，刑不上大夫"的刑罚原则。这一原则，使周人对自己的民族充满了自豪和自信，促使他们格外珍惜与恪守这种区别于异族的礼。在商纣王手中，使人人自危、远者心寒的刑罚，到了周人手中一变而为维护宗法、辅助教化的工具。②

（三）礼治下的法

在周公制礼的同时，周初统治者还继承了夏商以来的刑罚制度，所谓"刑名从商"，"周有乱政，而作九刑"③，在统治者看来，"天下无礼，则不免乎刑"④。礼和刑成为周代宗法制度下，统治者治理国家的主要手段和周代法律制度的渊源。

1. 西周的刑法

周初统治者继承了夏商以来的法律内容，一再提到"司师兹殷罚有伦"，"罚蔽殷彝用其义刑义杀"⑤，即承用殷的刑罚制度。这主要是在周初统治时期，针对殷遗民而制定的统治政策。在这一时期，主要的刑法原则有三：第一，"明德慎罚"。所谓"告汝德之说，于罚之行"⑥，在此原则指导下，于是产生了"刑新国用轻典""刑乱国用重典"的刑事政策。第二，在刑法中初步划分了故意犯和过失犯、惯犯和偶犯的区别。在进行处罚时，对故意犯和惯犯，一般以加重为原则，而对于过失犯和偶发犯，则以减轻为原则。所谓"人有小罪，

① 礼记 [M].胡平生,张萌,译注.北京：中华书局，1985.
② 马小红.礼与法 [M] 北京：北京大学出版社，2004.
③ 左丘明.左传 [M].郭丹,程小青,李彬源,译注.北京：中华书局，2016.
④ 韩诗外传 [M].谦德书院,译注.北京：团结出版社，2020.
⑤ 尚书 [M].王世舜,王翠叶,译注.北京：中华书局，2012.
⑥ 尚书 [M].王世舜,王翠叶,译注.北京：中华书局，2012.

非眚，乃惟终……乃不可不杀""乃有大罪，非终，乃惟眚灾，时乃不可杀"。①
此外，对正当防卫的行为予以法律上的认可，"凡盗贼军，乡邑及家人杀之无
罪"②，并且提出"毁则为贼，掩贼为藏，窃贿为盗，盗器为奸"③等概念。第三，
确立了数罪并罚时的量刑原则。所谓"上刑适轻，下服；下刑适重，上服"④。此
外，在司法经验的积累中，提出了刑罚根据形势变更而相应轻重的所谓"世轻
世重"的原则。

刑是镇压奴隶反抗的重要工具，所谓"用刑以治野人""禁暴""正邪"等
恰说明如此。周厉王时以重罚取代"慎罚"，就连国人议论也要被处死。他曾
命"卫巫监谤""以告，则杀之"，结果是"道路以目"⑤。由于刑在此时主要是
用来镇压奴隶反抗的，所以古人才有被刑罚后觉得奇耻大辱的观念。从刑罚
手段上讲，周承袭了夏商的"五刑"体例，此外尚有焚、辜、残等酷刑和鞭、扑、
流、赎等刑罚，并增加了"杀君""群饮"⑥"不悌""不睦""不敬祖"等许多新
的罪名，而从这些罪名中也可看出，一般都是些肉刑、死刑，仍是以重刑为主。

刑的侮辱性观念，其实现在仍然存在。一个人一旦犯罪被判处刑罚，则
自然会受到来自社会各方的侮辱与歧视，社会地位骤降。而在周代那种等级
名分森严的历史环境中，这种观念更是可想而知。"刑不上大夫"的理念或许
可以说明一二，该理念的出现主要是为了尽可能减免因为刑而给贵族阶层带
来的侮辱，维护贵族的颜面和身份地位。如"命夫命妇，不躬坐狱讼"⑦"凡有
爵者，与王之同族，奉而适甸师氏以待刑杀"⑧。除此之外，大夫等特权阶层还
享有减、换刑罚的权利，如"赎刑"、"使入财而免其罪"⑨、"放逐"、"投诸四裔，
以御魑魅"、"屏诸四夷不与中国同"（与后世的流刑不同）、"赐死"（"故有赐
死而无戮辱"）。

① 尚书［M］.王世舜，王翠叶，译注.北京：中华书局，2012.
② 周礼［M］.徐正英，常佩雨，译注.北京：中华书局，2014.
③ 左丘明.左传［M］.郭丹，程小青，李彬源，译注.北京：中华书局，2016.
④ 尚书［M］.王世舜，王翠叶，译注.北京：中华书局，2012
⑤ 国语［M］.陈桐生，译注.北京：中华书局，2013.
⑥ 尚书［M］.王世舜，王翠叶，译注.北京：中华书局，2012.
⑦ 周礼［M］.徐正英，常佩雨，译注.北京：中华书局，2014.
⑧ 周礼［M］.徐正英，常佩雨，译注.北京：中华书局，2014.
⑨ 朱熹.朱子大全［M］.北京：中华书局，1984.

2.西周时期的民商事法规

西周的民商事法规主要见诸铭文和《周礼》等先秦典籍,至迟到周厉王时已有土地买卖的记载。如著名的铜器《鬲从盨》载:章氏用八邑与鬲从换田,良氏用五邑换田,结果顺利成交,既有卷契,也有证人。同一时期的《鬲攸从鼎》上也有记载。鬲攸从分田给攸卫牧,因未得报酬而生诉讼,结果使攸卫牧发誓说:如我未交租酬谢所分田邑,就诛杀我。讼事才算了结。在《曶鼎》中还记载着以五名奴隶换取"匹马束丝"的事。这些史实证实了《周礼》中所说的:"听买卖以质剂","听取予以书契";"以质剂结信而止讼"①。而有关债权纠纷则规定:"听称责以傅别""凡以财狱讼者,正之以傅别约剂。"② 这也许是有文字记载的最早的有关契约立法的文献之一。上述内容说明,在西周中后期,土地私有和买卖已存在,并在一定范围的商品性交往中产生了质剂、傅别这种契约形式。

关于婚姻及继承方面的法律,据史书记载,婚姻关系的成立须有父母之命、媒妁之言,严禁男子求亲、女子私许。如《诗经》有曰:"取妻如之何?匪媒不得。"③ 否则只能比同媵妾,所谓"聘则为妻,奔则为妾"④。宗法制度下的嫡长子继承制,使一夫一妻制得到严格维护。但在广续后嗣的要求下,虽然妻子只能有一个,但却可以公开纳妾,盛行陪嫁的媵嫁制度。西周时期与商最大的不同便是"同姓不婚"之制,所谓"取妻不取同姓,故买妾不知其姓,则卜之"⑤。在继承关系上,行宗祧继承,不存在单纯的财产继承,这也是周代和商代不同的一点。

二、礼法融合

两汉年间,传统法律文化自汉初便开始了儒家化的过程,从思想到体制虽历经几次反复,但法律儒家化的进程却始终如一。在三国、两晋、南北朝近三百七十年间,政权频繁更迭,在对峙与兼并中生存与发展,但立法活动仍受

---

① 周礼 [M].徐正英,常佩雨,译注.北京:中华书局,2014.
② 周礼 [M].徐正英,常佩雨,译注.北京:中华书局,2014.
③ 诗经 [M].王秀梅,译注.北京:中华书局,2015.
④ 礼记 [M].胡平生,张萌,译注.北京:中华书局,1985.
⑤ 礼记 [M].胡平生,张萌,译注.北京:中华书局,1985.

到儒家学说的影响,律学思想活跃,法律制度得到很大的发展,为隋、唐法律制度和礼律的高度统一奠定了坚实基础。

(一)两汉法律儒家化的历史原因

1. 秦亡与法家学说的衰落

在先秦诸子百家中,儒、法两家都提出了一套积极的治国方案。然而随着七国的合并,秦始皇的统一,法家成了适时的利器,登上了思想统治的宝座,但是好景不长,随着秦二世的灭亡,长于进取,却苛酷太露、难于守成的法家学说,从此永无居首之日。历史消除了儒家的一个强有力的竞争对象,给"难与进取,可与守成"①,富于"仁义"说教的儒家,提供了一个绝好的机运。

自汉初儒生即开始鼓噪要求统治者对儒家予以重视。自汉以降,好商、韩之术者虽代有其人,但却大多羞于以法家自居,而改头换面打着儒家的招牌出现。这也为儒法合流创造了条件。还要说明的是,因秦始皇信奉阴阳家的五德始终说,使当时不少儒生为取得合法地位,不惜与阴阳家合流,成为儒生兼方士,使儒学中渗入大量阴阳五行和天人感应的内容。

汉初得到官方扶植,讲天人感应、阴阳灾异的今文经学影响大于民间的古文经学,并在武帝后上升为官方哲学,其渊源即发端于秦始皇。此外,先秦儒家中儒法杂糅、"隆礼重法"的荀子,因其门生李斯为秦始皇重用,在其时加强了儒法合流的能力,致使后来成为统治思想的儒学,被视为"荀儒",甚至有"汉代经师……皆出荀卿"②的说法。

儒家思想能在西汉中后期成为统治思想,从某种意义上说,与秦始皇的功过是密切相关的。故而有人说是秦始皇开启了"独尊儒术"的大门。然而真正使儒学对中国古代传统法制发生切实影响的,却是汉武帝以后的事了。

2. 两汉法律体系的形成

两汉年间,中国传统立法也有了长足的进步,无论在立法内容、立法技术还是法律形式方面都比前代有了明显的发展和进步。一般说来,汉代的主要立法集中在汉初高祖、吕后及文景之世,至中期汉武帝时立法更为全面。经过初、中期的全面立法,两汉法律制度的主要内容和风格均已形成,此间所制定

---

① 司马迁. 史记 [M]. 北京:中华书局,2008.
② 梁启超. 清代学术概论 [M]. 台北:台湾商务印书馆,1985.

的主要法律规范作为祖宗成宪在整个两汉四百余年中均被遵循。

（1）西汉的立法与法律改革

首先，西汉初期的立法，主要集中在以下三个方面：第一，"约法三章"。这是汉高祖刘邦建立汉朝之前为争取民心而颁行的一项法令，其是在当时天下未定、民心未附的情况下所采取的政治性措施，其主要意义在于宣布废除秦朝苛法严刑。可以说，"约法三章"是汉朝法制的开端。第二，《九章律》。其是汉代法典的主要组成部分，史载"相国萧何捃摭秦法，取其宜于时者，作律九章"[①]。《九章律》是在吸收秦律的基础上斟酌损益而成的，其不仅是两汉基本法典，且对后世定律产生了深远的影响。第三，《傍律》。其是儒生叔孙通奉高祖之命制定的有关宫廷礼仪方面的法规。其次，文景时代的法制基本上是守成，史载惠帝与曹参的交谈即可说明。参曰："高皇帝与萧何定天下，法令既明具，陛下垂拱，参等守职，遵而勿失，不亦可乎？"惠帝曰："善。"[②]当然，在文景时期仍有多方面的法制改革，如继续对秦之苛法的废除、改革刑罚、更法以制诸侯。此外，文帝时期进行刑罚体制改革，废除肉刑，这一改革在中国古代刑罚发展史上是一个极为重要的转折过渡。再次，武帝以后，儒学生存发展的主客观条件均已成熟。以董仲舒为代表的汉代儒生在继承先秦儒家基本理论的基础上，将先秦世俗儒学发展成为一种实用的政治理论，提出："诸不在六艺之科，孔子之术者，皆绝其道，勿使并进。"[③]此即所谓"独尊儒术"的政治主张。最后，西汉后期，自昭帝以后，法律无大更张，统治者唯求宽平而已。宣帝受儒学影响，颁有"首匿"："自今子首匿父母，妻匿夫，孙匿大父母，皆勿坐；其父母匿子，夫匿妻，大父母匿孙，罪殊死，皆上请廷尉以闻。"[④]这便是"亲亲得相首匿"的儒家学说在法律上的最初体现。

（2）东汉的立法

光武中兴建立东汉，史载："至天下已定，务用安静，解王莽之繁密，还汉世之轻法。"[⑤]但实际上是"光武承王莽之余，颇以严猛为政，后代因之，遂成

① 班固.汉书［M］.张永雷，刘丛，译注.北京：中华书局，2016.
② 班固.汉书［M］.张永雷，刘丛，译注.北京：中华书局，2016.
③ 班固.汉书［M］.张永雷，刘丛，译注.北京：中华书局，2016.
④ 班固.汉书［M］.张永雷，刘丛，译注.北京：中华书局，2016.
⑤ 范晔.后汉书［M］.北京：中华书局，1965.

风化"①。所以桓谭曾建议："定科比，一其法度，班下郡国，蠲除故条。"②但是光武帝并未采纳该建议，这样到了章帝时，已是"宪令稍增，科条无限"③了。两汉时期的最后一次修律是在献帝建安元年，因董卓之乱，"典宪焚燎，靡有孑遗"④，应邵删定旧律令成《汉仪》。此外，经学大儒马融、郑玄等对律令的解释，也被天子诏令为具有法律效力的审判根据。

两汉立法活动，基本上沿着由简到繁，由繁到简，再由简到繁这样的轨迹运行。所不同于秦代的是，儒学日益成为法制的指导思想。

（二）两汉至魏晋南北朝法律儒家化的过程

1. 两汉刑事法律的儒家化

受儒家皇权统一思想的影响，两汉刑事法律全面维护以君主为核心的中央集权制度，重点打击危害皇权的行为，集中体现了法律儒家化的进程。西汉时期以削弱藩王为代表的地方势力为典型；东汉时期则以维护社会安定，采用弛刑于释奴为特征。

两汉时期刑事法律的儒家化，主要表现在以下几个方面。

刑事律法对君主中央集权的维护。在汉代立法中，规定了一系列维护皇帝安全与尊严的罪名及相应的刑罚，如大不敬、诽谤、非所宜言；另外，由于汉高祖刘邦大封同姓宗亲子弟为王，各地藩王逐渐尾大不掉，严重威胁皇帝与中央政权，因此为限制与打击藩王势力，制定了一系列特别法，如《左官律》《酎金律》。"王者之政莫急于盗贼"，这是传统立法的基本原则之一。在汉朝，政治反抗行为也一直是法律和刑罚镇压的重点。汉律中不仅对此类罪处刑极为严厉，还特别制定法律加重官吏的责任，如《沈命法》《见知故纵法》。

东汉时期的弛刑与释奴。光武帝及以后诸帝虽未颁布过专门的"弛刑诏书"，但通常在诏书中均提及"弛刑"政策。实际上的"弛刑"只是去刑徒"钳钛"⑤，以便其出征、劳役。如此还有屯田、营造以及劳役的例子。关于释奴，两汉律令多有规定。文帝曾发布除收孥相坐律，后又有诏令："免官奴婢为庶

---

① 范晔. 后汉书 [M]. 北京：中华书局，1965.
② 范晔. 后汉书 [M]. 北京：中华书局，1965.
③ 范晔. 后汉书 [M]. 北京：中华书局，1965.
④ 范晔. 后汉书 [M]. 北京：中华书局，1965.
⑤ 范晔. 后汉书 [M]. 北京：中华书局，1965.

人。"①哀帝时亦有诏令："官奴婢五十以上，免为庶人。"②东汉帝王也多次下诏释奴，这是自秦以来所未有的，反映了历史的进步。

两汉四百多年中，中国传统法律在内容、形式、理论和制度上都有了很大的发展，由于儒家学说影响的加深，逐渐形成了一系列与先秦法制迥然不同的原则和制度。在刑罚适用原则上，儒家"德主刑辅""礼法结合"思想的影响也极为明显，具有代表性的是"上请"制度的形成和"亲亲得相首匿"原则的确立。

2. 两汉民事法律的儒家化

两汉时期民事法律的儒家化，主要表现在以下几个方面。

保护国家和地主的经济利益。作为现实社会关系的反应，汉朝法律中维护传统经济关系、保护国家经济利益的内容比之前历代更为丰富。从现存的历史资料看，两汉数百年间各代统治者都或多或少注意到了运用法律、法令手段来调整国家经济问题，如法律中已有关于所有权、债务、契约、借贷等财产关系的相关法律规定。

维护传统家长制和社会等级关系。传统家长制和社会等级关系贯穿于整个社会结构之中，作为现实社会关系的反映，汉朝法律也把维护、加强、巩固父权家长制以及社会等级制度作为其基本任务之一。两汉法律，既承袭了秦代以前法律中相关制度，又根据现实情况适时做出调整，将儒家主张的"亲亲""尊尊"等原则纳入法律规范之中。

婚姻与继承法相关规定。在婚姻关系中，家族祭祖续嗣的重要性远远胜于婚姻关系当中的两个当事人。因为婚姻的目的是"上以事宗庙，下以继后世也"③，在继承上，仍是嫡长子继承，并以严"妻妾位"的法律来保证。

3. 汉代司法领域的儒家化

汉代司法制度以秦代为基础，经过不断的积累发展，在司法机构、诉讼制度各方面都达到了一个新的水平。特别是西汉中期"罢黜百家、独尊儒术"以后，儒家的思想主张越来越深地渗透到司法领域之中，极大地影响着汉朝的

① 班固.汉书［M］.张永雷，刘丛，译注.北京：中华书局，2016.
② 班固.汉书［M］.张永雷，刘丛，译注.北京：中华书局，2016.
③ 礼记［M］.胡平生，张萌，译注.北京：中华书局，1985.

司法原则与司法制度,其中以"春秋决狱""录囚"制度最为突出,对后世影响也最为深远,汉代的司法机构以秦代制度为基础并有所发展。

在诉讼审判制度上,汉代司法制度的诉讼形式主要有两种,即官吏纠举与当事人自告。在刑讯上,汉代仍以口供为主,因此治狱之吏,多以严苛著称,乃至东汉时期,滥用刑讯极为普遍。在继承前代法律文化成果和长期经验积累的基础上,汉代也形成了比较完善的审判制度,如在审判程序上有"读鞫"(宣读判决书)和"乞鞫"(请求复审)的规定,还有上报、复审及录囚的专门制度。

随着汉朝中央集权专制制度的逐渐加强,汉朝的监察制度在承袭前朝制度的基础上也有所发展,逐渐形成中央和地方两大体系。在中央,以御史大夫及御史中丞主管的御史台为最高监察机关,"内承本朝之风化,外佐丞相统理天下"①,总领百官,上下为监,并可奉诏参与审判。在地方,为强化对地方官吏的监察,秦时各郡常设"监御史"改由丞相随时派出的"丞相史"行使监察数郡之责。汉代监察机关的发展及对司法活动的参与和监督,强化了皇帝对司法大权的控制。这一制度的形成和完善具有积极意义。

此外,秋冬行刑原则是汉代司法的一大突出表现。自汉以后,该原则被日益制度化,行刑的对象也日益集中为重案死刑犯,至明清之际,更有缘此而生的秋审、朝审、热审之制。此外,还有长行于后世的录囚与大赦制度。录囚始于汉武帝,当时规定刺史、郡守每年八月或秋冬按时进行,视为常职。大赦作为皇恩浩荡的表示,自汉高祖时每逢节庆均会大赦天下。这与秦时大有不同。

4. 三国、两晋、南北朝时期法律内容的儒家化

东汉以来,逐渐形成了大地主封建庄园经济和以豪门士族为核心的贵族官僚大地主集团。三国两晋南北朝时期的法律从极力维护世族大地主政治统治和经济利益出发,在内容上有如下几个方面的主要发展。

确立维护贵族官员的特权制度,如"八议"入律和"官当"出现。曹魏总结前代经验,制定魏律时将"八议"作为封建法典的主要内容之一。"八议"的入律,使贵族官僚地主享有特权,凌驾于一般法律制裁之上。《晋律》在沿

---

① 班固.汉书[M].张永雷,刘丛,译注.北京:中华书局,2016.

用"八议"的同时,规定"除名比三岁刑""免官比三岁刑"[①],虽然不能确定晋代以除名、免官抵罪,但这种相比的做法,却恰是日后的"官当"之制的渊源。三国两晋南北朝时期,"官当"制度正式产生。

"重罪十条"正式入律。为加强镇压危害封建专制统治和违反伦理纲常的行为,北齐时将"重罪十条"正式入律。此"重罪十条"即为后世法典之中的"十恶",即将直接危害国家根本利益的最严重的十种罪置于律首,犯此十种罪不在"八议"论赎范围之内。

服制定罪与留养制度的出现。依服制定罪是《晋律》首创,目的在于"峻礼教之防"。它是指亲属间的犯罪,据五等丧服所规定的亲等来定罪量刑,这是自汉以来立法合流的又一大体现。留养,指的是犯人直系尊亲属年老应待而家无成丁,死罪非十恶,允许上请,流刑可免发遣,徒刑可缓期,将犯人留下以照料老人,老人去世后再实际执行的制度。这是中国古代法律家族化、伦常乱的具体体现,这一制度亦为后代法律所承袭。

维护尊卑良贱等级关系的婚姻制度。当时是士族豪门操纵国家政权,封建尊卑良贱等级森严,反映在婚姻关系上,则是所谓士庶、良贱不婚。法律保护尊卑士庶良贱的不平等社会关系和士族占有部曲、奴婢的特权。在婚姻方面特别重视门第家世,为不使家族系统被外族冒认,续有家谱,由官府掌握。士庶良贱通婚,被视为"失类",会受到嘲讽歧视甚至法律制裁。在继承上严别嫡庶,唯嫡长子有继承权。

三、礼法合一

中国古代法律发展到唐代日臻成熟,礼法结合高度统一,后代几乎再无大变化。继隋而起的唐、宋两代,典章文物远播海外,中华法系以唐律为标志臻于完善。此后,传统法律文化的发展皆不离左右。唐以后法律,条目间或有增损,刑名或有轻重,但其整个系统之精神及基本观念,却从未脱离唐律,所以唐律成为中国古代法律的典型和楷模,也成了中华法系的重要标志。

(一)礼法的结合与统一——《开皇律》到《唐律疏议》

隋代虽然仅存三十八年,但在历史上却起着承前启后的重要作用。可以

---

① 李昉.太平御览[M].北京:中华书局,1960.

说,若没有隋的统一,就不会有历史上盛唐的出现,也就没有唐朝法制的集大成。唐朝的法律无论在立法方面还是司法实践方面,都为后世都提供了宝贵的经验。

1.《开皇律》的突出贡献

概括起来,《开皇律》的主要贡献包括如下几个方面。

对刑罚制度进行改革。《开皇律》正式确立了新五刑体例。在继承北魏、北齐刑罚体系的基础上,《开皇律》对前代各朝刑罚种类进行了全面的总结和梳理,废除了车裂、枭首等残酷的刑罚,以笞、杖、徒、流、死作为基本的刑罚手段,并形成了完善的轻重有序的刑罚体系,定刑罚为五种二十等。即死刑二(斩、绞);流刑三(千里、千五百里、二千里);徒刑五(一年、一年半、二年、二年半、三年);杖刑五(自六十至百、十为一等);笞刑五(自十至五十,十为一等)。上述五刑通称为封建制五刑,和周代的旧五刑有所不同。从此,以残损人肢体的肉刑在法典上不复存在。自唐以后至明清,新五刑成为各朝法典中的基本刑罚体系。

进一步扩大贵族官吏的法律特权。隋朝法律继续沿袭前代的"八议"制度,有"议请减赎当免之法"。此外,还创设"例减"的特权,即凡属"八议"之人及七品以上官吏,有犯罪者皆减一等处罚。"官当"制度在此时被列为定制,并且规定律在五刑二十等之下分列赎铜的具体数量。

创设"十恶"条款。《开皇律》在《北齐律》"重罪十条"的基础上加以增删,创设了"十恶"的条款,将谋反、谋大逆、谋叛、恶逆、不道、大不敬、不孝、不睦、不义、内乱十种严重危害封建统治及悖逆封建纲常名教的犯罪归纳起来,称为"十恶",置于律首予以特别规定,作为刑事处罚的重点。史载:"犯十恶及故杀人狱成者,虽会赦,犹除名。"[①] 此为"杀人偿命""十恶不赦"之来源。

强化对经济的法律调整。隋初继续推行均田制度,颁布《均田令》,给"公廨田,以供公用"[②]。此外大力整顿户籍,包括户口和账簿的立法调整,以加强对地方承担赋税徭役人户的直接控制。随着经济恢复和商业的繁荣,中央政

---

① 隋书 [M].北京:中华书局,2020.
② 隋书 [M].北京:中华书局,2020.

府以严厉的手段开始整顿统一混乱的货币制度。通过一系列强有力的措施，加强了中央对地方财政的控制，在一定程度上削弱了由来已久的地方割据势力。

重视司法。隋朝确立了申诉和死刑复奏制度。《开皇律》定：民"有枉屈，县不理者，令以次经郡及州，至省仍不理，听诣阙申诉。有所未惬，听挝登闻鼓，有司录状奏之"①。为加强皇帝对司法的控制，皇帝多次下诏："诸州死罪不得辄决，悉移大理按复。事尽，然后上省奏裁"；"决死罪者，三奏然后用刑。"②从此地方各级官吏不再有死刑徒决的全权，死刑的执行均须奏请皇帝批准。而"三奏然后用刑"成为唐代死刑三复奏制度的先声。

2. 唐律的礼法合一

唐初统治者在长期政治实践中认识到，健全的法制对于国家长治久安的重要意义，因此唐代建立以后各朝统治者都非常重视法律的制定和完善。唐代，高祖、太宗、高宗和玄宗时期，都进行了全面立法，基本形成了唐代法律的基本规模和内容，一直为唐代所遵循和延续。

（1）《永徽律疏》——礼法统一的法典

《永徽律疏》又称《唐律疏议》，是唐高宗永徽年间在《贞观律》基础上修订完成的一部极为重要的注释性法典。《永徽律疏》在全面总结汉代、魏晋以来立法和律学注释经验的基础上，将儒家经典引入正律作为其理论依据，对法律原则结合法律制度作了十分精准的解释和说明，标志着中国古代立法达到了极高的水平，全面体现了中国古代法律制度的风格和基本特征，成为中华法系的代表性法典，对后世及周边国家产生了极为深远的影响。

（2）司法中的礼刑合一特征

首先体现在刑狱之制的薄罚与慎杀。《唐律疏议》规定："累犯笞杖，决不得过二百，累犯流刑，不过三千里。累犯流徒，徒不过四年。死刑不出绞斩。"③《唐律疏议》："缘坐入死限于父子，再无合门族诛之事。"④唐律还规定，对具有特权身份的人和老幼废疾之人，禁止使用刑讯，只能根据证据来定罪。《唐

---

① 隋书［M］.北京：中华书局，2020.
② 司马光.资治通鉴［M］.北京：北京联合出版公司，2015.
③ 唐律疏议［M］.岳纯之，点校.上海：上海古籍出版社，2013.
④ 唐律疏议［M］.岳纯之，点校.上海：上海古籍出版社，2013.

六典》中第一次以法典的形式,肯定了法官的回避制度。其次,唐律中规定了上诉复审及死刑复核制度。按唐律规定,凡案件审理完毕,徒刑以上的案件,应对犯人及家属宣读判决。如有不服,应进行复审。死刑的执行也非常严格,一方面孕妇须产后百日乃执行,未产而决或产未满百日而决者,有关官吏处以徒刑;另一方面死刑判决后须报请皇帝核准,核准后还须三次奏报,得到批准后再过三日才能执行。《唐律疏议》:"死罪囚,奏画已讫,应行刑者,皆三复奏讫,然始下决,即奏讫报下应行决定,听三日乃行刑。"[①]再次,唐律司法制度中,确立了法官绝对责任制度。即法官对于断案之曲直,负有绝对的责任。法官故意违法裁判的,皆随其所判得罪;即便因为过失而误判的,也要减等论罪,而不能诿其责任。

(3)唐律礼法合一的特点

唐律是中国法制史上中华法系最具有代表性的经典,中国传统法律制度的基本精神、主要特征以及中国古代法律的整体立法水平在唐律中都得到了充分的体现,其主要特点如下。

首先,唐律"一准乎礼""以礼为初入"。也就是说,唐律以儒家所宣扬的礼教和伦理纲常作为自己定罪量刑的基本标准,使礼法得到彻底的融合。唐律总的精神要旨就是三纲五常以及传统的伦理道德观念,在法律规定中得以贯彻,且唐律中许多法律条文直接渊源于礼的规范,而唐律中的疏义就是引用的儒家经典。因此礼是贯穿唐律的核心和灵魂;其次,唐律是一部"宽简适中,得古今之平"的法典。唐代是中国封建社会发展的顶峰时期,唐律是这一时期文明的集中反映,无论在刑罚种类、量刑幅度还是原则上都是各朝法典中最为宽松、适中和平和的。再次,唐律充分吸收了各代立法的经验和成果,在立法技术上臻于完善。唐朝立法以科条简要,宽简适中为特点,其沿袭隋制,实行精简、宽平的原则。在篇章结构和体例上,整个法典前后呼应,各篇、各条之间紧密相扣,从整体上看极为严密与严谨,并且在具体的条文立法上表现出高超的水平,如自首、化外人有犯、类推原则等规定。

(4)唐律的历史地位

唐律作为中国封建社会全盛时期的基本法律,在中国法制史和世界法制

---

① 唐律疏议[M].岳纯之,点校.上海:上海古籍出版社,2013.

史上具有极其重要的历史地位。

其一,唐律是一部集众律之大成的"礼法合一"的大典。唐律总结了秦汉以来的立法、司法经验,体现了中国古代法律文化的优秀成果。它承袭和发展了以往礼法并用的统治方法,使得法律统治"一准乎礼",真正实现了礼与法的统一,如唐太宗所说:"失礼之禁,著在刑书。"① 其二,唐律对中国后世法律产生了深刻影响。如前多次提到,唐律是我国封建法典的楷模,在中国法制史上具有承前启后、继往开来的重要作用。唐朝承袭秦汉立法成果,吸收汉晋律学成就,使唐律具有封建法律的典型性,表现出高度的成熟性。唐律之体例、结构、主要制度和主要原则,都为后代所继承。其三,唐律是中华法系形成的标志。唐律是一部有广泛世界影响的法典,随着唐代文化对外传播而对东南亚各封建国家的法律制度产生了深刻影响,日本、朝鲜、越南等封建时代的法律法令中都可以寻找到唐律的痕迹。所以,唐律成为中华法系的代表性法典,在世界文明史特别是法律史上占有重要地位。

(二)礼法合一的发展与变化——宋元时期

1. 两宋时期礼法合一的发展

宋代,应当说是懂法的皇帝最多的一个朝代和最讲究法律的一个朝代,这也许是两宋以一个积贫积弱的王朝得以维持三百年之久的原因之一。

两宋时期立法的基本指导思想在于强化中央集权,因此治国理念逐渐由儒家"人治"学说转变为以律法为主的"吏治"。法律肯定"稍夺其(藩镇、节度使)权,制其钱谷,收其精兵"② 重在刑事和行政立法;不仅在行政上以文官知州县事,还在司法上强调武人不得干预,同时认为"王者禁人为非,莫先于法令"③;注重法律的修订和司法体制、诉讼程序的设置,视各级司法官吏的人选为"天官选吏,秋曹谳狱,俱谓难才"④;强调在司法中应"防闲考核""纤悉委曲",以免"偏听独任之失"⑤。凡此种种,用心仍在于控制地方司法,以达到强化集权中央的目的。

---

① 董诰.全唐文[M].北京:中华书局,2013.
② 李焘.续资治通鉴长编[M].北京:中华书局,1986.
③ 宋大诏令集[M].北京:中华书局,1962.
④ 宋大诏令集[M].北京:中华书局,1962.
⑤ 黄淮,杨琦.历代名臣奏议:卷二一七[M].上海:上海古籍出版社,1989.

在经历了"庆历新政"和"元祐党争"之后,王安石进行的"熙丰变法"对宋初立法影响颇大,导致其立法思想较前一时期有很大变化,在思想上由传统的"讳言财利"向"利义均重,利义相辅"转变。所谓"利者义之和,义固所以为利也"①。

两宋时期立法思想主要受程朱理学和"永嘉"功利学派的影响,所谓"乾淳诸老既殁,学术之会总为朱陆二派,而水心断断其间,遂称鼎足"②。程朱理学强调和论证的"理",其时主要不是用以解释宇宙,而是用以说明现存的社会秩序。二程说:"父子君臣,天下之定理","居今之时,不安今之法令,非义也。"③朱熹更明确地说:"礼字,法字,实理字。"他们认为"正风俗而防祸乱",必须以"礼律之文"为根本。"永嘉"功利学派则强调"以利和义",并认为"善为国者,务实而不务虚"④。而朝廷对上述思想采取"择善而取,为我所用"的原则,在当时的司法中,表现为对一般犯罪刑罚有所宽缓,认为"法深无善治"⑤,注重狱事和清理民讼,以此缓和内外矛盾。

2. 元代法治特点及变化

元代是中国历史上第一个北方少数民族入主中原,实现大一统的王朝。为统治的需要,蒙古贵族继受了中原传统的政治、经济与文化。传统法律文化及以唐宋法律为主体的中华法系,在其时亦得以延续。元代的近百年间,传统礼法文化在融合了蒙古贵族的民族性统治特点的基础上,在礼法合一的传统法制发展轨道上,顺势滑向了君主专制极端发展的明、清两代。

在形式方面,元代的法律形式在传统礼法合一方面开始发生变化。元代法律形式深受两宋编敕的影响,内容广泛,具有法规大会的性质。从中央到地方,各级官府都十分注重以判例断案。历次法典编纂都纳入大量断例,地方也时常收集和汇编断例,致使"有例可援,无法可守"。综合元代法律,其基本法律形式以条格、断例为主。

---

① 王安石.王临川集·答曾公亮书 [M].上海:上海世界书局, 1935.
② 黄宗羲,全祖望.宋元学案 [M].北京:中华书局, 1986.
③ 朱熹.朱文公文集 [M].北京:商务印书馆, 1936.
④ 叶适.水心文集 [M].北京:中华书局, 1961.
⑤ 陈亮集 [M].北京:中华书局, 1987.

第三章
中国古代刑事法律文化

　　按照马克思主义的法律理论,法律不是从来就有的,也不会永恒存在。它同其他的社会现象一样,都有产生、发展、繁荣及消亡的历史规律。五千年源远流长、卓尔不群的中华民族,孕育了博大精深、独树一帜的中国传统法律文化,使其在世界五大法系之林大放异彩。而其中的刑法观念与刑法制度,是中华法系文化宝库中的一朵奇葩,曾以其独有的特色与魅力备受世界瞩目,也曾以其相对发达与完善的典章制度,吸引万邦来朝,为东亚诸国树立了楷模与典范。

　　中国古代刑法的产生与发展,与中国早期社会的复仇观念是分不开的。随着生产力的发展和社会的进步,原始复仇分别经历了血族复仇、血亲复仇、同态复仇和缴纳赎金几个阶段。但是,"无论是血族复仇、血亲复仇、同态复仇还是缴纳赎金,它们都表现出人类求得公平、讨回公道的正义本能和作为善恶行为的公正报应的基本要求。刑罚的报应功能是刑罚存在的原动力,是一种最原始、最基本的本能情感"①。中国古代社会的刑法制度与罪名体系就这样随着奴隶社会的产生、封建专制主义的发展壮大不断向前推进、不断发展完善,形成了"以刑统罪"、以"盗贼"为中心、以"十恶"为中心、以"六部"为统辖的几大罪名体系,以及具有中国特色的刑事原则和刑事制度。刑法的高度发达和完备是中国传统法律成熟的重要标志。

---

① 钟安惠.西方刑罚功能论 [M].北京:中国方正出版社,2001.

第一节 复仇与罪刑观念的形成与发展

从我国的考古及历史资料来看,夏代是中国历史上有文字记载的第一个奴隶制国家,而体现统治阶级意志的最早的法律也在中国应运而生。《左传》记载:"夏有乱政,而作禹刑;商有乱政,而作汤刑;周有乱政,而作九刑。"[①] 虽然现在关于夏代法律的研究资料尚匮乏,但《禹刑》至少在一定意义上说明了夏代法律的存在。

任何事物的产生都不是一蹴而就的,其在产生之前总会经历一个孕育与萌芽阶段。就法律的产生而言,虽然是与阶级、国家等事物相伴而生,但在其产生之前的原始社会早已为法的产生、孕育默默创造了条件。从中国古代奴隶社会法的内容来看,主要的是以刑罚为目的的刑法。要考察中国古代刑法罪与罚关系的衍生,需要对早期社会的复仇观念进行深入研究。

一、先民社会的复仇观念

犯罪与刑罚产生于阶级社会,但是却孕育于原始社会的复仇习惯。在刑罚出现之前,复仇就已经存在了相当一个时期。那是个复仇的时代。引起复仇的事由之多,复仇规模之大,冲突之频繁,某些情况下的后果之严重,都是绝无仅有的。[②] 对于刑罚起源的一般规律,可以概括为:孕育于公有制的解体,分娩于阶级的出现,脱胎于复仇的习惯。[③]

(一)复仇的产生

"报复刑之作为人类历史上第一种刑罚体制而存在,有其特定的社会进化背景,且有历史的必然性,是原始公有制解体与原始习惯进化的必然结果。"[④] 在古代社会及原始社会中,为族中血亲复仇不但是一种权利,而且是一种义务,甚至是"神圣的义务"[⑤]。复仇的观念和习惯,在原始社会甚至后世社会极为普遍,复仇是一种"以血还血"的习惯。历史上如希腊人、西伯来人、

---

① 左丘明. 左传 [M]. 郭丹,程小青,李彬源,译注. 北京:中华书局, 2016.
② 霍存福. 复仇报仇刑报应说 [M]. 长春:吉林人民出版社, 2005.
③ 樊凤林. 刑罚通论 [M]. 北京:中国政法大学出版社, 1994.
④ 邱兴隆. 刑罚的哲理与法理 [M]. 北京:法律出版社, 2003.
⑤ 瞿同祖. 瞿同祖法学论著集 [M]. 北京:中国政法大学出版社, 1998.

阿拉伯人、印度人也都允许复仇,《摩奴法典》等认为复仇是被允许的。古代日本人在法律上许可复仇,并有若干限制。英国在十世纪时,意大利一直到十六七世纪时还有此风。在原始社会中,更是不胜枚举,因纽特人、东非洲土人、非洲的 Congoren 人、澳洲西部土人、美拉尼西亚人,英属新几内亚的印第安人,以及美洲的印第安人都有这种习惯。①

在原始社会,为了弥补个体自卫能力的不足,形成了以血缘关系为基础的人类原始社会组织——氏族。在以血缘为纽带的氏族成员之间便形成了密不可分的关系,即利益的统一体。由于原始社会生产力低下,氏族之间的争斗在所难免,因此,凡是对氏族成员的伤害,便认为是对整个氏族的伤害,基于氏族成员之间的这种血缘关系的存在,便产生了氏族成员对于该种伤害的报复义务。经过长期的发展,这种风俗便被固定下来,并逐渐成为一种习惯。"假使一个氏族成员被外族人杀害了,那么被害者的全氏族就有义务实行血族复仇。"②"在氏族制度的初始阶段,氏族成员遭到外族伤害都被视为对该氏族成员所在氏族的凌辱,受害的氏族因而对加害的氏族实行集体杀戮。"③

后来,伴随着私有制的发展,由于受到婚姻制度的影响,群婚制度开始瓦解。"在母系氏族社会里,实行族外群婚。后来随着氏族的繁衍,亲族关系的范围增大,亲族之间禁止结婚的规矩也越来越严,于是就自然而然地出现了一男一女暂时结合的对偶婚制,即对偶家庭。"④伴随着氏族的瓦解,氏族成员之间的血缘关系日益松弛,复仇的对象也就逐渐地演变为以家庭为核心的复仇制度。

(二)复仇的形态

在原始社会,由于受到生产力发展水平的制约,人们认识自然、控制自然的能力有限,受到原始的公平、正义观念的影响,在氏族血亲关系中就产生了全体氏族成员所认可的复仇的义务,复仇也就成为原始人类的一种自助救济行为。

---

① 瞿同祖.瞿同祖法学论著集 [M].北京:中国政法大学出版社,1998.
② 马克思恩格斯选集 [M].北京:人民出版社,1995.
③ 樊凤林.刑罚通论 [M].北京:中国政法大学出版社,1994.
④ 周密.中国刑法史 [M].北京:群众出版社,1985.

原始社会的复仇基本经历了三个阶段，首先是以氏族为单位的血族复仇，如果不同的氏族部落间发生冲突，则用战争来解决。当本氏族成员被外族人杀害时，全氏族成员都必须为其复仇，此即"血族复仇"的习惯。其次是以家庭为单位的血亲复仇，最后是以报复手段与损害相对应的同态复仇。

1. 血族复仇与血亲复仇

血亲复仇是人类解决冲突、寻求冲突的利益或权利补偿的原始形式，其本质是受到伤害的一方凭借一定的暴力手段，使自己的某种利益得以实现或补偿，并使对方得到制裁和惩罚。应该说，就复仇是对侵害行为的一种报复而言，它具有一定的正当性，但复仇又是漫无节制的。

一般认为，血亲复仇来源于血族复仇，血族复仇是古代复仇的最初形态，表现为被害者氏族的全体成员共同对侵害者所属的氏族成员实行复仇。这种复仇毫无程度上的限制，往往引起氏族间的不停征战，复仇循环不止，更有甚者可能导致整个氏族的毁灭。伴随着生产力的进一步发展，婚姻家庭关系逐步确立和稳定，进而取代了以氏族为单位的生产生活方式，氏族成员之间的集体观念逐步淡漠，以血缘为纽带的家庭关系也变得逐步重要起来，反映在复仇观念上，便是血亲复仇的产生。血亲复仇是继血族复仇之后的一种古代复仇形态，是原始社会中一种非常普遍的社会现象。这种报复常常表现为一种血腥的大规模的原始战争，具有集体性、野蛮性和残酷性的特点。大量历史资料证明，世界各民族处于氏族社会这一历史时期时都曾经历过血亲复仇，并且具有一定的相似性。并且，血亲复仇的观念也影响了后世的道德观念和刑法理念。

与血族复仇不同，血亲复仇不再是全氏族的事，而是转归于被害者近亲属的责任，这种复仇形态将复仇的责任主体由整个氏族缩小为被害者的家庭成员，这种变化的出现是与原始社会以血缘为中心的家庭关系的产生紧密相连的。无论是血族复仇，还是血亲复仇，都是以一定的血缘关系为单位进行的一种复仇，在复仇的程度上并无限定和节制，往往导致死亡的发生。正如恩格斯所说："我们今日的死刑，只是这种复仇的文明形式。"[①] 另外，从报复的对象上来看，往往并不仅仅针对施害者本人，还有可能是与施害者有血缘关系的

---

① 马克思恩格斯全集 [M]. 北京：人民出版社，1965.

氏族或家庭。

这种原始的复仇观念在今天看来是难以接受的,但是却是由当时的历史条件所决定的一种必然现象。原始社会人们的活动常常表现为一种群体性,无论是劳作、休息还是斗争。究其原因,是由当时落后的生产力所导致的,在当时的条件下,个体是无法脱离群体而生存的,离开了群体便意味着容易死亡。如此,这种群体便以血缘关系为纽带连接起来成为氏族或部落。因此,当氏族或部落中某一个成员受到外族人伤害时,必然会危害到整个氏族和其他成员的利益,同时也会被视为整个氏族或部落受到了伤害,导致整个氏族群体都感觉受到侮辱与侵犯,因而引发对施害者和其所属氏族的愤怒。这样,血亲复仇作为一种原始习惯便被固定和沿袭下来。

2. 同态复仇

同态复仇同样是原始社会的一种复仇形态,是被害者对造成其伤害的施害人给予同等程度的伤害作为惩罚,以命抵命、以伤抵伤,也就是通常所说的"以眼还眼,以牙还牙"。为了限制血亲复仇造成的复仇的无限性,同态复仇应运而生。血亲复仇与同态复仇虽然都是复仇,但二者有本质上的不同。血亲复仇具有强烈的主观性,同态复仇则具有相对的客观性,已在很大程度上表现出了一种严谨的理性,在复仇的后果上也较之前有所限制。强调恶有恶报的因果报应,已具有一种原始的公正。尽管如此,由于受当时生产力发展水平的限制,同态复仇作为正义的形式仍存在极大的缺陷与狭隘。但是,正是这种复仇观念的变化,为后世的刑罚奠定了理论基础,经过历代的改造发展,成为今天刑罚制度的胚胎。

在原始社会后期,随着私有制的出现,血缘家庭关系日益紧密,氏族制度变得松散起来并逐步瓦解。受此影响,一方面,氏族成员渐渐不再将氏族的利益放在首位,而是更加注重自身的个人利益,于是氏族成员受到侵害时便逐渐变成个人的事;另一方面,由于氏族成员的涣散,整个氏族的战斗力也相应地下降,氏族已经再无力对所有成员提供保护。因此,当氏族个别成员受到外族伤害时,施害者便会被氏族交出,由被害者的家族或者被害者本人执行复仇。

在社会发展的任何时期,都有一套维持社会秩序的方法,只有这样社会才可以正常地向前发展。在有国家的社会,往往通过法律对侵害行为进行处罚或制裁,国家来承担该责任。但是原始社会尚没有国家和法律,在那样一种民智未开、一切处于蒙昧与混沌的社会状态中,人们便自然而然产生了对神的盲目崇拜,认为那些自然现象及自然灾害是神对人类的报应,是一种"天讨""天罚"。由此便产生了最原始、最朴素的因果报应观念。在这种观念的主导下,人们对人与人之间的伤害便产生了有害必罚的思想,因此报复便被认为是天经地义的。那种简单的、朴素的正义与平等观念的产生,在当时以私力救济为主的社会,是一种必然。

在今天看来,同态复仇并不符合文明社会的要求,但是在当时,却已经比血亲复仇有了明显的进步和质的变化。同态复仇在复仇程度方面更讲究对等性,具有一定的客观性,且在复仇对象上仅针对施害者本人及其家庭成员。在此后的社会形态上,尤其是紧接其后的奴隶社会,同态复仇制度在各国法律中都能寻到其踪迹。

(三)复仇的法哲学意义

在研究原始社会的复仇问题时,我们不能用今天的标准去评判它,否则得出的结论就是野蛮与残忍。但是不可否认的是,原始社会的复仇制度为后世刑罚的发展奠定了制度与观念的基础,成为刑罚发展的渊源,虽几经变迁,仍然可以追寻到复仇的踪影。复仇所针对的是一种伤害,是一种对侵害者的惩罚,而这正是刑罚的内在属性。从现代法律视角来看,公平正义是法的终极追求目标,是一种理想的状态,而这恰恰也是原始社会复仇制度最朴素的价值追求。因此复仇制度与刑罚之间存在着内在的联系。

首先,复仇与刑罚都具有惩罚的意义。刑罚的重要功能之一便是惩罚犯罪,而原始社会的复仇制度也隐含着惩罚的意义。惩罚与刑罚密不可分,没有惩罚,也就无所谓刑罚。从本质上讲,刑罚是通过剥夺犯罪人的某种权益,使其承担一定的痛苦,这种痛苦包括生理上的和心理上的,从而实现刑罚功能。若刑罚措施不会给犯罪人带来任何痛苦,那么这种刑罚则是毫无意义的,或者不能称之为刑罚。刑罚在给犯罪人带来痛苦的同时,对被害者来说,则是一种抚慰和补偿。而这种让施害者承担痛苦的惩罚以及由此给予被害者抚慰和补偿的功能,也正是原始社会复仇行为的愿望。所以,在这一点上,二者所追求的目标相同。

其次，复仇与刑罚都有着对正义的追求。从人类学的角度讲，无论是在原始社会，还是在文明社会，人们对侵害的报复心理都是客观存在的。只是到了文明社会，对于侵害人的这种报复行为由国家来实施，被害者的这种复仇权也就转化成了国家的刑罚权。"在原始时代，实行以眼还眼、以牙还牙的同态复仇，而当国家统一掌握刑罚权后，被害人的复仇权利就由国家行使刑罚权取代了。"① 由此不难看出，原始社会的复仇制度能成为刑罚制度的渊源，说明复仇与刑罚之间存在着内在的共性，即对正义的追求。正义，具有正直、公平的含义，刑罚则正是在犯罪与刑罚之间寻求公平的支点，"刑罚的正当理由植根于由报应所体现的人类道德情感和社会公正理念，刑罚以蕴含在报应之中的公正理念为其安身立命之本，公正是刑罚的唯一价值追求"② 。"正义是刑罚发动的理由。刑罚的正义性在于它对犯罪所具有的报应性。"③ 即刑罚的根本在于对犯罪行为的报应，这种报应便代表着一种正义。而就原始人类的复仇制度来看，复仇制度本身就反映了一种原始朴素的对等观念，其中包含着公正的刑罚理念，这种观念是在长期的循环往复的复仇斗争中产生的。随着生产力的发展和私有制的产生，人们在产品交换中逐渐产生了对等的概念，而这种观念在促进商品经济发展的同时，也融入复仇制度当中，在复仇的形态和程度上强调对等性，由此导致同态复仇的产生。这其中蕴含着一定的公正性，即价值上的对等。所以说，原始人的同态复仇观念已经包含了一种原始的公正观念。

二、中国传统刑法的人性基础

犯罪是由人实施的，刑罚是对人施予的，因此刑法作为规制人的行为的法律规范，其历史的经验形态及其背后的理性思考不得不为今人所关注。人性的善恶问题，是中国古代人性论的焦点，几乎所有的人性论争都是围绕这个问题来展开的。因此，在中国古代的刑法之中，关于犯罪与刑罚的纷争也在很大程度上都围绕人性的善恶问题予以铺陈，从而形成了中国古代刑法独特

① 杨春洗，杨敦先 . 中国刑法论 [M]. 北京：北京大学出版社，1994.
② 董淑君 . 刑罚的要义 [M]. 北京：人民出版社，2004.
③ 黄立 . 刑罚的伦理审视 [M]. 北京：人民出版社，2006.

的风格。

（一）儒家的观点

孔子说："性相近也，习相远也。"[①] 这里表明孔子并未对人性善恶做出评判，而是认为从人的本性上来看，所有的人都是一样的，只是由于后天所受到的社会环境不同，才导致不同的人呈现出不同的道德面貌。因此，在孔子看来，人都是可以进行教育或教化的，"社会都是由个人组成的，教育对个人的发展具有重要的作用，因而必然对社会的发展产生重要的作用"[②]。出于这样的人性观点，孔子认为单纯运用刑罚来治理国家，并不是一种正确的选择，只有通过教育或教化来治理国家，才能将社会的要求变成人们自己的思想与自觉的行动。也只有通过礼乐教育，才能实现刑罚的中正目标，进而使得人们明白自己应该做什么或者不该做什么，"礼乐不兴，则刑罚不中；刑罚不中，则民无所措手足"[③]。

与孔子不同，孟子明确提出"人性善"的论断。孟子认为，人性之所以是善的，不仅因为人性是人生固有的本性，还因为人之所以为人而异于禽兽的本质特性，正所谓"人皆有不忍人之心者"[④]。孟子进一步将这种"不忍人之心"划分为"四心"或"四端"，认为无此则"非人也"，"无恻隐之心，非人也；无羞恶之心，非人也；无辞让之心，非人也；无是非之心，非人也"[⑤]。正是这"四心"，构成了"仁""义""礼""智"四种"善端"，"恻隐之心，仁之端也；羞恶之心，义之端也；辞让之心，礼之端也；是非之心，智之端也"[⑥]。但是人虽有"四心"或"四端"，有的能保持和发扬，而有的却会失掉。因而如何保持与扩展人的"四端"，关系到社会秩序的生成与发展。在此基础上，孟子进一步发挥孔子"仁"的学说，强调教育对于治国理政的决定性意义，而对刑罚保持一种相当谨慎而克制的态度。

荀子则提出了与孟子截然相反的人性论主张，荀子主张"人性恶"。"人

① 孔丘．论语［M］．张燕婴，译注．北京：中华书局，2006.
② 廖其发．先秦两汉人性论与教育思想研究［M］．重庆：重庆出版社，1999.
③ 孔丘．论语［M］．张燕婴，译注．北京：中华书局，2006.
④ 孟子．公孙丑上［M］．方勇，译注．北京：中华书局，2017.
⑤ 孟子．公孙丑上［M］．方勇，译注．北京：中华书局，2017.
⑥ 孟子．公孙丑上［M］．方勇，译注．北京：中华书局，2017.

之性恶,其善者伪也。"① 荀子认为,人之所以性恶,是因为人有好利、好声色、嫉妒憎恶等情欲,这些情欲本身都是人类生而就有的,是一种自然而客观的人性,是没有什么善恶可言的。然而如果这些情欲任由其放纵而不加以控制,那么就有恶的产生。所以,荀子在指明人所拥有的恶的基因的基础上,进一步承认了可通过"伪"的努力达成"善"的结果。"伪"就是人类的自觉能动性,人们可以凭借这种自觉能动性对性之恶的情欲进行自觉的改造,从而达到预期的"善"的效果。可见荀子对人性恶的判断,既注意人所处的外在的社会环境,更重视人自身的主观因素,是对人性的一种综合性的判断。所以尽管荀子坚持"人之性恶"的观点,力图为犯罪寻找到人性方面的内在依据,但由于其认为人性并不是一成不变的,而是由于情欲毫无节制而走上恶的,因而犯罪不是人性的必然结果,而是人在主观上放纵自己的情欲所导致的。这样,犯罪的确具有了人性的内在依据,即恶的情欲,但恶的情欲只是犯罪的可能性,并不一定走向犯罪。

在荀子看来,既然犯罪是基于内在的人性与外在的客观条件相互作用的结果,因此预防和控制犯罪也必须进行综合性的治理,因而在"矫治人性、化性起伪"这一基点之上,荀子比较系统地提出了综合性的犯罪控制理论,即"故古者圣人以人之性恶,以为偏险而不正,悖乱而不治,故为之立君上之势以临之,明礼义以化之,起法正以治之,重刑罚以禁之,使天下皆出于治,合于善也;是圣王之治而礼义之化也"②。"君上之势"就是要形成国家或君主至高无上的权威,"礼义之化"就是要推崇道德教化,"法正之治"就是要建立起制度化、法律化的控制机制,"刑罚之禁"就是要运用刑罚以震慑、阻遏犯罪行为的实施。这种综合控制犯罪的理论,对中国后世历代刑法都产生了根深蒂固的影响。所以,在孔孟反对"不教而诛"的基础上,荀子还反对"教而不诛",认为教化尽管很重要,但是对于教化后仍以身试法者,必须毫不留情地予以处决。因此,荀子的刑法理论具有与孔孟不同的特色,"既保持儒家重教育、重预防的刑法理论的基本特点,又大大加重了刑罚的地位,正面肯定和重视

---

① 荀子.性恶 [M].方勇,李波,译注.北京:中华书局,2011.
② 荀子.性恶 [M].方勇,李波,译注.北京:中华书局,2011.

刑杀的作用,与孔、孟的刑法论有所不同"①。

(二)道、法诸家的观点

道家尽管没有直接阐述人性的善恶,但是从其具体的主张来看,人性应该是朴素的,但一旦外在的世界提供了贪欲的刺激,那么本性就会迷失,而恶性就会被激发出来,"五色,令人目盲;五音,令人耳聋;五味,令人口爽;驰骋畋猎,令人心发狂;难得之货,令人行妨"②。所以人们往往在贪欲的刺激下,不择手段地追名逐利,从而导致犯罪。因此要恢复人们的素朴之心,就必须遵循"无为而治"的政治路线,"我无为而民自化,我好静而民自正,我无事而民自富,我无欲而民自朴"③。要实行无为之道,就必须反对一切"有为"的政治制度与措施,而以刑罚为主体的法律制度理所当然遭到了道家的排斥。老子坚决认为:"法令滋彰,盗贼多有。"④动辄就以严刑峻法来威吓、镇压人们,那是不可能奏效的。所以道家都明确坚持,刑法作为国家的利器,不能够轻易加以使用,必须努力做到用刑谨慎和宽缓。

墨家尽管也没有严明人性善恶的问题,但根据其对社会的分析来看,明显隐含了"人性恶"的主张。墨子认为,天下之所以混乱,在于人们的自私而不能相爱,即人性里所隐含的"利,所得而喜也","害,所得而恶也"⑤的心理。墨子认为要消除社会的混乱,不是要压抑人们对利益的追求,相反应该通过"兼爱"以达成"交利"的目的,实现利益的最大化与普及性。正是基于这样的人性判断,墨子坚持认为一切应以"利"与"害"的功利主义作为判断的标准,这就必须提供一种具有普遍意义的规范。墨子因此强调以"天志"作为普遍性规范的权威来源,依托"天志"的法律规范,其首要追求的目标当然就是公正。基于公正的立场,墨子对于刑罚的具体适用提出了许多独到的见解。一是"赏必当贤,罚必当暴"⑥,做到赏罚的准确与公正;二是"杀人者死,伤人

---

① 俞荣根.儒家法思想通论 [M].南宁:广西人民出版社, 1998.
② 老子 [M].汤漳平,王朝华,译注.北京:中华书局, 2014.
③ 老子 [M].汤漳平,王朝华,译注.北京:中华书局, 2014.
④ 老子 [M].汤漳平,王朝华,译注.北京:中华书局, 2014.
⑤ 墨子 [M].方勇,李波,译注.北京:中华书局, 2015.
⑥ 墨子 [M].方勇,李波,译注.北京:中华书局, 2015.

者刑"①，刑罚必须得到有效实施与贯彻；三是"罪不在禁，惟害无罪"②，一切行为都必须根据法律的明文规定加以处罚。这也许是中国刑法史上第一次比较明确提出的类似"罪刑法定"的思想渊源。

韩非子作为荀子的学生，继承了荀子人性"好利"的思想主张，但没有非常明确地指出人性就是恶的。韩非子将"好利"作为人的一种生命需要或自然本能，"好利"并不必然就是"性恶"，只有缺少节制而超越了合理限度的"好利"才会引发"恶"。"好利恶害，夫人之所有也。"③韩非子完全是从生命的需要来看待"好利"的，认为"好利"是人的生命现象的本性，是人的本能属性，是人在成为人的过程中引起超越的基本动力。没有"好利"的本能与欲望，人就没有超越的动力，但是若仅有"好利"的本能与欲望，则人与动物无异。所以，韩非子似乎已经触及人的自然性与社会性的双重人性，他明确指出："德者，内也；得者，外也。"④"德"就是人存在的内在依据，是人的社会属性；"得"是人存在的外在依据，是人成为人的本能基础与外在约束，其中包括利益的获得以及对利益获得的合理限制。所以，就"好利"的本能而言，人与动物是一样的。但人之所以区别于动物，在于人既能使道德内在化，又能接受外在的约束，而法律的强制性就在于使本能的内在冲动能够符合社会规范的基本要求。

韩非子对于人性善恶的观点与儒家、道家学派都不一样，他认为人的"好利"之心是人的本能与欲望，是由人的生存需要和生理条件所引起的，因此不可能也不应该对其加以灭绝或消除。如果说"好利"是引发一切行为的起点和出发点，那么在某种意义上就可以认为"好利"是促进社会发展的内在动力，但需要对这种动力加以正确引导和约束，否则就会导致欲利的泛滥，造成社会的混乱与无序。如何对这种"好利"的欲望进行约束呢？韩非子最为看重的就是"刑、德二柄"，"杀戮之谓刑，庆赏之谓德，为人臣者畏诛罚而利庆赏，故人主自用其刑、德，则群臣畏其威而归其利矣"⑤。可见，韩非子的"重

---

① 荀子［M］.方勇，李波，译注.北京：中华书局，2011.
② 墨子［M］.方勇，李波，译注.北京：中华书局，2015.
③ 韩非子［M］.李维新，译注.郑州：中州古籍出版社，2009.
④ 韩非子［M］.李维新，译注.郑州：中州古籍出版社，2009.
⑤ 韩非子［M］.李维新，译注.郑州：中州古籍出版社，2009.

刑”完全是建立在对人性“好利”的判断上的。“重刑”是对“好利”本能的一种严厉的约束,其目的在于使“好利”的本能冲动按照社会秩序的基本要求予以规范化。韩非子认为,“重刑”的目的不是对犯罪者的直接制裁,“且夫重刑者,非为罪人也”①,而在于凭借“重刑”的手段以达成犯罪预防的终极目的,即“重一奸之罪,而止境内之邪”②。“重刑”只是禁止违法犯罪的形式或手段,其目的在于“以刑去刑”。对此,韩非子有一段话说得相当详尽:“夫以重止者,未必以轻至也;以轻止者,必以重止矣。是以上设重刑者而奸尽止,奸尽止,则此奚伤民也?所谓重刑者,奸之所利者细,而上之所加焉者大也。民不以小利蒙大罪,故奸必止者也。所谓轻刑者,奸之所利者大,上之所加焉者小也。民慕其利而傲其罪,故奸不止也。”③

秦汉以后,董仲舒综合先秦人性学说,认为人性的善恶不能一概而论,而是因人而异的,“人受命于天,有善善、恶恶之性”④。董仲舒还根据人性中善恶的多少,将人性分为“三品”:一是“圣人之性”,不经教化便可从善,并能劝导天下人向善,此为少数;二是“中民之性”,身兼善恶两性,经教化可以为善,此为大多数;三是“斗筲之性”,恶性已根深蒂固,冥顽不化,须以刑罚威吓方可收敛,此亦为少数。所以,既然有少数的“斗筲之性”,那么刑罚就必须予以采用,而“中民之性”既是社会大多数的存在,所以教化仍应成为社会的主要治理手段。如此,国家的治理必须“德多刑少”“大德小刑”“先德后刑”,这就是“德主刑辅”的主要内容。后来,唐代明确确立起“德礼为政教之本,刑罚为政教之用”的基本治国理念,适用直至清末。

综上,对经验世界人性“善恶”的多重判断导致中国刑法从不同的角度出发去看待犯罪,从而提出综合治理的法律主张,至今仍闪烁着犯罪的一般预防与特别预防的思想光辉。而且,基于对“善”的目标的肯定或乐观态度,在充分张扬教化的同时,也注重运用刑罚作为教化的辅助,使得刑罚本身具有一定的教育价值,为今天刑罚教育主义观念的树立提供了相当宝贵的思想源泉。

---

① 韩非子 [M]. 李维新,译注. 郑州:中州古籍出版社,2009.
② 韩非子 [M]. 李维新,译注. 郑州:中州古籍出版社,2009.
③ 韩非子 [M]. 李维新,译注. 郑州:中州古籍出版社,2009.
④ 董仲舒. 春秋繁露 [M]. 周桂钿,译注. 北京:中华书局,2011.

三、传统法律视野中的"罪"与"刑"

有史以来，"罪"和"犯罪"都是令人憎恶的字眼。但是，数千年来，"犯罪"一直与人类的生活纠缠在一起。这种现象也从一个侧面说明，关于"罪"的观念及"犯罪"的相关问题，绝非是道德、法律或宗教等任何一个单一领域中的问题。

（一）"罪"的最深层实质

"罪"的问题十分复杂。如果抛开那些具体的、纷繁的犯罪现象，超越不同时代、不同领域中关于"罪"的具体界定，我们仍可以找出一些关于"罪"的共性的东西。当我们在考察了道德领域、宗教领域以及法律环境下的"罪"之后，便会发现，无论以道德标准、宗教标准还是法律的标准来看，"罪"的最深层的实质，就是对责任的背叛。

应该说，在人类历史上，"罪"的观念获得突破性的进展，是在国家和法律出现以后。著名刑法学家周密先认为："随着社会分裂为阶级和国家的出现，犯罪和刑罚就应运而生。其之所以如此，盖因出现了财产和私有制，偷盗和抢劫等犯罪现象就产生了；有了这些犯罪，则势必又要有与之斗争的工具——刑罚。由此可见，犯罪与刑罚的产生，是社会存在决定人们社会意识的客观反映，也是人类社会历史发展的必然结果。"①就像前面提到的，人类早期形成的那些道德的观念、那些被称为"人类最古老的无形法律"，其非强制性或半强制性的规则，多半经过社会的演化最终演变成了文明社会中的法律。无论如何，虽然我们对原始习惯、禁忌等转化为文明社会的法律的过程，还无法进行清楚明朗的描述，但我们至少可以肯定：第一，这种转化，发生在国家这一文明社会的重要标志的诞生的同时，至少可以说发生在国家产生或形成以后。法律之所以成为法律，是由于具有国家赋予它特有的强制性。国家区别于部落或部落联盟的重要之处，就在于国家具有更强的、无可争辩的强制倾向。第二，对于那些在国家形成以后仍在起着规范作用的习惯、禁忌或规则而言，由原始的习惯到国家法律的转化，仅存在于观念之中。也就是说，就这些规则的具体内容来看，并没有什么变化，或者说少有什么变化，只是这些规则的性

---

① 周密.中国刑法史纲［M］.北京：北京大学出版社，1998.

质发生了变化,比如说原来是属于氏族组织的,由全体成员自觉地去遵守、执行和维护,也是大家共同的利益,最少也是经过大家同意的局部利益,但在国家形成以后,这些规则变成了国家的规则,不可能再由全体国民自觉自愿地去执行,也不一定能反映大家的共同利益和共同意愿,只能靠国家的强制力去推行。第三,原始的习惯、禁忌向国家法律的转换过程,并不是所有的习惯、禁忌的"集体性"的转移。只有那些符合"国家"这种新秩序需要的习惯、禁忌或传统,才有可能被"继承"下来,继续发挥作用。

(二)"罪"的观念与标准

当那些在被动中自然产生的原始习惯与禁忌,最终被经过缜密思维而产生的更为严谨的法律规范取代之后,"罪"的内涵及界定就显得更为清楚明朗了。在国家和法律产生之后,"犯罪"就可以被解读为:违背了国家的法律,被成文或不成文的法律所规定的、由专门的机构或成员确认为"有罪"的行为。有了这种清晰的表达之后,人们对"犯罪"相关问题的理解就更为轻松和容易了。

在我们讨论"罪"的问题时,常常不得不为人类历史上"罪"的多样性和差异性而感叹。关于"罪"的观念和标准,似乎永远都在变动之中。即使在同一民族、同一类型的政权之间,对于"罪"的认定标准都有可能大不相同。但同时我们也发现,尽管"罪"存在各种差异,但总能找到其共同的属性,那就是"罪"的本质:任何犯罪都是对责任的背叛,都是不该的行为。

首先,无论道德的、宗教的还是法律规定的"罪",都是与"非罪"相对应的。所谓"非罪"则意味着合理、正确,是可以去做的甚至是应该去做的。与此相对应,"罪"则意味着不合理、不应该做。至于合理与否,应该与否,则取决于不同的领域、不同价值体系自身的标准。其次,确认合理与否、应该与否的前提,是基于某种义务而应该承担的责任。可以说,义务和责任是"罪"产生的前提,没有责任,就不应该有"罪"。比如说,在道德的领域里,一个人产生罪恶感,往往是因为自己违背了道德的责任、道德的承诺。从法律的领域看,"罪"与责任的紧密关联性更是毋庸置疑的,没有义务便没有责任,也就不存在犯罪的问题。再次,"罪"还具有应受惩罚性的共同特征。也就是说,任何的"罪"都意味着要受到一定的惩罚。当然,关于惩罚的方式与程度,在道德、法律与宗教各个领域中是不同的。特别是在道德领域,违反道德的行为所带来的惩罚当然远不如法律、宗教的惩罚那么直观与明显,但我们发现在实际生活中,违反道德的行为早就存在多样的惩罚机制。社会舆论的抨击、良心的谴责、家人朋友的责备等都是惩罚的方式,只不过不像法律和宗教里的惩罚那样明显和残酷罢了。

(三)"罪过"行为的来源

远古时代,先民们的心智虽然逐渐解放与进步,但仍未脱离原始的简单和质朴,因为在人类的幼年时期,进化的步伐是极度缓慢的。作为尚未脱离淳朴气息的氏族成员,常常会因为自己的某些不当行为感到"罪过",或被氏族和其他成员认为有"罪过"。一般来说,这种"罪过"行为可能来源于如下几个方面。

1. 对氏族组织某些共同行为规则或习惯的违反

在尚处在蒙昧时期的氏族社会中,存在着许多维持内部秩序、维护团体共同利益的行为规则或习惯,这些规则或习惯并非由某一权威个人或某一权威机构有意识地创造,而是氏族团体在日常生活和劳动中自然积累形成的。当然,这些氏族规则和习惯也是靠成员自觉维护和遵守。由于当时处于严酷的生存和生活条件,成员之间的利益和生命都和氏族团体紧密相连,单独的个人脱离了团体很难在社会上独立生存。因此,当时的社会成员便形成了相同的心理机制,自觉、自发而且积极地遵循和维护团体的规则和习惯。这些规则和习惯主要有:公正地选举及罢免氏族首领;公平合理地分配获得物;本族内禁止通婚;氏族成员间相互援助、保卫和代偿损害;参与共同的祭祀活动等。[①] 若有人违背了这些世代相传的习惯与规则,不仅氏族组织、全体成员会从维护整体利益出发给予当事人相应的惩罚,即使当事者本人,也会因为给团体带来了损害或危险而感到内疚和"罪过"。

2. 侵犯了部落的图腾或触犯了共同的禁忌

图腾和禁忌是人类早期史研究中两个极为重要的范畴,许多社会学、文化人类学的学者对这两个问题的研究始终充满浓厚的兴趣。事实上,人类幼

---

① 路易斯•亨利•摩尔根.古代社会:第二编 [M].杨东莼,马雍,马巨,译.北京:商务印书馆,1995.

年时期的许多东西,包括对图腾的崇拜以及千奇百怪的各种禁忌,在今天看起来似乎很幼稚可笑,或者不可思议,但它们在无形中对人类社会的发展产生过重大的影响。如果顺着历史发展的历程回溯的话,现代社会的政治体制、法律制度都可以寻找到自身发展的历史源头。而蒙昧时代以后在各原始部落中曾经盛行的图腾和禁忌,即与后世的政治、法律有着千丝万缕的联系。

在人类的蒙昧时代,由于知识、智力的限制,人们对自然常常怀有一种极强的敬畏和恐惧。在对某一自然现象无法理解或无法控制时,恐惧、敬畏就很可能转变为膜拜,并寻求被崇拜者的保护,"图腾"的观念就形成了。图腾崇拜的现象,在绝大多数早期部落中广泛存在着。弗洛伊德认为,在某些情况下,甚至"图腾观的系统取代了一切宗教和社会制度"①。所以,在很多的情况下,图腾崇拜成为早期部落社会生活中相当重要的内容,藉由图腾崇拜产生的各种规则、禁制,也就成为部落行为规则、习惯中的一个重要组成部分。从这些规则、禁制中,我们可以看到文明社会某些法律规则的精神意蕴。而根据弗洛伊德的研究,许多部落对于违反图腾禁制的处罚是异常严厉的,对于那些破坏图腾禁制的当事人往往会遭到全族人的报复和处罚,甚至被处死,因为破坏了图腾禁制会被族人认为会给整个部族带来危险与威胁,是一种极其罪恶的事。

关于"禁忌"一词,英文作"taboo",中文也译为"塔布"或"塔怖",是一个与图腾一样被许多人关注和感兴趣的词。人类学家诺斯尔特·W.汤玛士解释说:"严格说来,禁忌仅仅包括:(A)属于人或物的神圣不可侵犯的(或不洁的)性质;(B)由这种性质引起的禁制作用;(C)经由禁制作用的破坏而产生的神圣(或不洁性)。"② 从这些解释中我们应该这样理解"塔布":第一,"塔布"是一种"禁忌",是一种规则,有着具体的要求,引导人们应该做什么以及禁止做什么的言行规则;第二,"塔布"所代表的禁忌、禁制与宗教与道德意义上的禁制是不同的,先民们接受禁忌的禁制,常常是被动的和盲目的,从不考虑其中的具体缘由;第三,"塔布"往往都具有某种神秘的色彩。正如弗洛伊德所说:"它一面是崇高的、神圣的,另一面又是神秘的、危险的、禁止的和不洁

---

① 弗洛伊德.图腾与禁忌[M].杨庸一,译.北京:中国民间文艺出版社,1986.

② 弗洛伊德.图腾与禁忌[M].杨庸一,译.北京:中国民间文艺出版社,1986.

的。"①

研究者们认为,违反图腾崇拜的种种规则或者破坏部落代代相传的禁忌的行为,其后果是严厉的惩罚。在早期,破坏禁忌或侵犯图腾所遭受的惩罚,是一种精神上的或者说是自发的控制,也就是说,是由被侵犯的图腾和被破坏的禁忌本身来执行报复。随着社会的发展、公共利益意识的增强,对图腾的侵犯、对禁忌的违反行为不再被认为仅仅属于个人之"过恶",而且也不再是当事人"自作自受",公共利益的代表们开始加入惩罚者的行列,开始主动地形成若干规则,对侵犯者、违禁者加以处罚。因此,正如弗洛伊德所说:"随着文化形态的改变,禁忌形成一种有它自己基础的力量,同时,也慢慢地远离了魔鬼迷信而独立。它逐渐发展成为一种习惯、传统而最后则变成了法律。"②

3. 侵害了他人的利益或尊严

在人类历史发展的进程中,"私"的观念的产生和发展有着特殊的意义。从某种意义上说,只要有个体的存在,就应该相应有"私"的观念。在人类进化的初期,存在着一个"天下为公"的时期,"人不独亲其亲他,不独子其子"③,无所谓等级,也无所谓差别。但随着社会的发展,人们的心智在不断开化,逐渐产生了"你的""我的""他的""大家的"以及"别人的"等差别观念,随之私有观念也就产生了。因此,当一方掠夺他人财物或侵犯他人尊严时,尚未脱离淳朴之气的先民们便会产生强烈的"负罪感",而这种原始淳朴的心理反应,也就成了文明社会中法律意义上"罪"的一个重要精神来源。

无论是因违反了部落传统规则、习惯而产生的"罪孽",还是因为侵犯他人而产生的"罪过",或是基于侵犯图腾或是违反禁忌而产生的"恐惧"和"罪恶感",都反映了人类早期对善的追求、对他人利益的尊重和对自己"不恰当行为"的愧疚等优秀的品德和美好的情感。这些情感是促使人类不断向善、不断文明的重要精神力量,建立在这些情感基础上的各种习惯、禁忌更成为文明社会法律制度的前身。正如弗洛伊德所说:"因为他们本身'曾经'是一种力量(即魔鬼的力量),所以,经过一种心灵的保存作用后,在本质上仍然

---

① 弗洛伊德.图腾与禁忌 [M].杨庸一,译.北京:中国民间文艺出版社,1986.
② 弗洛伊德.图腾与禁忌 [M].杨庸一,译.北京:中国民间文艺出版社,1986.
③ 礼记 [M].胡平生,张萌,译注.北京:中华书局,1985.

保留有此种力量。日积月累地，它们就变成了我们的道德箴言和法律的基础了。"① 可见，有关法律的各种观念，包括犯罪与刑罚，与道德及人类情感之间的错综复杂的关系，在人类的孩童时期已播下了种子。

第二节　中国古代刑法罪名体系

罪名体系是指将各种各样的罪名按照一定的方式排列组合，形成一种具有逻辑联系的体系。中国古代罪名体系大致经历了两个发展阶段：第一个是夏商周三代时期借助早期的刑名（罚）体系，采取以刑统罪的方式，形成了附属于刑名的罪名体系；第二个是春秋战国以后，逐渐摆脱附属于刑名体系之后而独立形成的一种罪名体系。在第二个发展阶段又形成了三种不同的罪名体系样式，根据不同时期分为以盗贼为中心的罪名体系、以"十恶"为中心的罪名体系和以六部统辖的罪名体系。②

一、"以刑统罪"的罪名体系

（一）从《禹刑》到《汤刑》

夏商是中国传统法律的萌芽和发祥时期。这一时期神权法思想盛行，法律重在维护神权与王权，在刑罚方面，夏代有了一定的发展，商代的刑罚制度则已初具体系，并呈现出"重刑辟"的司法特征。

1. 夏代的罪刑状况

夏代的法律以礼为主，最初的礼就是由部落习俗演变而成的习惯法，夏王发布的军事名命令也是重要的法律形式，如夏启讨伐有扈氏时发表的誓师词《甘誓》。此外，史籍中还有关于《禹刑》的记载，《左传》载："夏有乱政，而作禹刑。"③《禹刑》的内容现已无从考稽，只在传世文献中留下了夏代罪与刑的零星记载。

夏人敬天尊祖，违背天意的行为就是最严重的犯罪，要受到严厉的惩罚。启承父位后，有扈氏不服，起兵反抗，启率军与之战于甘。在誓师大会上，启

---

① 弗洛伊德. 图腾与禁忌［M］. 杨庸一，译. 北京：中国民间文艺出版社，1986.
② 陈涛. 中国法制史［M］. 西安：山西人民出版社，2001.
③ 左丘明. 左传［M］. 郭丹，程小青，李彬源，译注. 北京：中华书局，2016.

宣布:"有扈氏威侮五行,怠弃三正,天用剿绝其命。今予惟恭行天之罚。"① 这段记载反映了夏代的法律观念——神权法思想。作为中国历史上第一个国家形态,夏朝受到氏族时代原始宗教的直接影响,而"王权神授"的天命神权思想恰好扮演了统治者用以维护其统治地位的权威理论。夏统治者利用人们敬畏"天"的心理来说明其家族政权的神圣性和合法性,宣称其统治权力来自"天"②,而征伐施刑则是执行天的意志,即"恭行天罚"。《禹誓》记载了禹伐三苗时的誓词:"济济有众,咸听朕言,非惟小子,敢行称乱,蠢兹有苗,用天之罚。若予既率尔群对诸群,以征有苗。"③ 这是"天罚"思想的最早记载,《尚书·甘誓》表明启也是打着"恭行天之罚"的旗号来征讨有扈氏的。

史籍还记载夏代有昏、墨、贼罪。《左传》记载:"晋邢侯与雍子争鄐田,久而无成,士景伯如楚,叔鱼摄理。韩宣子命断旧狱,罪在雍子。雍子纳其女于叔鱼,叔鱼蔽罪邢侯。邢侯怒,杀叔鱼与雍子于朝。"④ 韩宣子向叔鱼的哥哥叔向询问这三个人的罪名,叔向回答说:"三人同罪,施生戮死可也。雍子自知其罪,而赂以买直,鲋也鬻狱;邢侯专杀,其罪一也。已恶而掠美为昏,贪以败官为墨,杀人不忌为贼。《夏书》曰'昏、墨、贼,杀',皋陶之刑也,请从之。""乃施邢侯而尸雍子与叔鱼于市。"⑤ 据此,虞舜时有昏、墨、贼三种罪名,犯这三种罪的人都应当被判处死刑,夏朝沿用。根据叔向的解释,昏罪指自己做了坏事却要掠取美名;墨罪指贪图好处,败坏官纪;贼罪指肆无忌惮地杀人。

夏代保留了较多氏族社会的痕迹,血缘亲情在维持社会秩序方面依然发挥着重要作用,后人的追述反映出夏代用刑总体上较为轻缓。《尚书》曰:"与其杀不辜,宁失不轻。"⑥ 意思是遇有疑案时,宁可放过不守法的人,也不能错杀无辜者。《尚书大传》言:"夏后氏不杀不刑,死罪罚二千馔",还说:"禹之君民也,罚弗及强而天下治"。沈家本认为这些记载"是夏代轻刑,尚有唐虞之

① 尚书 [M].王世舜,王翠叶,译注.北京:中华书局,2012.
② 尚书 [M].王世舜,王翠叶,译注.北京:中华书局,2012.
③ 墨子 [M].方勇,李波,译注.北京:中华书局,2015.
④ 左丘明.左传 [M].郭丹,程小青,李彬源,译注.北京:中华书局,2016.
⑤ 左丘明.左传 [M].郭丹,程小青,李彬源,译注.北京:中华书局,2016.
⑥ 尚书 [M].王世舜,王翠叶,译注.北京:中华书局,2012.

化"①。

2. 商代的"重刑辟"

商代的法律主要包括礼和刑书,商王发布的军事命令、政治文告和国家重臣依据王的意志发布的训令是重要的法律形式,如商汤讨伐夏桀时发表的誓师词《汤誓》,《尚书·盘庚》记载的商王盘庚迁都时发布的政治文告,以及《尚书·伊训》记载的商初大臣伊尹发布的训令,都具有刑事法律规范的性质。

《左传》曰:"商有乱政,而作汤刑。"②说明商初统治者即已进行了立法活动,《汤刑》就是商初汤所制定的刑事法律。《汤刑》适用于整个商朝,商汤的后继者们根据社会发展的需要不断加以充实、完善。《尚书·盘庚上》曰:"盘庚敷于民,由乃在位,以常旧服,正法度。"③"正法度"即修订法律,当是指补充、修改《汤刑》。祖甲在位时期也对《汤刑》进行了修订,今本《竹书纪年》:"祖甲二十四年,重作《汤刑》。"但这次修订使刑法变得严苛,不仅没有缓和社会矛盾,反而加速了商的衰败。《汤刑》的内容已无从考证,但《吕氏春秋》记载:"刑三百,罪莫重于不孝。"④商汤制定的《汤刑》有三百条之多,最重的罪就是"不孝"。

迷信鬼神、巫风浓厚是商代文化的基本特点,《礼记·表记》云:"殷人尊神,率民以事神,先鬼而后礼,先罚而后赏,尊而不亲。"⑤神权法思想在商代发展到高峰,首先,商代统治者将夏人观念中朴素的自然神"天"人格化为无所不能的至上神"帝"或"上帝"⑥。从甲骨文字来看,帝主宰着风云雷雨,能赐福降灾于人间,具有无穷威力。甲骨文中此类卜辞比比皆是,如"自今庚子至于甲辰帝令雨"。其次,商人在其始祖与帝之间建立起血缘上的关系,以便为垄断统治权提供理论依据。《诗经》曰:"天命玄鸟,降而生商。"⑦《长发》篇也说:"有娀方将,帝立子生商。"这样帝便成为商族的祖宗神,商王则被赋予了"帝

---

① 沈家本.历代刑法考(一)[M].北京:中华书局,1985:10.

② 左丘明.左传[M].郭丹,程小青,李彬源,译注.北京:中华书局,2016.

③ 尚书[M].王世舜,王翠叶,译注.北京:中华书局,2012.

④ 吕不韦.吕氏春秋[M].北京:北京联合出版公司,2015.

⑤ 礼记[M].胡平生,张萌,译注.北京:中华书局,1985.

⑥ 崔永东.金文简帛中的刑法思想[M].北京:清华大学出版社,2000.

⑦ 诗经[M].王秀梅,译注.北京:中华书局,2015.

之元子"的身份。最后，商人将其先王与帝之间的界限模糊化，从而形成"帝祖合一"的观念。在商人看来，商王死后都能升天配帝，侍奉于帝之左右，在甲骨卜辞中常有某先王"宾于帝"的记载。① 因此，从诸文献的相关记载看，商代法律也是以维护神权与王权为己任，刑罚的锋芒主要指向逆神意、违王命的行为。

文献记载商代有不吉不迪、颠越不恭、暂越奸宄罪，这些都是盘庚迁都前所宣布的罪名。《尚书》："乃有不吉不迪，颠越不恭，暂越奸宄，我乃劓殄灭之，无遗育，无俾易种于兹新邑。"② "不吉不迪"指的是不做善事，不走正道；"颠越不恭"指的是狂妄放肆，违法乱纪，不服从王命；"暂越奸宄"指的是奸邪欺诈、胡作非为。这段话是说，凡是那些不吉不迪、颠越不恭、暂越奸宄的人，不仅本人要被处死，而且其家人也要统统被杀掉，不允许其后代在新迁的都邑中繁衍生息。

根据史载，商代还规定了贵族、官吏的犯罪——三风十愆罪。所谓"三风"指的是巫风、淫风、乱风，"十愆"指三风包含的各种行为。③ 巫风指恒舞于宫、酣歌于室，荒废政事的行为；淫风指贪恋财货美色，整日游戏打猎，不问政事的行为；乱风指的是狎侮违背圣人之言，拒逆不纳忠直之规劝，疏远年长德高之人，亲近顽愚或无知幼童等行为。商朝统治者认为"三风十愆"会导致亡国亡家，因而将其规定于官刑之中，下至卿士，上至邦国之君，人人都须引以为戒，不可违犯，否则给予处罚。

从出土的甲骨卜辞和历史文献的记载看，商代统治者实施刑罚前先要进行占卜，以此表明他们是按照神的旨意行事。这种神判的司法形式为刑罚权的行使披上了一层神秘的面纱，而且在实际操作中很容易导致重刑滥罚。实际上，商王正是借助神的旨意来推行刑罚的威吓主义和重刑主义，以此巩固统治。甲骨卜辞还表明，商代已初步确立了五刑制度，即旧五刑（墨、劓、剕、宫、大辟）④，其死刑不仅种类繁多，而且行刑手段极其野蛮和残忍。

---

① 胡厚宣，胡振宇．殷商史［M］．上海：上海人民出版社，2003．
② 尚书［M］．王世舜，王翠叶，译注．北京：中华书局，2012．
③ 尚书［M］．王世舜，王翠叶，译注．北京：中华书局，2012．
④ 蒲坚．中国法制通史：第一卷［M］．北京：法律出版社，1999．

（二）《九刑》《吕刑》与"以刑统罪"

1. 西周的"明德慎罚"与"以德配天"

西周是中国上古文明的兴盛时期，在中国法律发展史上占有举足轻重的地位，中国传统法律的许多特色都可以在西周找到源头。在罪刑关系方面，随着"明德慎罚"理论的提出及其在立法、司法领域的适用，慎刑思想得到提倡。西周统治者强调谨慎用刑、罪刑相称，并确立了老幼犯罪减免刑罚、区分故意与过失、初犯与惯犯等一系列法律原则及制度，这些均对后世的刑法理论与实践产生了深远影响。

虽然神权法思想在西周仍有残余，但其内容已经发生了重大变化。西周统治者在深刻总结殷商重刑灭国的教训下，提出了"明德慎罚"的政治法律主张，和殷商时期的"帝罚""神判"相比，不得不说是法律上的一大进步，表明神权法思想开始动摇，治国策略逐渐趋理性化。和夏、商一样，周人仍然借助神权来为其政权服务，殷人尊"帝"，周人信奉的则是"天"。周人称其统治来源于天命。《诗经》曰："昊天有成命，二后（指周文王、周武王）受之。"[1] 周武王就是以"恭行天之罚"[2] 的名义讨伐商的。为合理解释其取得政权的合法性问题，周人总结商亡的教训并引入"德"的概念，对夏商时期的神权法思想进行了补充和发展，从而提出了"以德配天"说。

"以德配天"在法律领域的体现就是"明德慎罚"的思想。"明德慎罚"一词最早见于《尚书》："惟乃丕显考文王，克明德慎罚。"[3] 所谓"明德"，就是谨慎修德，只有谨慎修德才能获得"配天"的资格。关于"慎罚"，在《牧簋》铭文中有"明井（刑）"一词，在《班簋》铭文中有"怀刑"一词。据考证，明、怀与慎三字相通，刑与罚通[4]，可知"明刑""怀刑"均有慎罚的意思。所谓"慎罚"，就是强调谨慎用刑，实施刑罚的时候应该审慎和宽缓。"明德慎罚"，总结起来就是教化和刑罚相结合，以教为先，先德后罚。这一思想的提出可以说是政治法律理论上的巨大进步。从夏代的"天罚"、商时的"帝罚"，再到西周

① 诗经 [M]. 王秀梅，译注. 北京：中华书局，2015.
② 尚书 [M]. 王世舜，王翠叶，译注. 北京：中华书局，2012.
③ 尚书 [M]. 王世舜，王翠叶，译注. 北京：中华书局，2012.
④ 胡留元，冯卓慧. 夏商西周法制史 [M]. 北京：商务印书馆，2006.

时期的"以德配天""明德慎罚",神的地位开始下降,人的地位逐渐提高,人的道德伦理性在社会政治活动中占有越来越重要的地位。这一切表明,神权法思想开始发生动摇,自此中国古代法律走上了非宗教化的道路,逐步形成了独具特色的伦理法。

2. "以刑统罪"的刑书体例

西周的立法活动首推周礼的制定。周礼的内在精神是德,礼制、礼仪则是德的表现。周礼的范围极为广泛,从国家的政治、经济、军事、文化制度,到各种礼节仪式甚至个人的言行举止,几乎无所不包。在西周,礼是调整社会关系、规范人们行为的主要规范。因此,礼的规范具有国家性,以国家的强制力作为坚强后盾。此外,西周时还编订了刑书《九刑》和《吕刑》。

《九刑》的编纂是周初进行的一次非常重要的立法活动。《左传》:"周有乱政,而作九刑。"① 《九刑》早已失佚,故其内容无法考定,《左传》载鲁季文子命大史克答文公之问,大史克的回答涉及《九刑》的片段:"先君周公制《周礼》曰'则以观德,德以处事,事以度功,功以食民。'作《誓命》曰'毁则为贼,掩贼为藏,窃贿为盗,盗器为奸,主藏之名,赖奸之用,为大凶德,有常无赦,在《九刑》不忘。'"② 从中可知,《九刑》已有"贼""藏""盗""奸"的罪名,并有常刑惩罚。关于《九刑》的性质,一般认为它是西周时期的成文刑书。

《吕刑》是西周时期的又一部重要的刑书。③《尚书》中有关于《吕刑》制定的经过及立法思想,还有刑罚种类和适用刑罚的原则、制度等内容,强调要以德行刑,用刑审慎、适中。《尚书·吕刑》记载:"墨罚之属千,劓罚之属千,剕罚之属五百,宫罚之属三百,大辟之罚其属二百,五刑之属三千。"④ 这说明《吕刑》也是按照"以刑统罪"的体例编纂的。在这种体例下,西周刑书主要规定的是各种刑罚手段及审判原则,其中虽然也包括一些罪名,但比较笼统,而且罪名和刑罚之间并没有形成固定的结合。

在司法实践中,具体到某一违礼行为该定为何罪,给予何种处罚,需要断狱官员度量轻重,做出适当的判决。因此,尽管西周的礼和刑罚是公开的,但

① 左丘明 . 左传 [M]. 郭丹,程小青,李彬源,译注 . 北京:中华书局,2016.
② 左丘明 . 左传 [M]. 郭丹,程小青,李彬源,译注 . 北京:中华书局,2016.
③ 马小红 .《吕刑》考释 [M]// 韩延龙 . 法律史论集:第一卷 . 北京:法律出版社,1998.
④ 尚书 [M]. 王世舜,王翠叶,译注 . 北京:中华书局,2012.

某种犯罪行为究竟该处以何种处罚,一般民众却难以知晓,法律呈半公开、半秘密的状态,这有利于维护宗法等级秩序和贵族的法律特权,既可以对一般民众起到"刑不可知,威不可测"的震慑作用,还可以对犯罪的贵族酌情给予减免刑罚的优待。

二、以"盗贼"为中心的罪名体系

春秋战国是中国历史上由奴隶制向封建制过渡的大变革时代,也是中国刑法发展史上具有重大转折意义的历史时期。这一时期最重要的刑法建设成果是成文刑法的制定和公布,标志着早期以习惯法为主要表现形式的奴隶制刑法的终结和以成文法典为主要形态的封建刑法的形成。

(一)春秋战国时期的罪名体系及其法典化

1. 春秋战国时期的社会变革

宗法礼治体系逐步解体,君主专制的封建主义国家初步形成,这便是春秋战国社会发展的最大变化,具体体现在如下几个方面。首先,生产力水平显著提高,"井田制"逐步瓦解,封建制生产关系开始确立。春秋以后,随着冶铁技术的发明,铁制工具和牛耕开始广泛应用,生产力水平得到显著提高。在此基础上,更多荒地被开垦出来,加之一些诸侯国对田制与税制的改革,井田制遭到严重破坏,私田的合法性得到确认,封建私有制开始确立,新的封建生产关系逐步形成。其次,周王室衰落,各诸侯国新兴地主阶级先后取得政治统治权。春秋以后,各诸侯国的政治经济实力逐渐壮大,周天子已无力发号施令,其天下共主地位名存实亡。《史记》曰:"周衰,礼废乐坏"①"周室衰微,诸侯强并弱。"② 各大诸侯国为了争夺霸权征战不休,加之内部矛盾重重,新旧势力的斗争十分激烈,新兴地主阶级开始登上历史舞台。最后,文化学术下移,私学兴起,思想领域形成"诸子百家争鸣"的局面。随着世卿世禄制度的破坏,世官世学的传统难以为继,奴隶制贵族的文化垄断被打破,造成了"天子失官,学在四夷"③"礼失而求诸野"④的新局面,于是社会上涌现出一大批知识分子,

---

① 司马迁. 史记 [M]. 北京:中华书局, 2008.
② 司马迁. 史记 [M]. 北京:中华书局, 2008.
③ 左丘明. 左传 [M]. 郭丹,程小青,李彬源,译注. 北京:中华书局, 2016.
④ 班固. 汉书 [M]. 张永雷,刘丛,译注. 北京:中华书局, 2016.

形成了"士"的阶层。各种学派接踵而至,各种思潮纷纷出现,形成了史称"百家争鸣"的思想盛况。

2. 成文法时代的来临

奴隶主贵族垄断法律,竭力保持着"法不可知,则威不可测"的神秘性,法律始终处于秘密状态。随着新兴地主阶级的发展壮大,其迫切要求废除旧贵族的法律特权,要求变法改革。在这一思想的指导下,一些国家纷纷变法并公布成文法。春秋后期公布成文法活动,以郑、晋两国最具有代表性。公元前536年,郑国执政子产"铸刑书"是我国古代第一次正式公布成文法活动。公元前501年,郑国执政驷歂"杀邓析而用其竹刑"[①],竹刑的出现在中国刑法史上是一大进步,竹较刑鼎而言更加轻便易携与流传。晋国先后两次制定成文法,第一次是公元前633年作"被庐之法"[②],第二次是公元前621年赵宣子为晋国执政时制定的《常法》。公元前513年,晋国公布了《常法》并将其铸刑鼎公之于众。其后,各诸侯国纷纷效仿,推进了刑法改革的深入。

春秋时期公布成文法活动是中国刑法史上的一次划时代的变革,成文法的公布是对传统社会秩序和传统法律制度的一种否定,也是刑法改革的一次重要成果,客观上也为封建政治经济制度的进一步发展提供了必要的条件,成为法律制度进入新时代、新阶段的重要标志,同时,成文法的公布,在一定程度上也标志着法律理论和法律技术的重大进步。总之,春秋时期公布成文法具有重要的意义。

3.《法经》

战国时期,新兴地主阶级相继在各诸侯国取得政权。为巩固统治、富国强兵,各国纷纷变法图强,从而掀起了一场规模浩大的制定成文法运动。其中最著名的当属《法经》的编纂,它是魏文侯时期由相国李悝在总结各国立法经验的基础上编撰的一部刑法典。

现存有关《法经》的史料并不多,但根据《晋书》《唐律疏议》等文献中相关记载,《法经》的内容可分为"正律""杂律"和"减律"三部分。正律部分包括前四篇,主要是惩治盗贼犯罪的法律规定,《荀子》说:"窃货曰盗""害良

---

① 左丘明.左传[M].郭丹,程小青,李彬源,等译注.北京:中华书局,2016.
② 左丘明.左传[M].郭丹,程小青,李彬源,等译注.北京:中华书局,2016.

曰贼"①。因此盗指的是侵犯财产的行为,贼指侵害人身安全及社会秩序的行为。杂律部分即第五篇《杂法》,主要内容是除盗贼之外的其他犯罪的规定,包括"六禁"和"逾制"。减律部分即第六篇《具法》,是关于量刑原则的法律规定,即根据不同的犯罪情节,予以加重或减轻处罚,类似现代刑法的总则部分。《法经》是在法家思想指导下,为巩固封建政权的需要而制定的,以维护君主专制统治为目的,贯彻法家提倡的重刑主义原则,是中国历史上第一部比较系统的封建成文法典,在历史上具有标志性的意义。

(二)秦汉时期的罪名与法典

秦始皇灭六国一统江山之后,开启了中国古代长达两千多年专制主义封建王朝的序幕。秦代君臣崇奉法家学说,确立了以"法"治国的方略,构建了一套完备的法律体系。可以说,以贯彻法家学说为宗旨的秦代法律制度曾推动秦国一度无限辉煌,但随着秦朝法治思想及实践的日益极端化又导致其迅速灭亡。

1. 法家及秦代法制

(1)法家学派与法家学说

中国古代社会的先秦时期是一个激荡腾翻、动荡不安的时代,又是一个充满生机活力、繁荣希望的时代。在这一阶段,整个社会发生了前所未有、翻天覆地的变化,礼崩乐坏、诸侯纷争。面对社会的急剧变动,知识分子饱含忧患意识和问题意识,激烈陈词、阐发政见,形成了"诸侯异政,百家异说"的局面。其中儒家和法家的政治学说对后世的影响最为深远,且两家政治主张的对立性也最为明显。但最终,由于秦国特有的地域文化及秦朝大一统的政治形势,法家思想更胜一筹,顺应当时的历史潮流,成为秦王朝治国理政的正统思想。

法家学派作为先秦诸子百家中的显学学派之一,主要代表人物包括春秋时期的变革家管仲、子产,为法家先驱;战国初期、中期的李悝、商鞅、慎到、申不害,为前期法家;战国后期的韩非、李斯,为后期法家。各时期法家代表人物思想的共同之处是都强调"法"的重要作用,他们对"法"的阐述在中国古代历史上达到了"前不见古人,后不见来者"的程度。法家学派都以好利恶害的

---

① 荀子[M].方勇,李波,译注.北京:中华书局,2011.

人性论和历史进化观作为论法的理论基础,主张公布成文法,提出加强君权、奖励耕战、缘法而治、信赏必罚、重刑轻罪等法治观点,从而实现国富兵强。

法家以商鞅、韩非及李斯等人的思想学说对秦法制建设影响最为深远,同时,三人的政治主张也最能集中体现法家思想的丰富内涵。商鞅作为法家学派的重要代表之一,提出实力决定国家命运,农战决定国家实力,信赏必罚决定农战,法令规定赏罚标准等治国主张,具体可概括为"以法相治"①"垂法而治"②"缘法而治"③等一系列法治思想。韩非深受商鞅思想的影响,其"说在商君之内外"④。同时他又系统总结了法家学派各家之言,分析其利弊,丰富其内涵,提出"以术行法,以术烛私""以法为本、唯法为治""严刑重罚、以刑去刑""明法制臣、强干弱枝"等法治方略与主张,建构了一套完整的法治理论体系,成为法家思想集大成者。李斯作为战国后期法家学派的代表人物,其贡献主要在于积极推动了商韩法家学说在秦朝转化为政治实践,并加以创新。主要表现在策划并实行秦始皇设置郡县、废除分封、建法立制等政治活动,提出以法为教、以吏为师的主张,重申法家"重势"的观点,形成"独操主术以制听从之臣,而修其明法,故身尊而势重也"的极端君主专制主义思想,强调君主对臣下的督责与重罚。综上,商鞅、韩非和李斯的思想一脉相承,他们都主张君主专制主义,在此前提下提出以法治国、信赏必罚、轻罪重刑的"法治"学说。

（2）秦代法制

公元前359年和公元前350年,在秦孝公的大力支持下,商鞅力排众议进行了两次大刀阔斧的变法活动,商鞅变法主要目的在于富国强兵,增强秦国实力。正所谓:"法任而国治矣。"⑤商鞅在整个变法活动中,彻底贯彻"法治"精神,将整个社会的政治、经济、思想、文化等各个方面都归纳到法制的轨道上。经过商鞅变法,形成了秦国法律制度的基本内容和总体范式,从而初步奠定了秦国法律制度的雏形。商鞅变法的内容,具体表现在如下几个方面:其

---

① 商君书 [M].石磊,译注.北京:中华书局，2011.
② 商君书 [M].石磊,译注.北京:中华书局，2011.
③ 商君书 [M].石磊,译注.北京:中华书局，2011.
④ 韩非子 [M].李维新,译注.郑州:中州古籍出版社，2009.
⑤ 商君书 [M].石磊,译注.北京:中华书局，2011.

一，颁布《垦草令》《分户令》和《为田开阡陌令》等法典，确立了封建自然经济秩序和封建土地所有制，初步奠定了代表新兴地主阶级利益的法律制度基础；其二，颁布《军爵律》和设置郡县令，废除了秦国落后的奴隶制政治残余，初步确立了封建主义性质的政治体制模式；其三，商鞅结合秦国社会现实状况，变革刑法制度，制定了《刑律》。《刑律》一如《法经》共六篇，"谓《盗律》《贼律》《囚律》《捕律》《杂律》《具律》是也"①。除此之外，还形成了一系列基本的刑罚适用原则，如同罪异罚原则、重刑而连其罪，初步建构了秦国刑事法律制度的雏形。

秦国刑法制度旨在打击各种犯罪行为，全面维护新兴地主阶级的利益，保障封建主义的政治经济秩序。因此，秦国统治者将全体臣民的一言一行均纳入刑事立法的范围之中，形成了空前完备和细密的罪名之制及刑名之制。依据《云梦秦简》记载，秦国主要有以下几种罪名。

第一，盗窃罪。这是秦律中最重要的罪名之一，即使对盗窃未遂者也要给予法律制裁。秦简记载"甲谋遣乙盗，一日，乙且往盗，未到，得，皆赎黥"②。乙在盗窃中途被捕未遂，也要受到赎黥之罚。不仅如此，凡有盗窃意识，就要受到严惩。"夫盗千钱，妻所匿三百，可（何）以论妻？妻智（知）夫盗而匿之，当以三百论为盗；不智（知），为收。"③丈夫盗窃，妻子知情而藏匿赃款，则以盗窃罪论处。这说明当事人尽管没有实施盗窃罪之具体行为，但因其言行含有盗窃的犯罪意识，因此也要受到法律重罚。另外，秦律根据盗窃性质及社会后果又详细区分为共盗和群盗。总之，随着秦国新兴地主阶级政治地位的稳固和加强，全面保护其私有财产不受侵犯就成为秦国法制建设的首要任务，如此秦国刑律制定了详细和发达的盗窃罪名制度。

第二，杀伤罪。这是秦律中的另一重要罪名。秦简中关于"贼杀人""贼伤人"等记载就是此类罪。根据杀伤人的动机及方式可分为贼杀伤、盗杀伤、擅杀伤、斗杀伤和捕杀伤等。贼杀伤是指故意杀人、故意伤人的一种犯罪行为，也是秦律重点打击的犯罪；盗杀伤是指因盗窃行为而杀人、伤人的犯罪行

---

① 唐律疏议 [M]. 岳纯之，点校. 上海：上海古籍出版社，2013.
② 睡虎地秦墓竹简 [M]. 北京：文物出版社，1978.
③ 睡虎地秦墓竹简 [M]. 北京：文物出版社，1978.

为；擅杀伤专指尊杀卑、主杀奴而言。秦律专列擅伤杀罪，规定父母"擅杀子，黥为城旦舂"①，对于此类擅杀行为，缘于家庭尊卑伦理关系限制，较贼杀而言处罚较轻。斗杀伤和捕杀伤分别指因相互斗殴或逮捕罪犯而造成当事人人身伤害的犯罪行为。总之，秦律根据杀伤的犯罪情节、方式及后果详细划分为诸多种类，说明了秦律中此种罪名的完备与发达，有效地保护了人身安全，也保障了整个社会的和谐和稳定。

第三，职务犯罪。随着封建文官制度的建立与完善，秦统治者愈加重视职官管理，职务犯罪是秦律中的重要罪名，具体包括如下几种类型。其一，不敬国君罪和谋反罪。《秦律杂抄》记载，官吏听命"不避席立，赀二甲，废"。说的就是官吏在恭听君命的时候，若不起立致敬就要被罚二甲，并剥夺其任官资格。不敬国君罪的极端发展就是谋反重罪，处罚最为严厉。其二，营私舞弊和渎职罪。秦律对这一类型的之物犯罪规定的最为详细全面，大致可以分为军事领域、经济领域及行政领域，都有着极其详尽的法律规范。其三，贪污贿赂罪。秦简载："府中公金钱私貣用之，与盗同法。"② 这是对官吏贪污公款的处罚规定。另外，贿赂罪包括行贿和受贿两种罪名，无论是行贿者还是受贿者都要被处以重罚，从而保证司法诉讼活动的公平和公正。

第四，逃避徭役和赋税罪。秦统治者为了增加政府财政收入，充实封建地主阶级的经济基础，严格禁止农民逃离土地，并按户及田亩征收赋税和服役。不缴纳赋税或者不按期服徭役的民众将得到法律的严惩。秦简中出现的"匿田""匿户""乏徭"等都是这类罪名。

第五，破坏市场经济秩序罪。主要包括私铸货币、破坏度量衡、扰乱物价等破坏市场经济秩序的犯罪行为。秦经过商鞅变法后，为了加强中央集权，进行了统一货币、统一度量衡和商品物价的整顿活动。故凡是私自扰乱货币、度量衡和物价的行为，均构成破坏市场经济秩序罪，政府予以严厉的惩处。秦律对该类罪的详尽规定，维护了秦国商品贸易的顺畅流通，稳定了市场秩序，保障了当时社会经济的健康发展。

第六，债务犯罪。主要包括官债和私债两种，官债主要是因官吏犯罪需

---

① 睡虎地秦墓竹简［M］. 北京：文物出版社，1978.
② 睡虎地秦墓竹简［M］. 北京：文物出版社，1978.

要向官府缴纳钱款赎罪而产生的债务,私债则是指独立个体之间产生的债权债务关系。对于官债,一般规定不得超过半年,过期不偿还须以劳役抵债;对于私债,秦律规定应按期归还,若超期未还也以劳役抵债。

第七,妨害婚姻家庭罪。家庭的稳定对社会的和谐具有重要作用,因此秦统治者非常重视婚姻家庭方面的立法。秦律规定男女双方无论结婚还是离婚都必须到官府登记,《法律答问》曰:"女子甲为人妻,去亡,得及自出,小未盈六尺,当论不当? 已官当论;未官不当论。"① 又规定"弃妻不书,赀二甲"②,可见,未经官府登记的婚姻法律不予保护。另外,秦律还规定"去夫亡"罪,指的是对已婚女子私自离开丈夫逃跑;另与他人"相夫妻",则会构成"背夫亡罪"。

第八,诬告、告不审罪。《法律答问》记载:"甲告乙盗牛若贼伤人,今乙不盗牛,不伤人,问甲何论?端为,为诬人;不端,为告不审。"③ 可见,故意歪曲所告发的罪行以陷害他人者为诬告罪;因不审慎的主观过失导致所告发的事实失真,则属于"告不审"罪。两者都属于告奸不实,所以均会受到惩罚,只因其主观动机不同,所以在量刑上有所不同。

第九,破坏社会风尚和秩序罪。良好的社会风尚和稳定的社会秩序是国家繁荣昌盛的重要表征,秦统治者为了实现国家强盛,以法律手段移风易俗,打击各种有伤风化、破坏社会秩序的行为。这方面秦律规定有投匿名信罪,即匿名投信攻击朝廷,妖言惑众、扰乱视听的行为,秦律规定"有投书,勿发,见辄燔之,能捕购臣妾二人,系投书者鞫审谳之"④,意思是说对匿名信不能拆开,要立即烧掉,捕获投匿名信者后要对其囚禁并审问,对捕获者奖励两个奴隶。秦统治者借助法律有效地维护了当时的社会风气和正常秩序。

第十,国际交往违禁罪。秦一统六国后,如何处理好与诸侯国之间的关系成为秦律调整的一项重要内容。为了维护刚建立不久的政权,秦律设立了"国际交往违禁罪",主要包括邦客未办理通行证就进行交易的行为、将珠玉偷运出国境或卖给邦客的行为、游士留居无凭证的行为等,通过严惩这些罪

---

① 睡虎地秦墓竹简[M].北京:文物出版社,1978.
② 睡虎地秦墓竹简[M].北京:文物出版社,1978.
③ 睡虎地秦墓竹简[M].北京:文物出版社,1978.
④ 睡虎地秦墓竹简[M].北京:文物出版社,1978.

行，维护了当时秦国的政治经济利益，使其免受侵犯。

2. 汉代的罪名体系及法典化

汉代的法制建设经历了一个由简到繁的过程。自刘邦入关便与关中父老"约法三章"，受到百姓的拥戴，随着汉帝国的建立，新的政治、经济形势促成了《九章律》《傍章律》的制定与实施。汉武帝时期又进行了大规模的修订和增补律令的活动，《越宫律》和《朝律》应运而生，至此汉律的规模大体得以奠定。

（1）汉代法律的主要形式

汉代法律体系的完善也表现在其众多的法律形式上，主要有如下几种。

其一，律。律是较为稳定的法律形式，相当于后人所说的法典。律不是针对某一事项制定的，也不可随意修改，其具有适用的普遍性及相对的稳定性。杜预曾说："律以正罪名，令以存事制"[①]，这说明律是定罪量刑的基本依据。

其二，令。令是皇帝的诏令，是汉代非常重要的法律渊源之一。它是由皇帝根据需要随时颁布的一种非常灵活的法律形式。汉代的令既多又广，其法律效力甚至超过律，可以取代律的有关规定。

其三，比。比就是判例，《后汉书》记载："比谓类例。"[②] 说明比就是比照同类的案例进行判案，所以又称"决事比"。

其四，法律解释。法律解释发起于西汉，盛行于东汉。如果法律注释得到皇帝的认可，便可成为司法审判的依据，具有法律的效力，成为一种法律形式。

其五，《春秋》。《春秋》在汉代被视为经典，当法律无明文规定或法律规定不合乎儒家伦理道德时，法司便可依据《春秋》经义断案。如此，《春秋》便成了凌驾于现行法律之上的独特的法律形式，具有当代宪法的效力。

（2）《二年律令》的法律原则及刑罚制度

《二年律令》即《汉律》，对研究汉初法制史及法律思想史具有重要的价值，其中对汉代法律原则方面的内容，大致可归纳为如下方面。

第一，区分故意与过失。早在西周时期的法律中，就规定了故意（非眚）

---

① 李昉. 太平御览 [M]. 北京：中华书局，1960.
② 范晔. 后汉书 [M]. 北京：中华书局，1965.

和过失(眚)相区分的刑法原则。秦律和汉律也都继承了这一原则。第二,区分惯犯与偶犯。这一刑法原则在西周时期也已确立,体现了法律的宽和政策,对罪犯可起到教育感化作用。汉代统治者为维护其长远利益,也贯彻了这一原则。第三,自首减刑。统治者为了更好地预防犯罪和感化罪犯,确立了自首减刑原则。汉代统治者继承了秦代的规定,如汉简《二年律令》中的《具律》云:"其自出者,死罪,黥为城旦舂",若死刑犯有自首的表现,则可以改"黥"为"城旦舂"。第四,严惩群盗。群盗指的是五人以上的团伙犯罪,引起社会危害较大,历代处罚都极为严厉。第五,保护皇权。秦代法律已经特别强调这一原则,汉代亦予以继承。凡侵犯皇权的行为都会受到法律的严惩,《贼律》中有诸多关于"叛降罪""谋反罪""伪写彻侯印罪""矫制罪""伪造皇帝玺印罪"等具体侵犯皇权的规定。第六,诬告反坐。秦律中就有这一原则,将诬告称"诬人"或"端告",并严格区分了"诬告"和"告不审"的情形,汉承秦制也规定了这一原则。第七,维护特权。这一原则制定的目的是对贵族、官吏中的犯罪者减免处罚,此外还表现在对侵犯者的加重处罚上,当时法律对贵族官吏的特权保护细致而周到。第八,从严治吏。《二年律令》以法家"明主治吏不治民"的思想为指导,贯彻从严治吏的原则。如《具律》规定:"鞫狱故纵、不直,及诊、报、辟故弗穷审者,死罪,斩左趾为城旦,它各以其罪论之。"[1] 这是对司法腐败的一种惩治规定,司法官如果徇私枉法、出入人罪以及对案情不审查到底者都将受到法律的严惩。第九,维护孝道。《二年律令》也受到了儒家孝道思想的深刻影响,对不孝者予以严惩。不孝者会被处以极刑,足见当时法律对孝道之重视。《户律》规定:"孙为户,与大父母居,养之不善,令孙且外居,另大父母居其室,食其田,使其奴婢,勿外卖。"[2] 这反映了汉律对孝道的维护。第十,尊老爱幼。《具律》规定:"年七十以上、若年不盈十七岁,有罪当刑者,皆完之。"第十一,亲属相隐,指的是亲属之间互相隐瞒罪行,官府不予惩罚或减轻惩罚的原则。这一原则体现了儒家的伦理精神,源自孔子提倡的"父为子隐,子为父隐"的思想。这一原则到汉代趋于成熟。第十二,连带责任,也就是"连坐"原则,是指对那些仅仅与罪犯有法定连带责任而并无犯罪

---

① 张家山汉墓竹简 [M]. 北京:文物出版社,2001.

② 张家山汉墓竹简 [M]. 北京:文物出版社,2001.

行为的人实施制裁。《二年律令》继承了《秦律》中有关"连坐"的规定，不仅有家属连坐，还有邻里连坐、职务连坐等规定。第十三，立功免罪。如《盗律》规定："劫人、谋劫人求求钱财……其妻子当坐者偏捕，若告吏，吏捕得之，皆除坐者罪。"抢劫犯受连坐的家属如果能抓捕罪犯，是可以免罪的。

刑罚制度：从《二年律令》看，汉初的刑罚制度已经形成了包括死刑、肉刑、徒刑、迁刑、赎刑、罚金刑、夺爵与免官刑等在内的完整的刑罚体系，体现了立法技术的进步与完善。

其一，死刑。《二年律令》中所涉及的死刑刑名主要有如下几种：腰斩、弃市、磔、枭首。以上几种死刑，在《张家山汉墓竹简》中都有相关记载，如"死刑的一种，处刑时斩腰。"[①]"死刑的一种，杀于市。"[②]"谓斩首悬于市。"[③]从以上死刑刑种的等序来看，由高至低依次为磔——枭首——腰斩——弃市。

其二，肉刑。这是一种残害人肢体与肌肤的刑罚。《二年律令》中的此种刑罚主要有宫刑、斩趾刑、劓刑、黥刑、完刑、耐刑等。宫刑是一种损坏男女生殖能力的刑罚，这一刑罚其实起源极早，《周礼》中就已有之；斩趾刑分为斩左趾和斩右趾，后者重于前者；劓刑就是割鼻之刑，在商代就有此刑，后一直被沿袭；黥刑是在犯人面部进行刺刻的刑罚，也源于商代；完刑与耐刑都是指剃去犯人须鬓的刑罚。

其三，徒刑。这是一种剥夺犯人人身自由并服劳役的刑罚。《二年律令》中的徒刑主要有城旦舂、鬼薪白粲、隶臣妾、司寇等。"城旦舂，刑徒名，男称城旦，女称舂。"[④]"鬼薪白粲，刑徒名，男称鬼薪，女称白粲。"[⑤]"隶臣妾，刑徒名，男为隶臣，女为隶妾。"在《张家山汉墓竹简》中均有记载。

其四，迁刑。这是一种将犯人强制迁徙到指定地区服役并不得迁回原籍的刑罚。汉代的迁刑一般是将犯人迁往边疆地区，防御外族入侵，但是这一刑法与隋唐时期的流刑并不相同。

其五，赎刑与罚金刑。这两种刑罚都是剥夺犯罪人一定财产的刑罚，二

① 张家山汉墓竹简［M］.北京：文物出版社，2001.
② 张家山汉墓竹简［M］.北京：文物出版社，2001.
③ 张家山汉墓竹简［M］.北京：文物出版社，2001.
④ 张家山汉墓竹简［M］.北京：文物出版社，2001.
⑤ 张家山汉墓竹简［M］.北京：文物出版社，2001.

者的区别是,赎刑有本刑依托,罚金刑则可以单独行使。另外,二者一般适用于过失犯罪及一些比较轻微的刑事犯罪。

其六,夺爵与免官刑。这是两种剥夺罪犯官职与权利的刑罚,相当于今天的"资格刑"。《二年律令》中的《杂律》规定:"博戏相夺钱财,若为平者,夺爵各一级。"《杂律》还规定:"吏六百石以上及宦皇帝,而敢字贷钱财者,免之。"

三、以"十恶"为中心的罪名体系

(一)三国两晋南北朝时期的刑事立法

1. 三国时期的立法

蜀国定都之后便开始着手制定法律,史载诸葛亮、法正、伊籍、刘巴等人"共造蜀科"①,史称其科教严明,"刑政虽峻而无怨者,以其用心平而劝戒明也"②。吴国的立法活动主要有两次,第一次是黄武五年,陆逊上书"劝以施德缓刑,宽赋息调"③,孙权"于是令有司尽写科条……令损益之"④。第二次是嘉禾三年,孙权征新城,命孙登留守总理政务,"时年谷不丰,颇有盗贼,及表定科令"⑤。此外还有军令性质的"誓众之法"⑥。魏国的立法比蜀、吴两国更有成效。史载:"太和三年诏令陈群、刘邵、韩逊等删约旧科,傍采汉律,定为魏法,制新律十八篇。"⑦此外,还颁布了《州郡令》《尚书官令》《军中令》和《新律》等一百八十多篇。

2. 两晋时期的立法

自晋王司马昭到晋武帝司马炎,历时四年,《晋律》修订完成,又称《泰始律》。该律又经张斐、杜预作释,为武帝首肯"诏颁天下",与律文具有同样的法律效力。这一形式成为以《唐律疏议》为代表的律疏并行律典的先河。除《晋律》外,同时颁行的还有《晋令》四十篇、《晋故事》三十卷,与律令并行,

---

① 陈寿 . 三国志 [M]. 北京:中华书局, 2009.
② 陈寿 . 三国志 [M]. 北京:中华书局, 2009.
③ 陈寿 . 三国志 [M]. 北京:中华书局, 2009.
④ 陈寿 . 三国志 [M]. 北京:中华书局, 2009.
⑤ 陈寿 . 三国志 [M]. 北京:中华书局, 2009.
⑥ 晋书 [M]. 北京:中华书局, 2015.
⑦ 晋书 [M]. 北京:中华书局, 2015.

且"式"作为一种法律形式也已出现。

3. 南北朝时期的立法

整个南朝时期的立法,基本沿袭晋律,尽管个别时期稍有修订,但基本未超出晋律范围。宋、齐时期沿用晋律,刘宋五十余年未立新制,萧齐时期编写《永明律》,但终因意见不一,"事未试行,其文殆灭"①。梁武帝时期依照《永明律》修订《梁律》,但仅其名称稍做修改,做了些注释工作,总体仍未超出晋律范围。陈朝撰成《陈律》,史载其"采酌前代,条流冗杂,纲目虽多,博而非要……轻重繁简,一用梁法"②,因此其实质还是沿用晋律。

北朝时期和南朝相比,立法活动频繁。北魏即首开北朝重视法典编纂之风,百年之间大小的立法活动竟达九次之多,最后修成《北魏律》,开启了北系法律之先河。东魏制定新法,名为《麟趾格》。西魏也制定新法《大统式》,"总为五卷,颁于天下"③。北齐初沿用《麟趾格》,后又以《北魏律》为蓝本编订《北齐律》十二篇。北周时期仿照《尚书·大诰》编成《大律》,但其"今古杂糅,礼律凌乱"④,因而不合时宜。

4."重罪十条"与立法发展

三国两晋南北朝时期,自曹魏沿用秦汉之律起,在沿用秦汉刑法体制基础上,进行了多次制定和颁行新律的法律变革。总结起来,这一时期罪与罚的变化主要表现在如下方面。

其一,"重罪十条"正式入律。危害专制统治安全的行为历来被统治者所不容,被列为重罪,北齐正式将"重罪十条"作为制度列入律典。"又列重罪十条:一曰反逆,二曰大逆,三曰叛,四曰降,五曰恶逆,六曰不道,七曰不敬,八曰不孝,九曰不义,十曰内乱。其犯十者不在八议论赎之限。"⑤该内容从更广泛的意义上予以概括,包罗了封建宗法制度的各个方面,进一步把礼法结合起来,强化了对君权、父权、夫权的维护。隋唐律在此基础上发展为"十恶"制度,并被宋、元、明、清历代承袭。

---

① 隋书 [M]. 北京:中华书局,2020.
② 隋书 [M]. 北京:中华书局,2020.
③ 令狐德棻. 周书 [M]. 北京:中华书局,1971.
④ 程树德. 九朝律考 [M]. 北京:中华书局,2003.
⑤ 马端临. 文献通考 [M]. 北京:中华书局,1986.

其二,准五服以制罪。五服制度是按照中国古代礼制,根据与死者亲疏的程度来决定丧服的质地、范式及服丧期的一种制度。五服依次为斩衰、齐衰、大功、小功、缌麻。《晋律》记载:"峻礼教之防,准五服以制罪也。"[1]"准五服以制罪"是确定尊卑亲属之前相犯在定罪量刑上的差别,其基本原则就是尊长犯卑幼,服制越重,处罚从轻;卑幼犯尊长,服制越轻,处罚从重。这一制度的确立,是封建法律儒家化的重要标志,其影响直至明清。

其三,"八议""官当"制度的确立。"八议"之说源于《周礼·秋官司寇》的"以八辟丽邦法,附刑罚"[2],是贵族享受的待遇。曹魏总结前代经验,魏律中将"八议"制度正式入律。"官当"是封建社会允许官吏以官爵折抵徒罪的一种特权制度,南朝的《陈律》正式建立。隋唐时期该制度日臻完善,明清时期逐渐取消。

其四,刑罚的改革。三国两晋南北朝时期在前代的基础上继续刑罚改革,总趋势是逐渐宽缓,并有如下变革。首先,宫刑被免除,进一步废除肉刑。北齐后主诏令:"应宫刑者,普免刑为宫口。"[3]从此,宫刑不再作为一种法定刑。其次,缘坐范围被缩小。缘坐也称"连坐""随坐",自曹魏《新律》始便有规定,缘坐的范围有所缩小,《梁律》进一步缩小。再次,定流刑为减死之刑。北魏、北齐均据"降死从流"的原则,将流刑定为法定刑,隋唐亦予沿袭。最后,死流徒鞭杖五刑制度确立。自曹魏《新律》开始,法定刑逐步固定成型。经晋律、北魏律等稍做删改,《北齐律》后最终确定死、流、徒、鞭、杖五刑,为隋唐的新五刑刑罚体系奠定了基础。

(二)隋唐时期罪名体系的成熟

1. 隋朝的法律——《开皇律》

隋文帝即位后,便令大臣制定新律,他认为:"帝王作法,沿革不同,取适于时,故有损益。"[4]于此,新律在北齐律的基础上对严刑酷法进行了大量削减,皆以轻刑原则为主,终形成十二篇的《开皇律》。所以,一般认为隋朝法律

---

① 晋书 [M]. 北京:中华书局,2015.
② 阮元. 十三经注疏 [M]. 北京:中华书局,1980.
③ 李百药. 北齐书 [M]. 北京:中华书局,2008.
④ 隋书 [M]. 北京:中华书局,2020.

制度以《开皇律》为主,它上承汉晋法制,吸收历代法制优秀成果,下启唐以后法制先河,无论是篇章体例还是基本内容,都在继承的基础上有所革新与充实。

2.《武德律》到《永徽律疏》的立法与发展

李渊登上皇位后,继续沿用《开皇律》,并废除了隋炀帝所用的严酷之法,同时又针对官吏贪赃犯罪等内容做出补充规定,名为《五十三条新格》,并于其后下令一众大臣撰定律令,其成果便是《武德律》。《武德律》以《开皇律》为基础,"惟正五十三条格,入于新律,余无所改"①。

玄武门之变后,李世民登上了皇帝的宝座,即位之后,其下令对《武德律》进行修改,历时 11 年,最终于贞观十一年完成并颁布《贞观律》。它对《武德律》所做的修改主要有:改绞刑五十条为加役流,将其作为死刑的代替刑,介于常刑与流刑之间;区分两种不同的反逆罪,缩小缘坐处死的范围;同时完善了五刑、十恶、八议等制度。

根据学者们对《永徽律》的研究,主流的观点认为:《永徽律》是"刊改",而非修订,因此不能称其为单独的"律",加之唐代君主历来主张法律的稳定性,永徽年间并不具备全面修律的条件,史料中也记载《永徽律》十二卷是对版本的记载,而非律典的记载,所以说《永徽律》只是《贞观律》的另一个版本而已。但高宗在法制上的重大贡献是《永徽律疏》。《永徽律疏》对唐律进行立法解释、司法解释和学理解释,在官方的组织和监督下,经过皇帝的认可予以颁布,具有同唐律同等的法律效力。

3.《唐律疏议》的特点

前文已多次提到《唐律疏议》,其在中国古代史和法制史中的重要意义不再赘述。在此对其特点进行简单阐述。

其一,《唐律疏议》标志着引礼入律与法律儒家化最终完成。引礼入律自两汉开始,经过三国两晋南北朝及隋朝,在唐代达到了完全融合的地步。刑罚是维护封建等级伦理制度的利器,表现如下:确定"十恶"重罪,明确了刑罚重点;保护皇帝的安全,维护皇帝尊严;维护专制政权,镇压反抗行动;严惩以下犯上,维护宗法制度;良贱异罚,维护等级制度。

---

① 刘昫. 旧唐书 [M]. 北京:中华书局, 1975.

其二,《唐律疏议》强调宽仁的法治指导思想与刑罚持中。唐初统治者对儒家思想的推崇与运用,使民本主义在唐代的立法、司法等环节均得到贯彻。唐初统治者确立的"宽仁"法治思想是建立在民本主义原则之上的。而刑罚持中,不仅要求立法要宽简,而且在司法层面也要做到慎狱恤刑。唐代统治者采取了多方措施保证慎狱恤刑政策的实施,如皇帝带头守法、鼓励大臣直谏、建立特别的制度。

其三,刑事原则和制度完善。中国古代刑法在唐代达到了一个高峰。唐律包含了丰富的刑法原则和制度,如保护皇权和伦常的"十恶"制度,优待官僚贵族的"八议""官当"制度,亲疏尊卑有别的"准五服制罪"与"同居相隐"等制度以及恤刑制度的确立,加之累犯加重、自首减轻、区分故意与过失、共犯、数罪并罚等刑法原则都得到了深度完善。

(三)宋元时期的传承与发展

1. 宋代刑事立法变迁

宋朝立法频繁,正如杨鸿烈所言:"宋代法典之多,超越各代,此前的法典不过是每易一君主即编修一次而已,但宋代则每改一年号必有一次至数次的编修,所以宋初到亡国时所历年月无不从事于编纂法典的事业。"[①] 两宋时期的刑事立法包括普通刑事立法和特别刑事立法两类。

经过五代十国的长期战乱,宋朝迫切需要制定出适合自身需要的本朝法典。天下初定,宋太祖即着手法典的编纂工作,后颁行了历史上第一部刊印发行的法典,即《宋建隆详定刑统》,简称《宋刑统》,成为宋一代的基本法典。其在命名、体例、编排方面都有着与历代刑法典不同的新特色,《宋刑统》以《永徽律疏》为主体,于律疏后附上敕令格式,这种"刑名之要,尽统于兹","不仅是中唐以来立法编撰形式的重要变化,也是封建律典传统命名的一次改革"[②]。《宋刑统》主体虽出自唐律,但自身有许多特色,无论体例还是内容上都有所突破和创新。

南北朝以后,敕成为皇帝诏令的一种,宋代成法,上升为法律形式的一种立法过程。而编敕是宋代一项重要和频繁的立法活动,神宗时还设有专门编

---

① 杨鸿烈.中国法律发达史 [M].上海:上海书店, 1990.
② 薛梅卿.新编中国法制史教程 [M].北京:中国政法大学出版社, 1995.

敕的机构"编敕所"。宋朝大量使用编敕,有些学者认为:"编敕是宋朝最为重要的立法活动,也是宋朝调整法律的主要形式。"[1]

南宋在敕、令、格、式四种法律形式并行和编敕的基础上,将敕令格式以"事"分类统一分门编纂,形成了《条法事类》这一新的法典编纂体例。编例也是宋朝重要的法律形式之一,主要包括指挥和断例。指挥是中央尚书省等官吏对下级官署的指令,断例是案件的成例,但无论哪一种,要上升为具有普遍约束力的法律形式,都必须经过编修过程,使具体的案例或事例变为通行的成例。

"贼盗"罪历来被视为封建刑法打击的重点对象,宋朝也不例外。为了维护皇权制度与统治秩序,北宋后期开始推行特别刑事立法,即"重法",来惩罚"贼盗"。宋代自仁宗起,开始颁布系列重法,形成"贼盗重法",如仁宗期间首立《窝藏重法》,宋英宗予以继承并另行制定"重法",神宗即位后也制定了《盗贼重法》。

2. 元代的刑事立法

元朝是中国历史上第一个北方少数民族入主中原、实现大一统的王朝,由于其地理位置和文化的差异,在法制发展方面,和中原相比有不小的差异。蒙古早期的法源于临时性的命令或禁令,被称为《札撒》,后经过收集整理进行颁行,称为《大札撒》。《大札撒》被蒙古统治者视为最高的法律规范,在整个元朝,其效力都是至高无上的。成吉思汗建立蒙古国后,接受了金朝降将郭宝玉"建国之初,宜颁新令"[2]的建议,颁布了《条画五章》,其受到极为明显的汉文化影响。元世祖时期,命中书参知政事何荣祖以公规、治民、御盗、理财等十事辑为一书,名曰《至元新格》,并刻版颁行。《至元新格》其实只是"条格"一类的规范,算不上严格意义上的律,和其类似的还有《风宪宏纲》。经过从延祐三年(1316)到至治三年(1323)的编纂,元一代之典《大元通制》最终颁行,标志着元代的法典基本定型。与《大元通制》几乎同时出现的,还有《元典章》,其是元朝中期以前法令文书的分类汇编,由地方官吏自行编辑刻印,后由中书省批准在全国颁行。

---

① 郭东旭. 宋代法制研究:第 2 版 [M]. 石家庄:河北大学出版社,2000.
② 元史 [M]. 北京:中华书局,1976.

四、以"六部"为统辖的罪名体系

（一）明清时期刑法制度的转变

明清时期是我国封建社会的末期，随着各种矛盾的激化，专制主义中央集权也日益强化。明清时期在刑法方面的变化主要体现在如下方面。

第一，刑法思想上由"德主刑辅"到"明刑弼教"的转变。中国古代的刑法思想在几千年的发展演变过程中，逐渐形成了自己的特色，至秦汉时期已形成"德主刑辅"的封建正统法律思想，后世尽管或多或少有所调整，但其核心思想从未撼动。直至明初才形成独具特色的"明刑弼教"法律思想，其重点在"明刑"而不再是"明礼"，充分发挥刑杀威吓的作用。清朝继承了明朝的这一思想。

第二，刑事法律体系上，形成了律典新体例。在法律上，例通常被视为判例使用。但到了明清时期，例不再单纯仅指办案的成例，而更多地作为一种法律形式的条例。甚至在明后期，条例经过汇编后已经成为通行天下的常法，具有永久的效力，成为一种独立的法律渊源。明后期还出现了将律与例合编的情况。无论是内容还是体例，清代基本沿用明代，基本采用律文在前，附例集中于后的律典编纂体例。

第三，重刑主义倾向明显。重刑在历代统治者的心目中都占有极其重要的地位。明初面临着内忧外患的复杂形势，朱元璋认为这是"乱国"的时代，"吾治乱世，刑不得不重"[1]。因此，明初重典治吏，取消了许多官吏的特权，废除宰相制度，大肆滥杀重臣，且在立法上法外重刑、滥刑盛行，《大诰》四编便是例证，其中的许多刑罚处罚极其残酷，将重刑主义推向了新的高峰。清承明制，继续坚持重刑主义，大兴"文字狱"，将"明刑弼教"思想发挥到了极致。

（二）明清罪名体系的变化

1.《大明律》的新体例

律，一直是各朝最为稳定的法律形式。朱元璋建立明朝后，也十分重视律典的编纂工作。《大明律》虽吸收借鉴了唐、宋、元各朝的律典精髓，但仍有较大的创新。首先，篇例结构由之前的六篇增加一篇，为七部分体例结构。在

---

[1] 明史 [M].北京：中华书局，1974.

《元典章》体例下,篇目由吏、户、礼、兵、刑、工六部分类,加上前面总则部分的《名例律》,分七部分。其次,《大明律》仿《宋刑统》篇下分门的体例,在原《唐律》的篇、条二级结构之间增加了一级。这种结构使律典层次更加分明合理,总体上提高了传统律典的分类水平。

2.《大清律例》及其发展

清入关以后,开始仿照明律制定本朝法典。顺治三年(1646)编纂完成《大清律集解附例》,第二年颁行天下,其基本上是明律例的翻版,改动甚微。此后两朝七十余年基本未做改动。雍正时期,对新例进行统一编订,于雍正五年(1727)将《大清律集解》颁行天下,至此大清律基本定型,"自是厥后,虽屡经纂改,然仅续增附律之条例,而律文未之或改"①。雍正修律,首先对律进行了少量增删调整,重点是对律后所附例的修订,分别表明"原例""增例"和"钦定例",同时明确了例高于律的地位。另外,律后还附有总注,弥补了顺治时期《大清律集解附例》的不足。乾隆元年又对《大清律集解》重加修订,"馆修奏准芟除总注,并补入《过失杀伤收赎》一图而已"②。因不再有总注,乾隆五年(1740)修订完成,以《大清刑律》为名正式颁行。《大清刑律》的重点仍是对律所附的例加以修订,不再区分原例、增例与钦定律,当然例文也有所增加。《大清律例》成为清朝的基本法,也是中国历史上最后一部以刑为主、诸法合体的封建法典。

(三)明清罪刑关系的变化

1. 明代罪刑关系的变化

明初制定《大明律》的过程中,对刑罚适用原则做了重大调整,在量刑上也确立了一些新的刑法原则,总体上体现了从严从重的原则。首先是确立了法律溯及既往、从严处罚的原则。"重典治世"思想对刑事法律制度产生了深远影响。《大明律》规定:"凡律自颁降日始,若犯在已前者,并依新律拟断。"③其次是确立了"重其重罪,轻其轻罪"的量刑原则。该原则的具体内涵如薛允升所言:"大抵事关典礼及风俗教化等事,唐律均较明律为重。贼盗及有关帑

① 赵尔巽.清史稿[M].北京:中华书局,1977.
② 赵尔巽.清史稿[M].北京:中华书局,1977.
③ 大明律例[M].北京:北京大学出版社,1993.

项钱粮等事,明律又较唐律为重。"①

此外,明代的罪刑关系还有如下变化。首先是奸党罪的创设。在明初"重典治世"思想的指导下,朱元璋为了防止臣下朋比结党,上下内外勾结,削弱皇权,在《大明律》增设了前所未有的"奸党罪",这在中国法制史上属于首创。其次,对三种恶性杀人和强盗行为单列罪名并加重处罚。这三种杀人罪,一是"杀一家三人罪",二是肢解人罪,三是采生折割人罪。《大明律》对这些手段极为残忍的犯罪处罚也是极为残酷的,一般都是处以凌迟等极刑,并累及家人一并处罚。再次,加重对强盗、盗窃罪的处罚。对强盗犯罪,仍区分是否得财、是否伤人、是否持械,但却加重了对盗窃罪的处罚,"凡强盗已行而不得财,皆杖一百流三千里;但得财者,不分首从皆斩。"②在盗窃罪方面,明朝也加重了该罪的处罚。另外,还加强了官吏贪赃受贿的惩罚,并确立了对外国人实行单纯的属地主义的原则。

2. 清代罪刑关系的变化

清朝是中国封建社会最后一个王朝,它继承了汉唐宋明等历代刑法制度的主干和精髓,但因其处于封建专制历史的末期,因此其罪刑关系带有诸多"末世"的特色。其一,以严刑峻法加强专制主义统治。不仅扩大了谋反、谋大逆、谋叛等重罪的打击范围,而且加重了这些重罪的法定刑罚,一般仍处以凌迟极刑。其二,大兴文字狱,加强专制主义思想统治。为打击反清的民族民主主义思潮,统治者以刑罚惩治思想言论,在思想文化领域大兴文字狱,对文章著述中的文字进行附会苛责、推断犯意,并加以惩治。其三,严法约束臣下,加强君主专制政权。清朝对臣下的防范极严,对贵族官僚的特权也大加限制,以此维护君权。不仅严禁内外官交结,还明令太监不得干政,更是对贵族官僚的特权进行削减。其四,压制商品经济的发展,维护封建专制的经济基础。清统治者为了维护封闭的自然经济,不惜用刑罚手段限制商品经济的发展。既以严刑峻法限制民间兴办矿业和铸造业,还实行严格的禁榷制度,限制对外贸易。这些限制造成了手工业、商业发展迟缓,导致国力衰弱,逐渐落后于西方国家。

---

① 薛允升. 唐明律合编 [M]. 北京:法律出版社, 1999.
② 大明律例 [M]. 北京:北京大学出版社, 1993.

第三节 中国古代刑法的定罪与科刑

一、定罪与科刑的一般原则

（一）故意与过失犯罪

1. 古代犯罪中的故意与过失

西周时期的刑法就已相当发达,对故意与过失就有了明确的认识和区分。当时故意称"非眚",过失称"眚灾"。秦汉时,故意与过失犯罪在理论和实践方面都有较大的发展,秦时将故意与过失犯罪一般称为"端"与"不端"、"失刑"与"不直"等,并且在量刑方面对过失犯明显轻于故意犯。汉代对故意与过失犯罪,在秦代的基础上进一步发展,司法实践中更加重视区分故意与过失犯罪,得到了较为严格的执行。魏晋南北朝时期,故意与过失犯罪最重要的发展在于概念方面进一步规范化、明确化。此外,对于过失犯罪已近有了接近于现代刑法上"疏忽大意"的过失与"过于自信"的过失这样的区分。

2. 唐律中的故意与过失

唐律中关于故意犯罪的内容,主要有以下方面:首先,对故意犯罪的重点在于打击故意杀人等行为;其次,故意犯罪开始有了直接故意和间接故意的区分;再次,延续了共同犯罪中对造意和非造意进行区分的做法,增加了对事后共犯和片面共犯故意的认定;另外,对于误杀等对象错误行为以故意论处,对客体认识错误以从轻为原则,而对于特殊犯罪中的知情人也以故意论。此外,对于事后知情不报的行为,也是以故意犯罪论处。

唐律中关于过失犯罪的内容,主要包括如下内容:首先,唐律中关于过失犯罪的法律术语很多,主要有"过失""失""误""不知情""亡失""不觉"等;其次,唐律中将一些现代刑法视为意外事件的情形也归入过失犯罪范畴;再次,唐律中将一些属于过于自信的过失排除在过失犯罪之外。

另外,值得一提的是,唐代关于故意与过失犯罪的区分,在某些方面受到一定的限制,这类限制主要针对危害皇帝安全和国家政权安全的行为,这类犯罪不再区分故意与过失,一律处以重刑。如《唐律疏议》有"诸乏军兴者斩,故、失等"①。

---

① 唐律疏议［M］.岳纯之,点校.上海:上海古籍出版社,2013.

唐代之后至明清，古代刑法在故意与过失犯罪问题上基本沿用唐律，甚至在具体条文中都少有改动。可以说，在理论方面，自唐律之后至清末修律之前，在故意与过失犯罪方面一直没有显著的变化。

（二）老、幼及妇女犯罪

中国传统刑法很早就注意到老、幼和妇女这一犯罪主体的特殊性，并在刑法中对这一特殊群体予以许多宽免和优待政策，体现了浓厚的人文主义关怀。

西周时期，刑法的一个重要原则就是"矜老恤幼"，对符合刑事责任年龄的老人和未成年人在刑罚上予以减轻或免除。初春战国时期，对老、幼犯罪的减免处罚仍以年龄为界定标准，而秦律在确定犯罪人刑事责任能力方面则不是依年龄标准，而是以一定的身高为其标准，且男女身高标准还加以区别对待。秦律对老、幼、妇女的处罚上，不仅可以减免刑事责任，还可以减免民事责任，免于民事赔偿。到了汉代，刑事责任能力的确立标准又重归于年龄之上，处罚原则仍以减免为主。魏晋南北朝时期在这一问题上基本沿袭汉代以来的原则，对老、幼、妇女犯罪以减免为主，但对严重犯罪（如杀人罪）的减免政策予以限制，且严格限制刑讯的使用。另外，这一时期关于妇女犯罪方面有新的发展，主要体现在执行方式上对妇女特殊对待，并且改变了妇女"从坐"时"一身二坐"的问题。

唐律中对老、幼、妇女犯罪问题做出了更加全面系统的规定，如刑事责任年龄的划分更加合理具体，将老、幼、妇女作为享有特权的主体看待，加大宽免程度、扩大矜恤范围，对怀孕的妇女在审判和行刑时特殊对待。明律在老、幼、妇女犯罪问题上基本继承了唐律，但有所发展完善。明时对老、幼犯罪的优待开始严格限制，并专列"妇人犯罪"条，内容更加翔实，针对老、幼犯罪监狱管理方面予以优恤，另外还特别重视对妇女犯奸罪的惩处规定。清律因袭明律，基本上与明律相同，稍有变化。清律特别规定了枷号刑也可以赎免，对那些谎报老、幼获得宽免的情况予以严查，以及提审妇女进行限制等。

（三）自首制度

早在西周时期，中国传统刑法中就已经出现了自首制度的雏形。《尚书》

曰:"既道极阙辜,时乃不可杀。"① 对自首的处罚以减轻为原则。秦汉时期,自首称为"自出""自告",初步确立了自首减免处罚制度。秦代对于犯有数罪时的自首问题规定得极为详细,汉代自首的案例也极为丰富,总体上规定较为宽泛,并对首犯、主犯、数罪等情况的自首予以详细区分规定。西汉后,自首制度不断发展,直至唐代走向成熟和完善。

唐律中关于自首制度的内容已非常详备。从主体范围来看,自首的主体首先是犯罪人自己,此外法律上具有相隐责任的亲属也可以向官府首告;自首的对象一般是官府,有些军事机关也可部分受理;但自首必须遵循"犯罪未发"的前提条件,且犯罪后果可以恢复或可以有效挽回。对于自首案件的处罚,一般规定免予处罚,但也规定了对自首时有不实不详之处的处罚情形,以及对于自首可以减刑的一些具体规定。

宋元时期的自首制度基本上因袭唐律,直到明清律中才有了较多的发展变化。明朝有关自首制度的规定,主要集中在《大明律》《大明令》以及《问刑条例》中。② 和唐律相比,明代的自首制度有了新的发展,对于强盗共同犯罪给予了更积极的自首条件,不但捕获同案犯可以免罪,还可以"给赏",还删除了唐律中"被追不赴者不原罪"的内容,增加了官吏犯罪自首的内容以及强盗罪的一些特殊情节及处罚。清律在自首制度方面依旧沿袭明律,但在例文方面有所补充。与明律相比,最大的区别在于清律自首制度中取消了"私习天文"的规定,并在例文中规定了缘坐之人以及在押逃犯自行投归等特殊情形的自首。

(四)存留养亲制度

史载东晋成帝咸和二年(327),勾容令孔恢犯罪当弃市,因"以其父年老而有一子,以为恻然,可悯之"③。因而,从现存的史料来看,存留养亲制度的雏形出现于晋朝。随着法律儒家化的全面展开和律学的发展,存留养亲制度也获得了思想理论和立法技术的支持,最终在北魏律中正式确定下来。如北魏高祖十二年诏:"犯死罪,若父母、祖父母年老,更无成人子孙,又无期亲者,仰

---

① 尚书 [M].王世舜,王翠叶,译注.北京:中华书局,2012.
② 怀效峰点校.大明律 [M].北京:法律出版社,1999.
③ 李昉.太平御览 [M].北京:中华书局,1960.

案后列奏以待报,著之令格。"① 南北朝之后,历经数百年的发展,存留养亲制度到唐代已发展得相当成熟,不仅在刑罚范围上已全面扩大,包括死刑、流刑和徒刑,而且对存留养亲制度的限制规定更加详细具体,规定了适用方面的程序性问题。宋代的存留养亲制度基本上沿用唐制。② 元代也有规定:"诸犯死罪,有亲年七十以上,无兼丁侍养者,许陈请奏裁。"③ 到了明代,存留养亲制度有了一些新的变化:首先,明律正式将相应条文称为"犯罪存留养亲";其次,明律以"常赦所不原"的罪名代替了以"十恶"限制存留养亲的范围;再次,对流罪存留养亲的处理上,规定了加杖后余罪收赎,与唐律大不相同。清代的这一制度直接沿用明律的规定,承袭了明律限制存留养亲的基本倾向,在罪行种类上的限制稍有放宽,且在例文上增设了"存留承祀"的规定,在适用程序上更加细化也更加复杂了。

(五)赎刑制度

所谓赎刑,是指缴纳财物等以免除刑罚的制度。赎刑的起源很早,从现存史料来看,夏代赎刑就已产生,《尚书》载"金作赎刑"④,但夏代的赎刑仅限于轻微犯罪。到了西周时期,赎刑有了较大发展,"吕命穆王训夏赎刑,作《吕刑》"⑤,可见西周时期的赎刑是在夏商制度上发展而来,且在适用范围上进一步扩大,制度规定也更加详细。而秦代赎刑制度又有了深入发展,赎刑范围有所扩大,在商周奴隶制五刑之外增加了黥、迁、鬼薪等,且赎刑的方式不仅可以用金,还可以用其他财物、劳役等内容,这一阶段的赎刑有了较为明显的特权色彩。汉代的赎刑制度内容更加丰富,对赎刑与罚金刑进行严格划分,且范围进一步扩大,轻刑、重刑甚至死刑都可以赎免。魏晋时期的赎刑制度在内容上更加详细而系统化,不仅确定了具体的等次,还与罚金刑做出了进一步区分。南北朝时期,赎刑开始与传统刑罚"五刑"相对应,罚金刑被取消。北齐时,"重罪十条"的出现,彻底排除了适用赎刑的可能。

赎刑制度在唐代发展到完备化、系统化阶段。除"十恶"不在减赎之列

---

① 魏书 [M].唐长儒,点校.北京:中华书局,2018.
② 窦仪.宋刑统 [M].北京:中华书局,1984.
③ 元史:刑法志 [M].北京:中华书局,1976.
④ 尚书 [M].王世舜,王翠叶,译注.北京:中华书局,2012.
⑤ 尚书 [M].王世舜,王翠叶,译注.北京:中华书局,2012.

外，笞、杖、徒、流、死五刑均可赎免。但在司法实践中，一般适用的是流罪以下，死刑的赎免严格限制于疑罪。从主体上看，主要针对的是贵族官僚阶层，具有明显的特权性。宋代赎刑制度基本和唐律相同，新变化主要体现在：主体范围有所扩大，大中祥符三年（1010）规定，僧尼、道士、女冠犯公罪者听赎[①]，"贡举人但曾预南省试者，公罪听赎"[②]；并且宋代对赎刑的特权增加了更多的限制；此外，宋代赎刑还可以铁钱赎、以其他财物赎甚至官吏可以以官吏赎罪等。明清时期，赎刑制度承袭唐宋旧制，但也有新的发展。《大明律》中以图例的形式，详细规定了赎刑的主体范围、标准和用以赎的财物、劳役种类，计有"纳赎例图""律例钱钞图"和"收赎钞图"。明代赎刑多以财物和劳役赎罪为主。《大清律例》载有"纳赎诸例图""过失杀伤收赎图""徒限内老疾收赎图"和"诬轻为重收赎图"[③]。从中可见，清代的赎刑在所用财物方面以纳银、纳米、纳谷为主，不同性质、不同罪行、不同主体在赎刑金额的规定和计算方面都有所区别。

（六）数罪并罚制度

据有关史籍的记载，对于数罪并罚制度，早在西周时期就已产生了简单的原则性规定。《尚书》记载："上刑适轻，下服，下刑适重，上服；轻重诸法有权"[④]。西周时期已经有了数罪并罚的初步认识，并确立了从一重刑处罚的原则。这一问题在秦汉时期就有了较为确切的记载，秦律规定："诬人盗值廿，未断，又有它盗，值百，后乃觉，当并赃以论……"[⑤] 到了汉代，基本上确立了从一重罪处罚为主的原则，并被后世所沿用。隋唐时期，数罪并罚制度已经十分成熟、完备，此后宋元明清历代基本上因循唐律的规定。

唐律中数罪并罚的规定主要集中在《唐律疏议》相关条文中，其中直接规定数罪并罚的主要是《名例律》中"二罪俱发"条的规定，是其主体部分；其次还有"更犯"条，就是在刑法执行过程中再次犯罪的处罚问题。总体来说，唐律数罪并罚制度体现了"宽刑"的价值取向，并且对财产型犯罪极度关

---

① 李焘.续资治通鉴长编［M］.北京：中华书局，1986.
② 李焘.续资治通鉴长编［M］.北京：中华书局，1986
③ 大清律例［M］.北京：中华书局，2015
④ 尚书［M］.王世舜，王翠叶，译注.北京：中华书局，2012.
⑤ 睡虎地秦墓竹简［M］.北京：文物出版社，1978.

注,如对官吏犯罪、强盗、盗窃类的数罪并罚规定颇为细致。另外,唐律中数罪并罚制度已经是一个自成体系的独立制度,体现了唐朝高超的立法技术与水平。

明清时期,数罪并罚制度的主要内容仍沿袭唐宋以来的规定,在此基础上有所删减调整而已。明律较唐律相比,在"更犯"方面有所修订,并且加重了赃罪数罪并罚的处罚,其在具体内容上较唐宋律远为简单。而清律在唐律基础上也有所发展,增加了对杂犯死罪的特别规定,还对一些徒、流犯、盗犯等执行期间又犯罪的处置情况进行了细化。无论如何,明清时期数罪并罚制度的变化并不具有特别突出的特点,逐渐显现出走向僵化的迹象。

(七)累犯制度

大约在夏商周时期就已出现关于累犯制度的规定,如《尚书》记载:"敬明乃罚。人有小罪,非眚,乃惟终,自作不典,式尔,有厥罪小,乃不可不杀"①,"眚灾肆赦,怙终贼刑"②。虽然此时对惯犯和累犯还不能严格区分,但这些内容成了后世累犯的源头。到了秦汉时期,累犯加重处罚的原则正式确立,到了隋唐时期发展到成熟完备阶段,宋元明清历代均以唐律为基准来规定累犯问题。

唐律中对累犯制度的概念、种类、特征、处罚原则等问题都有详细的规定,依据史料记载,唐律中的累犯制度表现出如下特征。其一,明确了累犯的构成要件。典型的累犯只适用于盗罪,且必须符合前后三次犯罪等条件。其二,确定了累犯的处罚原则。唐律对累犯的处罚态度是极为严厉的,一般是提高刑种加重处罚。其三,唐律累犯制度许多方面体现了中国文化特色,如"原心论罪"的原则、家族伦理制度。

宋代累犯制度完全因袭唐律,几乎没有变化。明清时期也是承袭唐律,但因客观社会状况而对累犯制度做出了适当改变,主要表现为如下几点。其一,明清律扩大了盗罪的范围,同时对盗罪的处罚增加了刺字这一肉刑,明显有加重处罚的倾向。其二,明清律沿用了五代时就产生的对私盐累犯的规定。其三,清律对盗罪累犯进行了细化,对不同赃数情况给予不同处罚。其四,明

---

① 尚书 [M]. 王世舜,王翠叶,译注. 北京:中华书局,2012.
② 尚书 [M]. 王世舜,王翠叶,译注. 北京:中华书局,2012.

律对盗罪累犯在适用自首制度方面严加限制。综上,这些变化说明明清时期大大加强了对累犯的处罚力度。

二、定罪科刑的特殊裁量

(一)政治性犯罪:加重倾向

1.政治性谋反与谋叛

对于政治性犯罪,最严重的莫过于推翻统治者的统治,夺取其政权。因此,历代统治者在立法上都极其重视对政权的维护,对于危害政权安全的行为通常被处以最严厉的刑事处罚。这类犯罪主要包括谋反和反叛。根据蔡枢衡先生的解释,反是分裂而且对抗,如进攻城池;叛是背离,如背国从伪或投靠外国,但未对抗,如果对抗,便是反而非叛了。[①]

谋反罪最早可追溯至商代的"不吉不迪"罪,《尚书》载:"乃有不吉不迪,颠越不恭,暂遇奸宄,我乃劓殄灭之。"[②]秦时有"不道"罪,指的就是谋反。先秦时期对这类犯罪处罚极重,不仅杀死本人,而且会族诛后人。汉代贯彻重德轻刑原则,但依然设有"大逆无道罪",且内涵不限于单纯的谋反,还包括许多严重损害封建政权的行为,其中的"谋反罪"就是那些企图颠覆国家政权的行为,要受到"夷三族"的刑罚。北齐律"重罪十条"的形成,更加强化了君权的维护,其中反逆与叛就是关于谋反的规定。隋唐时期更是将"重罪十条"精神与本质得以贯彻,完善成为"十恶"。《唐律疏议》指出:"五刑之中,十恶尤切,亏损名教,毁裂冠冕,特标篇首,以为明诫。"[③]对于谋反者,一律处以斩刑,而且诛及亲属,满门抄斩。谋叛,指的是背叛国家,投降敌国的人。因为其没有推翻国家的图谋,所以与谋反相比危害性稍小,处罚上也较轻,但是本人也会被处死。自此,经唐之清,"十恶"制度被历代王朝所沿袭。两宋时期对谋反、谋叛等罪一般处以腰斩、弃市,甚至凌迟处死。元朝依旧作为重罪,常赦所不原。明清两朝更是将"十恶"的范围进行了扩大,对于谋反、谋叛者给予最严厉的凌迟刑处罚,而其亲属也会一律处斩。清朝还大兴"文字狱",威慑知识分子,而且所有文字狱都是按谋反大逆定罪处罚,这是最严重的罪名。

---

① 蔡枢衡.中国刑法史[M].北京:中国法制出版社,2005.
② 尚书[M].王世舜,王翠叶,译注.北京:中华书局,2012
③ 唐律疏议[M].岳纯之,点校.上海:上海古籍出版社,2013.

2. 危害皇帝人身安全的犯罪

由于中国传统法律的礼治特征以及皇帝在国家中的特殊地位，因此，对于皇帝的特殊保护是与法律相伴相生的。在原始社会，由于社会的发展还未完全脱离野蛮与落后，因此，对侵害帝王人身权利的行为没有直接规定，而是体现在对君主权威的保障上。进入奴隶社会后，夏代首先便将维护部落首领权威的习惯上升为法律，用以维护夏王的统治地位。到了商代，则以酷法严惩危害王权的行为。到了西周，在宗法体制之下，周王处于权力的巅峰，享有绝对的权威，臣民对其必须无条件地服从。这一时期，危害皇帝人身安全的犯罪行为，被认为是逆天理的行为，要受到最严厉的处罚，所谓"逆天者，罪及五世"①。

进入封建社会后，维护皇帝的统治地位成为历朝立法及刑罚的重点。秦朝对泄漏皇帝行踪、住所、言语机密等行为都视为对于皇权的侵犯。汉代关于侵犯皇帝人身安全的犯罪主要有两种：一种是阑入宫门罪，未经批准不得私自进入殿门；另一种便是犯跸罪，即不得冲撞皇帝的车驾。对以皇帝为中心的封建统治秩序的维护和封建伦理纲常，到了隋唐时期逐步定型，主要表现在"重罪十条"和"十恶"的法律规定中。唐律中对任何违背皇帝意志、触犯皇帝威严、危害皇帝安全的行为都给予最严厉的处罚，绝不宽贷，如"十恶"中的"大不敬"罪就是危害皇帝人身安全的典型，其内涵非常广泛而丰富。"十恶"制度仍是两宋期间的重罪，并在仁宗年间还将京城开封诸县划为"重法地"，规定凡在重法地犯罪的，一律加重处罚。"重法地"的设立，就是为了更好地维护以皇帝为中心的统治阶级的人身和财产安全。元朝仍保留了"十恶"的内容，对危害皇帝人身安全的行为都要处以重刑。明清时期仍如此，"十恶"制度被一如既往地沿袭下来，两朝均以重典治国，对危害皇帝安全的行为，处罚较唐代而言更重。

3. 损害皇帝尊严的犯罪

原始社会虽还没有脱离野蛮与蒙昧状态，但却极其重视宗法礼制关系。自周公治礼，"宗法制"便成为一套完整、严格的礼仪制度。对于君王的保护便成为礼制的核心，侵害君主尊严的行为也就成了刑罚的重点打击对象。进

---

① 戴德. 大戴礼记 [M]. 济南：山东友谊书社，1991.

入封建社会,为了更好地维护皇帝的尊严,秦始皇首创皇帝制度,制定了一套尊君抑臣的朝仪及文书制度,秦朝有不敬皇帝罪、诽谤罪、非所宜言罪、妄言罪等。到了汉代,危害封建政权和皇帝尊严的犯罪统称为大逆无道罪,其中危害皇帝尊严的犯罪主要有祝诅上罪、迷国罔上罪、漏泄省中语罪、诬罔主上罪、上僭罪、巫蛊罪、殴辱王杖主罪。除大逆无道罪外,不敬罪也是关乎皇帝尊严的犯罪行为,根据侵害皇帝尊严的具体行为,包括失礼罪、醉歌堂下罪、戏殿上罪、不下公门罪等具体罪名。由汉朝这些罪名,可见封建社会对皇帝尊严的维护可谓无微不至。自汉以后,危害皇帝尊严的犯罪主要体现在"重罪十条"和"十恶"中。从内容上看,唐律几乎所有条文都以封建的"三纲"为原则,体现了"君为臣纲",并以此制定了一系列维护皇帝尊严的犯罪及议、请、减、赎、当等条款。宋元明清时期则一直沿袭唐朝之规定,只是在程度上略有变化而已。

4. 其他政治性犯罪

中国传统社会中的政治性犯罪主要体现在谋反、谋叛、大不敬等严重危害皇帝人身安全及尊严的犯罪,其他均散见于历朝历代的政治性犯罪中。如西周有群饮罪,《尚书》记载:"群饮,汝勿佚,尽执拘以归于周,予其杀。"[1] 汉代设有阿党与附益罪。所谓阿党指"诸侯有罪,傅相不举奏,为阿党"[2]。所谓附益指中央朝臣外附诸侯。两汉皆以阿党附益之法作为巩固中央集权制的一项重要措施。此外,还有《酎金律》,是专门惩罚诸侯在酎祭时所献贡金质量不符合标准的法律。在"十恶"中,侵害皇权的政治性犯罪还有"谋大逆",这一罪名指的是"谋毁宗庙、山陵及宫阙"者。对该罪的处罚,大致与谋反相同,可见也是极其严厉的。明代还创设了"奸党"罪,严禁臣下朋党,与汉代的阿党罪一样,对这类犯罪的惩处极为严厉,目的在于"以示重绝奸党之意也"。"凡所以防臣下之揽权专擅,交结党援者,固已不遗余力矣。"[3] 清朝沿用"奸党"罪,在《大清律例》中,全部承袭明律中的相关规定,并以此为基础做了许多补充。

---

① 尚书 [M].王世舜,王翠叶,译注.北京:中华书局,2012.
② 班固.汉书 [M].张永雷,刘丛,译注.北京:中华书局,2016.
③ 薛允升.唐明律合编:卷九 [M].怀效锋,编译.北京:法律出版社,1999.

（二）亲属伦理犯罪：依伦理而轻重其刑

1. 古代法律中的"亲属"

就亲属关系而言，中国传统社会是以血缘关系为基本纽带的家庭关系，并在亲属之间形成一种尊卑有别的差序格局。以血缘关系为核心，亲属之间便形成了一个由本宗和外姻构成的亲属关系网。《礼记》认为礼是"定亲疏，决嫌疑，别同异，明是非"①的依据，《左传》也说，礼具有"经国家，定社稷，序人民，利后嗣"②的重大意义。因此，在礼所确立的所有规范中，始终贯穿着"亲亲""尊尊""长长""男女有别"四项基本原则。

中国古代社会的亲属包括本宗（父姓）和外姻（母姓）两大部分，但本宗亲属属于绝对的核心，这与中国古代以父权为中心的社会关系相吻合。本宗亲属包括自高祖以下的男性后裔及其配偶，即"上自高祖，下至玄孙，以及其身，谓之九族"③。在这一亲属范围内，依据尊卑与亲疏关系将亲属分为五等，遂创造了五服制度。从血缘关系上看，外姻（母姓）其实也与自己有着紧密的血缘关系，但由于中国古代是以父权为本位的宗法社会，因此母姓亲属一方的地位与本宗相差悬殊。五服制度作为古代社会一项基本的亲等标准和伦理范畴，无论在日常伦理关系还是法律、刑罚等方面，都起着无可替代的作用。随着西晋将"五服"制度纳入法典之中，"准五服以制罪"便成为一项影响深远的定罪量刑原则，其实质上也是"同罪异罚"在家族范围内的体现。"五服制罪"一直作为刑事与民事法律关系惯用的适用原则，自西晋至明清一直是封建法律的重要内容，在实践中不断充实和完善。

2. 亲属犯罪之不孝罪

商代刑法以不孝罪为最重，《吕氏春秋》引《商书》说："刑三百，罪莫重于不孝。"④西周有不孝不友罪。《尚书》载："元恶大憝，矧惟不孝不友。"⑤首恶之罪即为不孝敬父母、不尊敬兄长。秦律中关于不孝罪、家罪及同罪异罚思想的刑法化规定也较为丰富详细。汉代法律也规定了不孝罪，以维护父权。两

① 礼记 [M]. 胡平生，张萌，译注. 北京：中华书局，1985.
② 左丘明. 左传 [M]. 郭丹，程小青，李彬源，译注. 北京：中华书局，2016.
③ 刘昫. 旧唐书 [M]. 北京：中华书局，1975.
④ 吕不韦. 吕氏春秋 [M]. 北京：北京联合出版公司，2015.
⑤ 尚书 [M]. 王世舜，王翠叶，译注. 北京：中华书局，2012.

晋南北朝时期对于不孝罪更是予以严惩,北齐将其列入"重罪十条"。隋唐均沿用齐律之内容,并稍加修改列为"十恶"之一。自此关于不孝的犯罪主要在"十恶"之中。据史料记载,各代对不孝的行为均予以重刑,从严处罚。

3. 亲属相隐的原则

尽管秦律中已有关于"子为父隐"的规定,但尚不完善,有些规定甚至自相矛盾,如此秦律中亲属相隐尚处于萌芽状态。西汉武帝时已将"亲亲得相首匿"确立为一条基本的刑法适用原则,法律在亲属相隐方面已有了非常完善的规定。《论语》载:"父为子隐,子为父隐,直在其中矣!"[①]汉代以后,亲属相隐正式成为一条国家律法。隋唐以后,控告父母、祖父母的行为便被列入"十恶"中的不孝。唐朝完全继承了封建法律礼法结合的传统,在西汉亲属相隐内容上将允许相隐的范围进一步扩大。明清律继承了前代亲属相隐的规定,子孙控告祖父母的行为谓之"干名犯义",亦属"十恶"内容。

(三)官吏犯罪:公罪与私罪

1. 官吏犯罪的历史演变

官吏贪污腐败问题历来是造成封建官僚社会矛盾激化、政权更迭的重要原因,所以历朝统治者均采取"重典治吏"的治国原则。夏王朝便制定出具有行政法性质的《政典》,《尚书》曾援引:"先时者杀无赦,不及时杀无赦。"[②]即规定对违背天时懈怠政令的官吏实行"杀无赦"的原则。商代在立国之初,便制定了惩治国家官吏犯罪、违纪与失职行为的行政法《官刑》。西周时期开始实行"礼治","礼不下庶人,刑不上大夫"便成为指导西周立法、司法的重要原则。根据这一原则,贵族官吏享有各种特权,即使行为越礼一般也不会受到惩罚。秦简《置吏律》《除吏律》对任用官吏的条件做出了详细规定。另外,秦律非常重视官吏的考核与奖惩,对各类专职官吏的职责做出了极为翔实的明确规定。此外秦律还规定对官吏的行政处分主要有谇(斥责)、赀(财物赎罪)、免(免除官职)三种。汉代的《二年律令》中反映了"明主治吏不治民"的思想,对官吏的司法腐败行为、攫取非法收入行为、官员性犯罪等都会予以严厉惩罚,并且在官吏的考核和奖惩方面,也有明确规定。汉代的《上计

---

① 孔丘.论语[M].张燕婴,译注.北京:中华书局,2006.
② 尚书[M].王世舜,王翠叶,译注.北京:中华书局,2012.

律》就是专门针对官吏考核的法律。唐代官吏不遵守国家规定的行政规范，玩忽职守，以致出现严重的失职、渎职行为，都会受到严厉的处罚。宋统治者对官吏犯罪的惩治也较重。元代规定宗室及蒙古人案件，由中央大宗正府专门负责，在法律上明确蒙古人与汉人犯罪同罪异罚。明代统治者非常重视整饬官吏，不仅在吏治体制上进行改革，还对地方行政管理机构进行变革，对失渎职、贪污受贿等行为，皆采取严法以治的做法。清朝官吏制度就是对明朝法律精神、法律制度的直接延续。

2. 官吏犯罪的处罚制度

为维护贵族官僚的权利，巩固专制统治的基础，中国古代社会历来重视对贵族官吏的特权保护，对贵族官吏犯罪通常采取从轻从减的原则。以下几种处罚制度或可说明一二。

赎刑是一种用一定数量的财货来折抵刑罚的执行方法。据史料记载，早在夏朝时，中国便有了以贵重金属折抵刑罚的赎刑制度，西周时期赎刑制度已经比较完备。但是赎刑一般适用疑案，或是针对少数上层贵族使用。据《尚书》记载，仅墨罪赎铜就要六百两，大辟赎铜要六千两。如此巨大的赎数，恐怕只有上层贵族才能承担。所以，赎刑制度就是一种保障少数贵族、官吏的特权制度。

"先请"制度首创于西汉，是对犯了法的贵族官僚，必须首先向皇帝报告，"请"其做出减免决定的制度。这一制度也是为了维护贵族官僚的特权而生。《汉书》载，汉平帝曾下诏："公、列侯嗣子有罪，耐以上先请。"[1]"先请"制度导致贵族官僚犯法不能与庶民同罪同罚。到了唐代，"请"的制度有所变化，主要适用于"皇太子妃大功以上亲""应议者期以上亲及孙""官爵五品以上，犯死罪者"。

三国两晋南北朝时期，为维护世家各种权益，"官当"制度已应运而生，但正式使用"官当"名称出现在《陈律》中。由于"官当"制度对特权的分割和分配更加精细有序，比"八议"更具操作性，一度成为保护犯罪的贵族官僚逃避刑罚制裁的有效手段。"官当"制度被隋、唐、宋的法典予以沿用。明清法律中虽然没有明确"官当"制度，却以罚俸、革职等制度以替代，其精神和宗

---

① 班固.汉书[M].张永雷，刘丛，译注.北京:中华书局，2016.

旨和"官当"是一致的,都是用以维护封建官僚等级特权。

　　"八辟"是西周时期对亲、故、贤、能、功、贵、勤、宾八种权贵人员犯罪予以减轻刑罚的规定,后曹魏时期改为"八议"制度,并被魏晋以后历代封建王朝所沿用。贵族官僚犯罪不仅有"八议"规定的特权,而且不适用宫刑,对贵族处以死刑的地点和方式也不同常人。如《礼记》记载,"公族无宫刑","公之同族有罪,则磬于甸人"[①],即秘密处死。至三国魏明帝制定"新律",首次正式将"八议"写入法典之中,使封建贵族官僚的司法特权得到更加公开、明确、严格的保护。一直到明清,"八议"成为后世历代封建法典中的重要制度,历经千余年而经久不衰。

---

① 礼记 [M]. 胡平生,张萌,译注 . 北京:中华书局, 1985.

第四章
中国古代民事法律文化

　　中国古代到底有没有民法？这一问题曾引发近代中国对我国古代民商事法律研究的热潮。近代思想届的巨子梁启超最早提出中国无私法、无民法的观点。他说："我国法律之发达，垂三千年，法典之文，万牛可汗，而关于私法之规定，殆绝无之。"① 王伯琦旗帜鲜明地支持梁启超的观点，并在此基础上进行充分论证。而最先肯定中国古代有民法，认为"礼"就是中国古代民法的梅仲协则认为："依余所信，礼为世界最古最完备之民事法规也。"但面对春秋之后礼崩乐坏的历史事实，梅先生不得不承认，自商鞅变法、礼与刑的分界泯灭之后，只在律典的户婚、杂律中存有些许民法残留，"故中华旧法，以唐律为最完备。惜乎民刑合一，其民事部分，唯户婚、杂律中，见其梗概耳"②。当然，除了坚定的肯定说与否定说之外，还有一些法学名家坚持民刑合一之说，如杨鸿烈、戴炎辉、胡长清、杨幼炯、徐道邻、张镜影、林咏荣。除此之外，还有民法与礼合一之说，也有不少学者支持。总之，关于中国古代有无民法这一问题，自 20 世纪初始便多次引发讨论高潮。经过讨论，学界至少已形成了一个普遍共识："从广义来看，无疑在我国古代是存在调整民事财产关系和人身关系的民事法律规范的，亦即是存在民法的。" ③

　　对中国古代是否有民法这一问题的激烈讨论，其意义并不在于得出"有"或"无"这样简单的结论。更重要的是，学者们通过对这一问题的回答与论

---

① 梁启超 . 饮冰室合集：文集之十六 [M]. 北京：中华书局，1989.
② 梅仲协 . 民法要义 [M]. 北京：中国政法大学出版社，1998.
③ 陈嘉梁 . "民法"一词探源 [J]. 法学研究，1986（1）：67.

证,能够逐渐厘清更多学术问题的界定,能够不断深入古代民法的追根溯源,也能够推进古代民法的理论发展。多年来,学者们在深入研究后发现,由于小农自然经济以及宗法制度等诸多原因的影响,中国古代独特的政治、经济、文化结构是古代没有独立民法或者说造成民法发展缓慢的重要原因。但从家族制度、婚姻继承、土地制度、契约制度等一些具体的研究成果来看,中国古代虽没有形成独立的民法典,但确实存在大量民事法律规定。这些已有的研究成果大大加深了我们对中国古代民法的总体认识,也指引着我们进行更全面、更深入的研究。

第一节　中国古代民事法律的时代根基

一、小农自然经济的社会结构

以男性劳动力为主的基本农业生产与女性劳动力为主的纺织业紧密结合,形成了中国古代社会的小农自然经济模式。数千年来,中国社会的上层建筑就建立在这种经济基础之上。自然,中国传统法律也受到它的影响,带有它的烙印。[①] 中国传统经济的典型模式就是小农经济模式,是一种以家庭或家族为单位,通过男耕女织进行的一种小土地分散式经营方式。这种自给自足的简单经济形态,曾主导了数千年的中国传统社会经济。

(一)男耕女织

小农经济的生产方式的主要表现形式就是男耕女织。性别分工是古代社会农业生产分工的主要基础,男性通过在土地上进行精耕细作提供日常生活中的粮食,而女性通过纺纱织布提供生活必需的衣物,以此合作来满足人们日常生活中最基本的温饱问题。

粮食是人类生存必不可少的生活资料。数千年来,中国社会一直秉承着"民以食为天"的理念,因此粮食生产与种植素来成为社会生产的主业。以男性劳力为主的农民几乎把所有的精力都放在基本农业生产上,祖祖辈辈在土地上精耕细作。尽管在春秋战国时期中国就已开始使用铁制农具,但直至此后的两千余年间,传统农业生产一直以简单的铁器和木器为主要生产工具,

① 范忠信.小农经济与中华法传统的特征 [J].河南省政法管理干部学院学报,2000(6):19.

小农经济的生产技术与生产力一直处于较低水平。纺织业是推动小农经济发展的另一个重要方面，自古以来也是农村妇女的主要工作之一。布对于日常生活和社会交换来说都是必不可少的，在早期中国，布甚至作为货币进行流通使用。同时，布对于政权的运作也具有重要作用，每个家庭都有义务缴纳布匹、丝织品等以供应军队、皇室和贵族使用。因此，汉代地方官员不仅把督促农民种好地、努力生产粮食作为自己的主要职责，而且要督促他们种植桑、麻，以确保纺织原料的充分供应。[①]

男性所从事的基本农业生产与女性所从事的家庭手工业的结合造就了完美的小农经济生产方式，也解决了最基本的"衣食之需"。所以，中国古代大多数农户可以基本上不依赖于市场，甚至可以与商品经济相隔离。但如此一来，简单商品经济便失去了发展潜力，资本主义商品经济的发展也受到严重桎梏。这种极其稳定的经济生产模式决定了传统社会的政治、文化和法律注定是保守与稳定的，同时也造成了国家经济发展的相对落后。

（二）重农抑商

由于小农经济是一种分散、狭小的个体生产，农户之间几乎不需要经济联系，大多数人被牢牢控制在土地上，过着平静且安详的生活。历史规律表明，凡是小农经济充分发展的时候，国家就会呈现国泰民安的景象；相反，当小农经济遭到破坏，国家的政治、经济、军事、文化也会实力大减。在这种情况下，保护和维持小农经济、抑制商业发展便成为历代国家的治国上策，"重农抑商"便是其重要体现。

1. 重农政策

农业生产事关民众生活和国家生存，是人类历史文明演进的物质保障，因此在我国历史中始终占据极为重要的地位。春秋战国时期，重视农业生产已经成为统治者的施政纲领。商鞅曾明确指出："民之生，度而取长，称而取重，权而索利。明君慎观三者，则国治可立而民能可得。……故圣人之治也，多禁以止能，任力以穷诈，两者偏用，则境内之民壹。民壹则农，农则朴，朴则安居而恶出。"[②] 商鞅提出的兴农为治国之本的理论对后世影响深远，历代统

---

① 许倬云. 汉代农业 [M]. 桂林：广西师范大学出版社，2005.
② 诸子集成（五）：商君书 [M]. 北京：中华书局，1954.

治者皆推崇重农的政策并一直沿袭下来。

以农业为本的政策强化了小农经济,反过来,小农经济也促进了重农政策的法律化,二者相互促进、相互影响。首先,国家通过法律手段保障农民的土地占有权,并抑制土地的无限兼并状况。均田制是中国古代封建社会最主要的土地分配制度,根据国家的授田政策,无论是对拥有所有权的桑田、世业田或永业田,还是对拥有终生使用权的露田、口分田,历朝历代都严格限制买卖,以保障小农的土地占有。如《唐律疏议》严厉打击"卖口分田"的行为:"诸卖口分田,一亩笞十,二十亩加一等,罪止杖一百,地还本主,财没不追。"①此种限制一直到封建社会晚期仍得到保留。国家法律不仅限制土地买卖,还积极制定占田限制,抑制土地兼并,全面保证小农占有田产。汉武帝时,董仲舒就建议"限民名田,以澹不足,塞并兼之路"②,以此缓解严重的土地兼并危机。直到《大清律例》,仍然规定:"凡有司官吏,不得于见任处所置买田宅,违者,笞五十,解任,田宅入官。"③重农政策的有效落实,一定程度上保障了小农生产与小农经济的正常运作和发展。其次,国家法律防止苛捐杂税,并积极扶助小农产业。古代法律十分重视均平赋役,以保护小农阶层。《唐律疏议》《大清律例》中就有不少相关规定,统治者已经意识到要防范苛捐杂税,在税收方面还规定先富后贫的原则,防止横征暴敛,充分保护普通农户的利益。另外,国家还以法律的形式扶助小农,汉武帝时就规定"徙民屯田,皆与犁牛"④,唐代《田令》也有相关规定,宋代的"青苗法",实际上也是对生产资料的扶助政策与制度。通过具体的法律规定,国家以立法的方式帮助农民解决了生产经营中的种种现实问题,对小农经济的健康发展起到重要的保障作用。再次,国家法律奖励力田者,惩罚游惰之民,维护小农生产秩序。国家通过法律政令特别注意奖励孝悌力田之人。秦汉时期,国家通过免赋役、以粮买官、封官爵等方法奖励在家孝顺父母、勤劳耕田的农民,如西汉有令:"举民孝悌力田复其

---

① 唐律疏议 [M].北京:法律出版社,1999.
② 班固.二十五史:汉书 [M].上海:上海古籍出版社,1986.
③ 大清律例 [M].田涛,郑秦,点校.北京:法律出版社,1999.
④ 班固.二十五史:汉书 [M].上海:上海古籍出版社,1986.

身"①,"置孝悌力田二千石者一人"②。汉代关于赏赐力田者的记录颇多,有时一年赏赐二三次。除此之外,法律严厉打击那些游手好闲、怠于耕作之人。历代都有关于惩治游闲、怠耕的法令,商鞅时规定要将"怠而贫者"直接收为奴隶。《唐律疏议》也严厉打击"浮浪他所"以逃避农作、逃避赋役的行为,重者至徒三年。③ 这些法律制度的实施,对维护小农经济的经营秩序是极为重要的。

2. 抑商政策

中国古代社会在经济上以小农经济为主,商品经济始终没有得到质的发展,其中很重要的一个原因就是:封建统治者认为,农业才是社会财富的主要来源,才是稳定社会秩序、巩固统治的重要因素。商人具有强大的财富和社会凝聚力,商业的繁荣将威胁其统治基础,不利于封建王朝的统治。因此,必须采取"抑商"政策,稳定农业生产秩序,让农民安心务农。封建统治者为维护其统治,采取了各种严酷的措施以抑制商业的发展和商人阶层的壮大。

商鞅认为,最有效的办法就是"重关市之赋,则农恶商"④。所以,在具体的"抑商"方面,首先就是重征商税。商鞅变法,下令"不农之征必多,市利之租必重"⑤。汉朝统治者同样对商人阶层持敌意态度,历朝均规定大量限制商人及商业发展的法令,不仅向商人征收高额商税,且不许商人衣丝乘车,一再限制其发展、贬低其地位。其次,为阻止商人发展,法律还禁止商人做官。汉律规定:"贾人不得名田为吏,犯者以律论"⑥,"市井之子孙,亦不得仕宦为吏"⑦。这开启了剥夺商人参政的先河。直至明清,仍禁止三代以内工商子弟参加科举。再次,国家对特殊产品进行专卖也是抑制商业发展的重要方式。封建社会统治阶级对关系百姓日常生活的物品多实行专卖政策。《盐铁论》中有段话明确指出,官营的重要目的在于遏制富商大贾日益增长的影响,因

---

① 班固.二十五史:汉书 [M].上海:上海古籍出版社,1986.
② 班固.二十五史:汉书 [M].上海:上海古籍出版社,1986.
③ 唐律疏议 [M].北京:法律出版社,1999.
④ 诸子集成(五):商君书 [M].北京:中华书局,1954.
⑤ 诸子集成(五):商君书 [M].北京:中华书局,1954.
⑥ 班固.二十五史:汉书 [M].上海:上海古籍出版社,1986.
⑦ 司马迁.二十五史:史记 [M].上海:上海古籍出版社,1986.

为商人有能力聚集大批追随者。① 基于这样的出发点，盐铁专卖几乎贯穿整个封建时代，而盐的专卖控制尤其突出。最后，为限制商业的发展壮大，封建统治者甚至有计划地限制商人投资和强制迁徙。限制商人投资的领域主要是土地，汉武帝时即下令"贾人有市籍者，及其家属，皆无得籍名田以便农；敢犯令，没入田僮"②。秦朝始便强制商人迁徙，"发诸尝捕亡人、赘婿、贾人略取陆梁地、为桂林、象郡、南海、以适遣戍"③。这种强制迁徙，主要是为了限制商人兼并土地。当然，对于商人的打击，除了上述规定外，封建政权还对其进行精神和人格上的贬低。商人阶层被视为社会的底层，受到种种歧视。

二、中国古代的家族制度与家族法

"家"这个字对每一个人来说都代表着不同的含义。几千年来，无论是"家""家庭"，还是"家族""国家"，在每一个炎黄子孙心中都有着非凡的意义。"家"不仅是中国古代法律的主要角色，更是统治者维护其政权安全、社会稳定的重要基础。

（一）中国古代的家族制度

中国传统的家族制度，自原始社会末期产生，先后经历了原始社会末期开始的父家长制家族、殷周时期的宗法式家族、魏晋至隋唐时期的世家大族式家族以及宋以后的近代封建家族四个阶段。各个阶段的家族制度呈现出不同的特点。

1. 父家长制家族

家族制度，一般是以个体家庭为单位的社会组织形式。但远古人类经历了一段很长时期的群婚时代，这个阶段是没有个体家庭的，也不可能产生家族。因此，家族的产生经历了漫长的过程。人类从原始杂婚发展到血缘亲属间可以自由交配的血缘群婚，至此出现了人类历史上的第一个血缘家庭，这对当时来说是极大的进步。血缘群婚经过长期进化，人类婚姻有了进一步发展，开始进入族外群婚阶段。这一阶段，不同氏族的男女进行结合，夫妻双方属于不同的氏族，孩子随母亲生活，由此产生了第二种原始的家庭制度，即亚

① 许倬云. 汉代农业 [M]. 桂林：广西师范大学出版社，2005.
② 司马迁. 二十五史：史记 [M]. 上海：上海古籍出版社，1986.
③ 司马迁. 二十五史：史记 [M]. 上海：上海古籍出版社，1986.

血缘家庭。对偶婚可谓是群婚制发展的最高阶段，成对的男女长期或短期内过着相对稳定的同居生活，成为早期的一夫一妻制。此时的孩子已经既知其母又知其父为何人，父子关系已然产生。专偶婚是对偶婚发展的必然，也就是真正的一夫一妻制。专偶婚的发展，使氏族不断分裂，个体家庭开始大量出现，逐渐成为独立的生产、生活及婚姻单位。这一阶段的发展，为家族的产生创造了必要的条件。随着独立家庭的产生，氏族的职能不得不发生转变，开始朝着国家政权的方向发展，而氏族首领则演变为国家的统治者。原来大家庭中的父系家长对分裂出来的个体家庭依然具有统领作用，逐渐成为家族的族长。如此一来，以父系家长制为基础，建立在单个家庭之上，按一定血缘关系结合而成的新型社会组织——家族，便正式产生了。

2. 宗法制家族

在远古时期的周代，我们看到了最完备的宗法组织，这种组织是"同姓从宗合族属"[①]的一种结合，由大小宗分别统率。大宗是由承继别子的嫡长子所组成的，如《礼记》云："别子为祖，继别为宗，继祢者为小宗。"[②]而小宗是其余嫡子及庶子组成。所有小宗由大宗进行统率与管理，成为"大宗能率小宗，小宗能率群弟"[③]的情形。所谓宗法，其实也就是宗子法。许多学者认为："所谓宗法，实际就是在家族财产共有制度之下由嫡长子孙一支承继所形成的一个社会组织。而且由宗与被宗的关系，乃成一复杂的体制。"[④]也就是说，宗法就是确定继承顺序的一套家庭内部嫡庶长幼制度的方法。宗法制家族就是在这样的背景下在我国家族史上呈现的第二种家族形态。宗本身就是一种统率，宗子具有强大的统率权。如宗子权中最主要的便是祭祀权，在宗法体系中不是所有的子孙都有祭祀权，只有宗子才能祭其父祖。此外，宗子对全族负有财产权。宗法组织之下，各兄弟虽不一同居住，但有富裕的钱财必须上交宗内，若有需要则可以向族内申请。除此，族内凡有大事必须向宗子咨询与报告，如族内婚姻之事、生子之事，必须告诉宗子知悉。甚至，宗子还享有对族人的生杀大权等。所以说，在宗法制家族时期，宗子在家族中占据重要的统治地位，

---

① 礼记 [M]. 胡平生，张萌，译注. 北京：中华书局，1985.
② 礼记 [M]. 胡平生，张萌，译注. 北京：中华书局，1985.
③ 班固. 白虎通德论 [M] 上海：上海古籍出版社，1990.
④ 增资生. 中国宗法制度 [M]. 上海：商务印书馆，1946.

其有权主持祭祀、团聚家族、管理财产、处分成员等,甚至还可以统率家族抵御外族的侵犯。宗法制不仅对中国古代的家族及个体家庭具有深远影响,对古代社会政权组织与社会管理也具有重要意义,宗法制也深深影响了古代社会的法律观念。

3. 世家大族式家族

随着秦始皇的一统天下,宗法制彻底瓦解,个体小家庭得以迅速成长。商鞅变法后,户籍制度得以推行,开始由国家直接管理个体家庭,小家庭制开始在中国流行开来。但是,"战国、两汉时期,宗族组织虽然瓦解了,而个体小家庭聚族而居的现象却继续下来了"[①]。小家庭的宗族聚居,逐渐演变成家业世袭、利害与共的家族团体,两汉时期的强宗豪右就是典型代表。两汉的强宗豪右仍然属于血缘性的组织,宗族人口众多,并拥有强大的经济实力,深刻影响着地方的政治、经济、文化等诸多领域,甚至可以与地方政府相抗衡。另外,魏晋南北朝时期的世家大族也是家族制度发展的典型。据统计,它有高门、势家、世家、世族等28种称谓[②]。从魏晋到隋唐的几百年间,世家大族的概念和标准不断地发生变化,但其影响力却始终有增无减。世家大族的形成,与九品中正制的官吏选任制度密切相关。三国曹魏时期确立的九品中正制,使州郡的大小中正及主要官吏皆来自"著姓士族",达到了"尊世胄、卑寒士,权归右姓"[③]的目的。世家大族往往以家风家学传世,具有一定的社会声望,且以婚姻论门第,在等级森严的社会进行强强联姻,以此不断壮大家族势力。世家大族还非常重视谱牒,魏晋南北朝后,出现了家传、家谱与谱籍等多种形式的谱牒。世家大族虽然人数不多,但却在国家的政治、经济中占有重要地位,在社会上具有极为深远的影响力。

4. 近代封建制家族

魏晋南北朝时期,除了以士族为主的世家大族之外,还有许多其他形式的家族存在,如主要以血缘关系划分的宗族依然存在。但这一时期的宗族已与宗法制家族有很大不同,它是以简单明了的直系血亲为基础的"人各亲其

---

① 徐扬杰. 中国家族制度史 [M]. 北京:人民出版社,1992.
② 毛汉光. 中国中古社会史论 [M]. 上海:上海书店出版社,2002.
③ 欧阳修,宋祁. 二十五史:新唐书 [M]. 上海:上海古籍出版社,1986.

亲,人各子其子"①的分散式家族制。到了唐代中后期,随着商品经济的不断发展,私有化程度加深,农民逐渐脱离地主的人身依附关系,租佃地主的土地并建立自己的家庭,成为封建社会的主体之一。但是这样的个体小家庭其自身政治、经济状况极为脆弱,难以应对各类社会问题。且封建政权统治阶级也意识到,新建立起来的小家庭主体并不利于社会的和谐稳定,因此亟需建立新的社会组织,近代家族制度应运而生。这一阶段的家族制度与国家的政权已经完全分离,其存在的主要目的就是满足族人的政治、经济、文化等方面的现实需求,因此近代家族是专为宗族利益服务的一种组织,是一个有限度自治的宗族共同体。这一共同体的性质就是:"宗族共同体既非营利性团体,亦非具有一定政治目的的组织。它以维系子孙生存、展延祖宗血脉为立族宗旨,因此,稳定宗族社会关系,维持宗族秩序,以求得宗族自身的存在与发展,这就是目的。"②

(二)中国古代的家族法

1. 家族法的历史发展

由于家庭与家族概念的不同,家法与家族法的内涵以及范围也具有极大差异。根据考古史料记载,早在六千多年前的原始居民就已经有了对家法规则的简单认识与遵守。随着父家长制的出现,个体家庭开始从大家族中脱离,并迅速增长。人们的社会生活开始向着有序的方向发展,原始的习惯与规则开始被固定下来,并得以有效执行。在宗法制家族时代,家族内部已经有了家族法规的相关内容,但也仅仅是一些抽象的习惯而已,尚不能形成文字记载。直至三国两晋南北朝时期,开始正式出现成文化的家规家法。虽然此时的家法仍比较简单,缺乏详细的权利义务规范,也没有相应的奖惩措施,只是一些抽象的教导内容,但对于家法的发展来说仍是不小的进步。

唐代以后,家法、家训开始向着家族法的方向逐渐演进,这时候的家法已经非常规范,不再是单纯的原则性教导。家法的内容翔实具体,不仅规定了族人的权利义务,还制定了相应的惩罚举措,并规定要代代相传,必须遵守执行。如此一来,家法便转化成家族法。目前见到的最早的家法族规是江州陈

---

① 陶希圣.婚姻与家族[M].北京:商务印书馆,1934.
② 朱勇.清代宗族法研究[M].长沙:湖南教育出版社,1987.

氏的《义门家法》，① 与之前的家法相比已经相当具体规范，已非常接近法律规定的内容。宋代以后，近代宗族组织建立，也着手制定了一些宗族法规，但与唐代相比却不进反退。法规内容极不完备，仍停留在习惯与礼一类的原则性规定之上，缺乏具体详细的内容，因此导致在具体执行过程中问题百出，难以落实。明清时期，出于加强政权统治的需要，统治者们纷纷鼓励家族编撰家法族规，因此这一时期的家族法得到长足的进步。不仅数量上有了突飞猛进的增长，在内容和形式上也更加规范、更加明确与具体。此时的家族法在内容上非常翔实，几乎涉及生活的一切领域，在形式上也更加体系化、规范化，大多设款分项，条文清晰明确，一目了然。因此，明清时期的家族法在立法技术上有了巨大的进步。

2. 家族法的主要内容

家族法在不同时期、不同地域都有着较大的差异，但总体来说其主要内容不外乎关于族籍、财产、婚姻、继承以及教育等方面。中国古代的家族法对家族的发展与稳定起着极为重要的作用，同时也对国家政权的稳固承担着重要的职责。中国古代家国一体的政治经济发展模式，也是造成我国古代民法发展迟缓的重要原因。

（1）族籍的取得

宗族是以血缘关系为基础建立起来的社会组织，所以族籍的取得主要通过出生和婚姻而得。只有获得族籍，才算宗族的正式一员，才能享受族人的权利。因此，家族法中多有关于新生儿出生要登记或报告的规定，甚至还有入族谱的形式规定。如明初的《余姚江南徐氏宗范》规定："宗中生子，宜告知祖宗，请掌谱者备书子生年月日于副谱上，照例取名，毋得擅执己见，故犯宗讳。违者正之。"② 许多家族法中都有入族谱的详细规定，如具体的时间、程序以及需要缴纳的费用。但是，能够入族谱的一般都是男性后代，考虑到女子日后要嫁入他族，所以不能加入本族族谱。但是这并不是一成不变的，到了清代末期，已经逐步承认女子的族籍。如苏州彭氏宗族的族规就有："族中生产，

---

① 赵晓耕. 身份与契约：中国传统民事法律形态 [M]. 北京：中国人民大学出版社，2012.
② 费成康. 中国的家法族规 [M]. 上海：上海社会科学院出版社，1998.

不论男女,一体报庄注册,载明年月日时及父母名氏。"① 另外,出生后加入族谱还不算具有完全的成员资格,还需要经过一定的成年仪式,即男子需行"冠礼",女子需行"笄礼"。冠礼与笄礼前后,男女在族中的地位是不同的,其权利与职责也有着很大的差异。

除出生入籍外,婚姻的缔结也是外族女子取得本族族籍的重要方式。嫁入夫家的外族女子,有的家族法规定较为宽松,婚姻既成便自然取得族籍,但有的族法较为严苛,还需经过一定的程序,新妇才能正式入籍。如广东黄氏的《族规》规定:"凡子姓婚娶者,于亲迎吉夕,恬先虔谒祖祠,然后归家堂拜。盖夫妇家室,人伦造端,礼莫大焉。到拜谒者,祠与花红钱二百文。"②

(2)家族法的财产管理

在家族组织中有两种不同属性的财产划分,一种是以小家庭为单位的私有财产,另一种是家族的共有财产。关于财产的管理,是家法中非常重要的内容,家族法都有非常详细的规定。

对于家庭内部的私有财产,是受国家法律保护的合法财产,家庭成员能够独立地享有占有、使用的权利。但对家庭财产的处分权,家族法往往给予一定的限制性规定。出于家族稳定的需要,为了确保家族的经济实力,防止族内财产外流,家族法一般都会规定亲族的优先购买权。对于田产及家业的处分,要优先族内人,其次才是外族人。如《宋刑统》中规定:"应典、卖、倚当物业,先问房亲;房亲不要,次问四邻;四邻不要,他人并得交易。"③ 此外,对于族内私有财产的处分,还涉及家庭内部的分家析产,一般家族法也会进行干预。一般来说,家族法对家庭分家析产要求严格按照国家法律及传统习俗执行,遵循"诸子平分""妻妾定分"的原则。如江西的《鄱阳洪氏宗谱》在卷尾的《世训》中即重申:"兄弟同气连枝,产业家资,务要公平均分,毋得偏私竞争,有干不仁。"④ 并且,对于分家析产事宜,家族法普遍规定要有见证并监督执行分家契约。

家族共有财产一般主要来自先世的遗留,以及家族内具有一定身份资格

① 朱勇 . 清代宗族法研究 [M]. 长沙:湖南教育出版社, 1987.
② 费成康 . 中国的家法族规 [M]. 上海:上海社会科学院出版社, 1998.
③ 宋刑统 [M]. 北京:法律出版社, 1999.
④ 常建华 . 明代宗族研究 [M]. 上海:上海人民出版社, 2005.

的成员的捐赠,如有的家族法规定若族人出仕为官则应当捐送一定数额的钱财给家族,还有的规定凡是家族成员都有义务为家族捐赠财物。当然,共有财产还包括族产的孳息收入。对族内共有财产的管理,历来都是家族法中的重要内容,有的家族还专门设立规定管理族产。家族的共有财产,主要用于族内的公共事务,如祠堂、墓地的修缮、祖先的祭祀以及赈济贫苦的族人。族产是家族的经济基础,所以对家族的共有财产往往予以慎重的保护,严禁族产买卖,也不允许有变卖、典押等情况发生,如有违反将受到严厉的惩罚。

(3)家族法的婚姻管理

为了家族的兴旺与和谐,家族往往非常看重族人的婚姻大事,对婚配事宜分外慎重。因此,在家族法中更加细化了国家对婚姻方面的规定,而且还进行了大量的补充与完善。家族法规定要实行严格的族外婚,当然不仅仅出于优生学的考虑,更重要的是希望族人可以通过不同宗族间的联姻,实行强强联合,不断壮大家族的政治与经济实力。如此一来,关于婚配对象的选择,各个宗族都会针对自身的情况,选择门当户对的家族,尤其看重家族的家风与德行。如《浦江郑氏义门规范》规定:"婚姻必须择温良有家法者,不可慕富贵以亏择配之义。其豪强、逆乱、世有恶疾者,毋得与议。"[1] 另外,关于离婚的规定,虽然国家法律有"七出三不去"的规定,但在实际的家族生活中,为了家族的发展与个体家庭的和谐稳定,家族法并不提倡随意离婚,对男子"出妻权"的离婚自由往往也做出一些必要的限制性规定。如湖南新市李氏宗族制定的《宗规》规定:"(族人出妻时)本房房长、户首即宜苦谏力阻,或该妻实系犯出,亦必经鸣房长、户首,会同查议。公论无饰,方许从权,否则断乎不可。"[2]

(4)家族法的继承规定

诚然,继承本是家庭内部之事,家族一般不予过多参与。所以,家族只是在国家法律规定的基础上,对家庭内部的继承进行监督管理,并针对一些特殊情况下的继承事宜进行调节与处理。

继承一般分为宗祧继承与财产继承。宗祧继承,也叫宗法继承,是以血缘与辈分关系而继承宗庙世系的制度。宗祧继承又分为承继与立继,承继就

---

[1] 费成康.中国的家法族规 [M].上海:上海社会科学出版社,1998.
[2] 朱勇.清代宗族法研究 [M].长沙:湖南教育出版社,1987.

是按嫡庶血缘关系顺序而进行的继承,立继则是在没有直系嫡庶血缘关系的后代予以继承的情况下,选择相应后代进行继承的法律拟制继承。因此,家族法通常在立继方面予以族内规范。一般来说,立继优先在五服亲属之中依据亲疏远近选择合适的继承人,若五服之内没有合适的人选,则在五服之外同宗亲属间进行选择。由于宗祧继承人日后将以宗子的身份参加宗族的各种重大活动,因此家族对此十分慎重,一般严厉禁止异性入宗,所以各大家族法对此都有详细的规定。关于财产继承则比较简单,一般就是概括继承原则,财产与债务一并继承。家族对此并无更多干涉,只对继承人所继承财产的处分权进行监督,保证其不破坏继承顺序,按照诸子均分的原则分割其财产。

（5）家族法的教育规定

为了在社会中拥有稳定的社会政治、经济地位,中国古代的家族非常重视家族的教育,大都兴办教育事业。家族公共财产中还有专为家族学生学习而设置的田产,并以其田租的收入作为学生及私塾老师的专项费用。子孙的教育关乎家族的兴衰,因此,家族法中关于教育方面的内容非常丰富。

首先,家族法中对子孙教育的内容有详细具体的规定。如北宋的《临安钱氏谱例》记载:"宗族子弟读书,当择名师训之。宜遵礼法,教以孝、悌、忠、信、礼、义、廉、耻等事。如资质异常者,当荐拔之。"宗族法特别强调子孙教育要以德行为先,避免仅为求取功名而读书,要造就谦卑明礼、诚实忠信之人。如刘浆所作的《家劝录》要求:"子孙六岁以上,便于择老成有学行者教之。先知揖让尊卑之礼,稍长教以孝弟忠信,使底于成立,无忝尔祖。若夫举子业,非可语于今日者,但修学明经,使知义理而已。"① 还有的家族特别注意培养子孙学习治家理财,使其更好地适应社会生活,为家族发展存续做长久规划。其次,重视家族教育的家族还会设立私塾,并且对塾学的规模、老师的聘请、教学的方式方法以及学生的管理等进行详细的规定与规范。这种私塾教学在一定程度上还具有义塾的公益性。此外,家族子孙接受教育、参加科举,若能出仕为官,更是能光宗耀祖。因此,对于参加考试的子孙,家族法规定都会给予一定的经济补贴,以资鼓励。

---

① 费成康.中国的家法族规 [M].上海:上海社会科学院出版社, 1998.

（6）家族法的管理职能

家族作为以血缘关系为基础建立起来的社会组织，对家族内部的家庭及成员起着重要的组织与管理作用。因此，在家族法中，有着大量关于家族管理的具体规定。

一般来说，家族中普遍设有专门的管理者处理家族中繁杂的具体事务，家族法规定其任职的条件、产生的办法、职权范围以及相应的责任和义务。如宗子、族长、房长、家长都是家族的管理者，他们根据职权范围大小监督管理家族不同的事务。家族法的主要管理职责，首先就是敦促族人遵守国家法律规定，不得违反国家律令。家族法告诫族人务必遵守国家的统治与管理，不得与国家政权相抗衡，要按时纳税交粮、应役出差，积极履行各项义务。为保障子孙为官清廉，家族法还规定奖励廉洁奉公的出仕者；对于族内的纠纷事件，家族法大多强调"戒争讼"，不得擅自告官与兴讼。其次，维护家族内的各项秩序也是家族法的重要职责。家族法非常注重族内长幼尊卑次序的维护，如"凡宗族当循次第，长幼有序，尊卑有别，子孝父慈，兄友弟恭，礼亦如一。背者以不孝、不悌论"[1]。还特别注意加强男女之防的规定，如对男女交往严加限制，表彰鼓励贞节行为。再次，家族法规定禁止赌博、盗窃、斗殴、欺诈等败坏家族名声、有辱家族声誉的恶性事件。"士、农、工、商，各勤其事。近有赌博之徒，荒废职业，如狂如梦，典衣罄产，皆所不顾。若不严禁，何以挽其颓风。"[2]

第二节　中国古代社会的婚姻法与继承法

一、中国古代社会的婚姻

中国是一个以农为本的自然经济社会，生产生活的运转主要靠个体家庭来承担。因此，家庭是社会的细胞，是构成社会的基本单位。而构成个体家庭的婚姻关系在中国古代社会的发展过程中便具有非凡的意义。

1. 婚姻的目的和形式

（1）婚姻的目的

《礼记·昏义》载："昏礼者，将合二姓之好，上以事宗庙，而下以继后世

---

① 费成康.中国的家法族规 [M].上海：上海社会科学院出版社，1998.
② 朱勇.清代宗族法研究 [M].长沙：湖南教育出版社，1987.

也。"简单一句话将中国古代社会婚姻的直接目的阐述得清晰又明确。《礼记》中的这一描述,充分体现了中国古代社会家族本位的婚姻观,表明古代婚姻的主要目的就是"上以事宗庙"和"下以继后世"[1],即祭祀祖先和绵延子嗣。

祭祀祖先在古代社会是家族中最重要的事,是子孙后代对祖先应尽的神圣义务,所以为了能够使这一重大事业得以延续,必须家族人丁兴旺,子嗣不绝。所以,古代婚姻最主要的目的就是祖先祭祀,让祖先可以永远享有"血食"。《辞源》记载:"古时杀牲取血,用以祭祀。"[2]"血"是祭祀所用牲畜的血,"血食"指的是让神或祖先享用祭祀牲畜之血。古代社会人们普遍认为,此世界之外一定还存在着另一个世界,死去祖先的灵魂便是进入了另一个世界。古人相信祖先神灵是血食的,若没有后人予以祭祀,提供血食,那么祖先便成为无祀之鬼了。所以为了使祖先可以永远享有血食,婚姻便承担着家族永续、香火不断的重任。

婚姻的另一重要目的便是繁衍后代。出于对祖先的崇拜和信仰,古人坚信祖先对后世子孙起着重要的庇佑作用。因此,子孙只有通过祭祀让祖先永享血食,才能得到祖先的永久庇佑,家族方能兴旺发达、长盛不衰。但古代社会唯有男性才有权对先祖进行祭祀,所以婚后生育问题,尤其是生育男性便成为一件至关重要的大事。在古代社会,结婚不是男女两个人的私事,而是关乎两个家族的大事。对古人来说,婚姻是子孙对祖先的应尽义务,不结婚或者婚后没有后代被视为大不孝的严重行为。孟子曰:"不孝有三,无后为大。"[3]"无后"则意味着祖业无人继承,家族无法延续,更意味着祖先无人祭祀,所以"无后"在古代被视为不孝之至的行为。成年女性嫁入夫家,便要承担起"事宗庙""继后世"的重要责任,若不能为丈夫生下男孩,甚至还要面临被休弃的风险,这是古代法律离婚制度"七出"的重要内容之一。生养子嗣既然是结婚的重要原因之一,那么子嗣血统的纯正问题也极为重要。古人笃信"神不歆非类,民不祀非族"[4],所以若妻子所生非丈夫之子,孩子的血统非家族纯正血统,则无法祭祀祖先,也不能延续家族香火,这在古代社会是不能容

---

① 阮元.十三经注疏 [M].北京:中华书局,1980.
② 辞源.影印本(修订本) [M].北京:商务印书馆,1988.
③ 阮元.十三经注疏 [M].北京:中华书局,1980.
④ 阮元.十三经注疏 [M].北京:中华书局,1980.

忍的行为。由此可见,婚姻突出地体现了承嗣敬祖这一神圣目的。①

（2）婚姻的形式

聘娶婚是中国传统婚姻的主要形式。自西周以来,建立在"礼"基础之上的聘娶婚成为历代法律保障的主要婚姻形式。所谓聘娶婚,就是男子因聘的程序而娶,女子因聘的方式而嫁。②聘娶婚要遵循严格的程序要求。《礼记》中对于婚姻的描述就是典型的聘娶婚:"男女非有行媒,不相知名;非受币,不交不亲。故日月以告君,齐戒以告鬼神,为酒食以召乡党僚友,以厚其别也。"③男女二人结为夫妻,要非常正式且严谨,不仅要有媒妁之言,还要有收受聘礼的过程,并且要以酒食招待亲戚朋友,昭告天下,表示二人结为"两姓之好"的意愿。若没有这样正式的程序与过程,婚姻关系则会被质疑甚至会受到族人乡里的轻视。

但根据史料记载,除了聘娶婚这一主流形式之外,还有其他许多婚姻形式存在。如在原始社会后期已初见雏形的掠夺婚,男子以掠夺的方式,不经女子家属及本人的同意,强行将其抢来作为妻妾的婚姻形式。这种婚姻形式在史籍中有不少记载。买卖婚的历史也非常久远,先秦时期买卖婚已非常普遍。婚姻完全成为一种交易,女子如同货物可以自由买卖,只要支付相应对价即可获得。服役婚指男子需要在女子家服役一定期限,之后才可以娶女子为妻,服役作为娶妻的相应对价。这种婚姻方式也是在少数民族中比较常见。交换婚的形式也比较常见,一般有两种类型:一种是古代贵族官僚之间的交换婚,两个家族为了达到壮大宗族势力、强强联姻的目的,而交互为婚;另一种则是普通人家之间兄妹、姐弟互换通婚,也就是民间的"亲上加亲"。除此之外,还有民间所谓的"赘婚",即男方嫁到女方结婚落户的婚姻形式。这样的婚姻形式在古代男尊女卑的背景下,男方往往会受到世人的轻贱与歧视,社会身份地位也极低。此外,中国传统婚制中还有一些婚姻形式,如选婚、赠婚、收继婚、接脚婚。如此,正如陈顾远先生曾指出:"嫁娶之事实随时代而有变迁,依环境而呈异态,于是其方法亦难仅限于一种。"④

---

① 刘向明.先秦婚姻规范的宗教性 [J].韩山师范学院学报,1998（3）:44.
② 赵晓耕.身份与契约:中国传统民事法律形态 [M].北京:中国人民大学出版社,2012.
③ 礼记 [M].沈阳:辽宁教育出版社,1997.
④ 陈顾远.中国婚姻史（影印本）[M].上海:上海文艺出版社,1987.

2. 婚姻的禁忌

婚姻的禁忌指的就是法律规定的禁止结婚的情况。一般来说,主要包括有亲属身份的双方禁止结婚的情形,由于双方社会地位、身份差异导致不允许结婚的情形,以及在礼制规定的特殊时期禁止结婚等几种情况。

(1)基于亲属身份禁止结婚的情形

中国古代社会特别看重人际伦常,因此对于有违道德伦常的婚姻关系是绝对不允许的。基于此,一定范围内的亲属之间是禁止进行婚配的,族内婚、姻亲婚以及亲属妻妾不婚等都属于这类情形。

族内婚主要是指同姓不婚的情形。同姓不婚是一个很久的传统禁忌,大概自周代开始便有相似规定。如《礼记》曰:"系之以姓而弗别,缀之以食而弗殊,虽百世而婚姻不通者,周道然也。"①"女生为姓,姓者生也。"② 所以说姓的本意是血统的原始标志,最初同姓的人都具有相同的血统。在长期的生活中,古人发现同姓为婚生育的后代问题多多,因此便提出了"男女同姓,其生不蕃"③"同姓不婚,恶不殖也"④,禁止同姓为婚。这一规定不仅是出于优生的考虑,更是出于礼制与伦常。小农自然经济背景下的古代社会,个体家庭往往聚族而居,同姓为婚将为族内伦常关系的混乱带来风险,因此被坚决禁止。此外,族内不同辈分的亲属间也禁止结婚。其实唐代以前,婚姻中的辈分问题并不被关注与禁止,史料中有很多关于不同辈分亲属同嫁同娶的记载。如盛行滕嫁的春秋战国时期,有很多姑侄同嫁的例子,宫廷之中也很普遍。尊卑不婚始于唐代。唐人认为,不同辈分亲属间存在服制关系,互为通婚有悖人伦,要绝对禁止。出于家族伦常与礼制的维护,后世对此规定均采取了沿袭的态度。

由于亲属身份不准结婚的情形还包括一定范围内的姻亲,如中表不婚。中表关系一般指姑表、姨表兄弟姐妹之间。唐代以前,中表婚在社会中极为普遍,法律并不禁止。但唐宋以后,就有了禁止中表婚的律条,如"中表为婚,各

---

① 礼记 [M].胡平生,张萌,译注.北京:中华书局,1985.
② 许慎.说文解字 [M].北京:中华书局,1963.
③ 阮元.十三经注疏 [M].北京:中华书局,1980.
④ 国语 [M].沈阳:辽宁教育出版社,1997.

杖一百,离之"①。明清则规定:"若娶己之姑舅两姨姐妹者,杖八十并离异。"②但是虽律令规定如此,在现实中却普遍认为中表婚为"亲上加亲"的行为,所以屡禁不止。而民间的态度一般也以不告不理为原则处之。

还有一项存在于血统之外的禁忌婚,即亲属的妻妾与其夫家其他亲属之间禁止结婚的情形,也就是民间所谓的转房婚或者收继婚。依法律规定,妻妾与族内其他亲属发生性行为,属于通奸罪,是非常严重的犯罪行为。因此,历代均严厉禁止妻妾与其他亲属通婚。但事实上,古代社会兄收弟妻或弟收兄嫂是相当普遍的。尤其是经济条件较差的穷苦人家,一般都保有这样的婚姻习惯。这样的婚姻往往由父母主婚,地保见证,经过简单的婚姻仪式便宣告婚姻关系成立。所以,在法律看来属于禁忌,但社会仍普遍承认。

（2）基于社会地位等身份禁止结婚的情形

中国古代社会是建立在礼制基础上的等级社会,人们之间由于社会身份与地位的差异,在婚配中也受到诸多严格限制。如第一章中已涉及的士庶不婚、良贱不婚就属此种情形,还包括出于宗教原因的僧道不婚的情形以及其他一些情形。

门当户对,向来是中国传统社会婚姻缔结的重要方面,而严苛的等级制度也是婚姻缔结难以逾越的鸿沟。第一章谈到等级与婚姻的关系问题时,便已简单介绍过士庶之间、良贱之间由于等级差异与身份的不同,彼此互不通婚的情形。士族权贵与普通庶民之间壁垒森严,世家大族为了显示其尊贵的身份,不屑于与庶民交往,更严厉禁止与其通婚。若士族与庶族通婚,不仅会受到同僚的讥讽,甚至还会受到法律的制裁。士庶不婚的情况直到隋唐时期才被打破。五代之后,才最终得以"取士不论家世,婚姻不问阀阅"③。在士庶不婚的影响下,良贱不婚的风气也愈演愈烈。由于贱民社会地位较低,在很多方面都受到限制。南北朝时期,"良贱"的划分已经上升为国家的法律。如北魏高宗曾下诏:"夫婚姻者……尊卑高下宜令区别……今制:皇族师傅王公侯

---

① 窦仪.宋刑统[M].北京:中华书局,1984.
② 大明律例[M].北京:北京大学出版社,1993.
　　大清律例[M].北京:中华书局,2015.
③ 郑樵.通志二十略[M].北京:中华书局,2000.

伯以及士民之家,不得与百工技巧卑姓为婚。"①历代对良贱不婚都予以明确规定并不断完善,直到辛亥革命后这种风气才得以好转。

此外,基于特殊身份而禁止结婚的情形还有僧道不婚。按照宗教的清规戒律,僧侣、道士等宗教人员不允许有性行为,结婚更是被绝对禁止的。历代法律都有规定,如唐律规定"凡道士、女道士、僧、尼……和合婚姻……皆苦役也"②。

（3）基于特定时期禁止结婚的情形

在依礼制或法律规定的守丧期内结婚的行为,也称"违时嫁娶",这在古代社会是被绝对禁止的。中国古代社会重视礼制与人伦,嫁娶时间必须符合礼制和法律的规定。一般来说,在下面三种丧期之内不得进行婚嫁事宜:居尊亲丧期间不得嫁娶、居配偶丧期间不得嫁娶、值帝王丧期间不得嫁娶。远在西周时期,便有尊亲丧内不得嫁娶的规定,《礼记》记载:"女子二十而嫁,有故者二十三而嫁。"女子在为父母服丧期间不得婚嫁,因此不仅不合礼制,还有违法令。这一规定被世代延续。居配偶丧不得嫁娶主要针对的是女子,女子有义务为亡夫守丧,期间不得另嫁他人,若违反则会受到法律的处罚。但依现有史料,并无男子为妻守丧的相关规定。除此之外,国丧期间,不得随意婚嫁。对于帝王或王室成员的国丧,全国人民都要遵守。一般而言,权贵官吏阶层要守丧一年,而普通庶民则需守丧三天。在此期间,不得嫁娶。如《红楼梦》中提到皇帝敕谕为太妃服丧:"凡有爵之家,一年内不得筵宴音乐,庶民皆三日不得婚嫁。"③

3. 婚姻的缔结与解除

（1）婚姻的缔结

从婚姻的目的中可以看到,婚姻有着"上事祖先,下继后世"的作用,可见古人对婚姻的重视程度。古代婚姻的成立主要包括三个要件,即"父母之命""媒妁之言""六礼"程序,这三个要件自西周时期便以礼的形式被固定下来,世代承袭。一般来说,经过以上三个要件则宣告婚姻的正式成立。

---

① 魏书 [M].唐长儒,点校.北京:中华书局,2018.

② 唐六典 [M].陈仲夫,点校.北京:中华书局,1992.

③ 曹雪芹.红楼梦 [M].北京:人民文学出版社,1979.

所谓"父母之命"，此处之"父母"应做广义理解，用"家长"来代替应该更容易解释与理解。中国古代的婚姻是"合二姓之好"，但该二姓之好却毫不关乎男女本人的意愿，完全是双方"家长"的意志。该"家长"中，父母、祖父母作为直系尊亲属，享有绝对的主婚权，可以直接决定子女的婚姻大事，不容子女违抗；在没有直系尊亲属时，其期亲尊长，伯叔父母、姑、兄、姊即享有一定的主婚权；即便没有以上亲属，期亲以外的尊亲属也可作为名义上的主婚人。因此"娶妻如之何？必告父母"①。"家长"的同意与否，是婚姻关系成立的必要条件。

媒妁之言是婚姻关系成立的要件之二。《诗经·卫风·氓》曰："匪我愆期，子无良媒。"② 东汉许慎《说文解字》对媒妁的解释为："媒，谋也，谋合二姓者也；妁，酌也，斟酌二姓者也。"③ 媒妁就是斟酌具体情况，帮助两姓男女缔结婚姻的中间人。因此，媒人的角色至关重要，在礼制上受到相当的重视，自西周始便也成为婚姻成立的一个必要条件。按照传统礼制的要求，"女无媒而嫁，君子不行也"，甚至"男女非有行媒不相知名"④，所以，男女婚姻的缔结没有媒人的话便会受到质疑与非议。唐代以后，"媒妁之言"甚至直接由"礼"入"法"，成为国家正式的律令。媒人是古代婚姻关系中非常重要的角色，即便在当代社会婚姻关系中，媒人依然起着重要的作用。

"六礼"制度是古代社会婚姻成立的要件之三。依据《礼记》和《仪礼》中关于婚礼的记载，"六礼"包括纳采、问名、纳吉、纳征、请期、亲迎六项，这是中国传统婚姻最完整的程序，也是古代婚姻中最具特色的部分。简单来说，纳采指的是男方托媒人到女方家求婚，表明心意；问名指男方求取女方的姓名、生辰八字等信息，便于入宗庙进行占卜吉凶；纳吉指占卜到吉兆后要告知女方，女方没有异议则给男方"报婚书"；纳征是指男方在结婚之前要向女方提供一定数目的彩礼，作为缔结婚姻的证据；请期就是双方选定婚期；亲迎是指男方在结婚之日亲自去女方家迎娶新娘。经过以上六项烦琐的程序之后，成妻之礼就算完成了，男女双方正式成为夫妻。但此时的新娘还不能算正式的

---

① 阮元.十三经注疏 [M].北京：中华书局，1980.
② 阮元.十三经注疏 [M].北京：中华书局，1980.
③ 许慎.说文解字 [M].北京：中国戏剧出版社，2007.
④ 阮元.十三经注疏 [M].北京：中华书局，1980.

家族成员，新娘还有更重要的成妇之礼需要完成，即"谒姑舅"和"庙见"。《礼记》中有描述新娘在成婚之次日清晨沐浴盛装执贽拜见公婆、祭醴馈食的仪式。并且新娘三个月后还要庙见，与宗族的祖先经过拜见的仪式之后，才算正式加入夫家，获得族籍，拥有祭祀与被祭祀的资格。

（2）婚姻的解除

古代婚姻的目的既然以家族为中心，以绵延子嗣为重点，那么不能实现这一目的自然成为被解除的理由。汉代记载于《大戴礼记》的"七去"制度较早体现了古人关于解除婚姻的规定，其记载："妇人七去：不顺父母，为其逆德也；无子，为其绝世也；淫，为其乱族也；妒，为其乱家也；有恶疾，为其不可与共粢盛也；口多言，为其离亲也；盗窃，为其反义也。"① 一直到唐代，才将休弃妻子的七种理由"七出"制度正式列入法律规定之中。从以上"七出"的条件看，不难发现除"盗窃"一项关乎个人的德行之外，其余六项无一不与家族有关。

其一，无子显然与婚姻最主要的目的相违背，无子将无法"下继后世"，所谓"不孝有三，无后为大"，此种婚姻将被解除。但事实上，因为无子被出的记载并不多见，因为该条还附有一些限制条件，如年龄限制：法律规定必妻年五十以上无子，才受此条拘束②，并且若有"三不去"之一的情形也不能被出。其二，妻有恶疾便不能参与族内的祭祀活动，因此也就无法完成婚姻之"事宗庙"的神圣目的，所以也就成为解除婚姻的法定事由。其三，在家族本位的等级社会中，事姑舅成为子妇的天职。古人说："子妇未孝未敬，勿庸疾怨，姑教之，若不可教而后怒之，不可怒，子放妇出而不表礼焉。"③ 所以，不顺父母被视为逆德，也成为出妻的重要理由。其四，淫乱足以紊乱家族血统，妒忌、多言都会影响家族的和睦，这都不利于家族的和谐与稳定，因此当然地成为出妻理由。其五，盗窃一项不仅关乎个人的德行问题，且妻还有"外心"之嫌疑，这也关乎整个家族的稳定与团结，所以便成了出妻的理由。"七出"制度给予了男方极大的婚姻解除权，但并非毫无限制规定。"七出"之后还有"三不去"

---

① 戴德．大戴礼记［M］．济南：山东友谊书社，1991.
② 唐律疏议［M］．岳纯之，点校．上海：上海古籍出版社，2013.
　　窦仪．宋刑统［M］．北京：中华书局，1984.
③ 礼记［M］．胡平生，张萌，译注．北京：中华书局，1985.

的例外规定,即使妻子符合"七出"的条件,但若有如下三种情形,便不许休弃:"一、经持舅姑丧;二、娶时贱后贵;三、有所受无所归。"[1]可以说,"三不去"是对男方出妻的限制,一定程度上避免了因为出妻造成的许多社会问题,具有积极的意义,对于婚姻和家族的稳定起到了重要的保护作用。

"七出"之外,婚姻解除的另一条件是"义绝"。这里的"义"并非感情意义上的"情义",而是伦理意义上的夫妻之义。"义绝"主要指夫妻及亲属间有相侵犯的行为,如丈夫对妻子家族、妻子对丈夫家族有殴杀、奸非等行为,或双方亲属间有殴杀、奸非等行为。夫妻原以义合,如此一来,恩义断绝,无法相处,所以这些行为是导致婚姻解除的客观原因。"七出"的决定权在夫家,不同于"七出"制度,"义绝"一经官方认定,则夫妻必须离婚,无论夫妻双方是否愿意,所以其决定权在法律。"义绝"不仅表现出婚礼的基本精神,更反映出家族本位主义对婚姻的巨大影响。

二、中国古代社会的继承

中国古代是一个以家族为本位的传统社会,因此家族的身份及财产能够世代得以继承就显得格外重要。从内容来说,继承一般分为身份的继承和财产的继承。身份的继承可以使家族的社会地位得以长久维持,从而保证家族在等级社会中一直处于优越尊贵的层级;财产的继承则是为了使子孙后代可以在经济上衣食无忧,将家族产业不断发展壮大,世代承袭。

(一)中国古代继承法的特点

在这个绵延五千年的文明古国里,以血缘关系为纽带的宗法结构对古代继承法有着深刻的影响。概括来说,中国古代继承法的主要特征主要包括如下几点。

1. 身份继承重于财产继承

中国的古代社会是一个身份性社会,对于社会成员来说,无论达官显贵还是普通庶民,其社会身份与地位的意义远胜于其家资财产。因此,在中国古代社会的继承关系中,身份继承的意义远远超过对财产的继承。其中,身份还可分为家族身份和社会身份。家族身份的继承主要是对于家族祭祀权的

---

① 唐律疏议 [M].岳纯之,点校.上海:上海古籍出版社,2013.

继承,而社会身份的继承主要继承的是家族的爵位。一般认为,自商代始,王位的继承原则便是兄终弟及与父死子继并行。到西周时期,宗法制逐渐形成,由此便形成了嫡长子继承制,如"立嫡以长不以贤,立子以贵不以长"①,这种继承主要是针对帝王、贵族政治身份的继承,财产的继承则是次要方面。

2. 男性继承高于女性继承

自古以来,中国就有"男女有尊卑之序,夫妇有唱随之礼,此常理也"②的思想观念,这一根深蒂固的价值观念在继承法中充分体现了"长幼有序、男女有别"的伦理特点。因此,在传统社会的嫡长子继承制中,根本不可能存在女性继承家族身份的情况。但是,对于财产的继承,依据法律规定,部分女性有权得到家族的财产,但其继承份额也远远低于男性。在中国古代,家族中女儿的继承权与其婚姻状况密切相关,根据婚姻状况,女儿可分为在室女、已嫁女和归宗女。已嫁女一般是没有继承权的,归宗女的继承权也受到严格的限制。但在室女的继承地位较高,和诸子一样享有继承权,但是继承份额较少,有的仅是一份嫁妆而已,有的只有儿子的一半,如南宋法律规定:"在法,父母已亡,儿女分产,女合得男之半。"

3. 法定继承优于遗嘱继承

对于中国古代是否存在遗嘱继承,学界始终存在争议,但大部分学者持肯定态度。但和当代遗嘱继承优先原则相反,中国古代法律强调法定继承优于遗嘱继承。根据现存史料记载,关于遗嘱继承最早的法规是唐宋时期的《丧葬令》,其中对遗嘱继承有诸多限制性规定。古代遗嘱继承的前提必须是"身丧绝户"或"财产无承分人",北宋、南宋对此都有规定,如"今后户绝之家……若亡人遗嘱,证验分明,依遗嘱施行"③。此外,遗嘱必须以书面遗嘱为有效,并要求有见证人在场,甚至还要有"官给凭证"。有的对遗嘱继承的实效还有限制规定:"遗嘱满十年而诉者,不得受理。"④

---

① 春秋公羊传 .[M].黄铭,曾亦,译注 .北京:中华书局, 2016.
② 周易 [M].上海:上海古籍出版社, 1987.
③ 徐松 .宋会要辑稿 [M].北京:中华书局, 1957.
④ 名公书判清明集 [M].中国社会科学院历史研究所宋辽金元史研究室,点校 .北京:中华书局, 2002.

4.生前继承并行死后继承

依据现代民法规定,继承一般都以被继承人死亡之时开始。与此不同,中国古代关于继承时间并没有特别规定。一般来说,继承关系是以被继承人死亡之后开始为主,但是在现实中,被继承人在世就已经实现继承的情况也非常多见。如历史中唐高祖李渊传位给李世民、清乾隆传位于嘉庆,都是在被继承人尚在人世时实现继承的。[①] 财产继承也有相似情形,典型例证便是商鞅变法规定的"民有二男以上,不分异者,倍其赋"[②],该条就是将家产分割提前到了家长生前进行。总之,继承时间在当时并不是十分重要之事,只要有利于家族的整体利益和家族的稳定,继承便可发生。

(二)身份的继承

身份的继承是古代社会最重要的继承,比财产继承重要得多。身份的继承包括宗祧继承和爵禄继承。身份继承不仅保证了家族的社会地位以及各项特权,有利于宗法秩序的稳定与维护,同时对社会等级结构的稳固也具有重要意义。

1.宗祧继承

宗,指宗庙,祧,指远祖之庙。宗祧继承一般又称宗法继承,主要是根据血缘和辈分关系继承宗庙世系的制度。如前多次所述,中国古代社会非常重视祭祀,婚姻最重要的目的便是祖先祭祀,因此宗祧继承意义重大。自周代起,宗法制逐渐完善,而嫡长子继承制便发展成了历代百世不易的继承原则。在中国的传统社会,男子明媒正娶的妻室为嫡,其所生之子为嫡子。在宗祧继承上,有继承权的人仅限于嫡长子。若嫡长子故亡,则由嫡长子的嫡长子继承,叫承重孙、嫡长孙。没有嫡长子、嫡长孙的,则由庶子继承,但是并不合规,会受到一定的法律制裁。依《唐律疏议》记载,宗祧继承的顺序一般为嫡长子、嫡长孙、嫡长子同母弟、庶子、嫡孙同母弟、庶孙。但是,对于无子的情况,为了使死者"香火不断",祖先可以"血食永享",就需要为死者选定继承人。对于无子的家庭,一般应当在同族、同宗中选择与其关系最近、昭穆相当的子侄等人作为继承人选。如《宋刑统》规定"诸无子者,听养同宗昭穆相当

① 赵晓耕.身份与契约:中国传统民事法律形态 [M].北京:中国人民大学出版社,2012.
② 司马迁.史记 [M].北京:中华书局,1959.

者"①,而昭穆相当的立继人应当是被继承人的晚辈亲属。《大明律例》中也规定"有子立长,无子立嗣"②,嗣子必须从同宗近支或同姓的亲属中选择昭穆相当之人。清代非常重视宗祧继承,对继承的方式、范围、顺序等都做了极其详细的规定。总之,宗祧继承是为了祭祀,更是为了实现继承祖先政治身份与地位的目的,对整个家族来说具有非同一般的意义。

2. 爵禄继承

封爵制度可谓历史悠久,早在周代就已广泛实行。周代的爵位已经有了明确的划分,不仅有封土,还可以建国,甚至可以拥有自己的军队。秦汉以后至隋唐时期,关于封爵的各项规定渐进增加与调整,封爵制度不断得到丰富与完善。西汉确立了嫡子继承爵位的原则。爵位的继承仅限于亲子,纵有孙子、养子、侄子都不能继承。随着西汉"推恩令"的颁布实施,爵位继承人的范围逐步得到扩大。南北朝时期,爵位的继承已不限于子孙,甚至旁系亲属都可继承,如"子长成袭爵,卒,无子,弟德成袭爵"。宋代也有类似记载,弟弟、侄子等人都可以继承爵位。封爵继承制在唐代得以正式确立,规定由子孙承嫡传袭,如《唐六典》有规定:"诸王公伯子男皆子孙承嫡者传袭,若无嫡子及有罪疾者,立嫡孙;无嫡孙,以次立嫡子同母弟;无母弟,立庶子;无庶子,立嫡孙同母弟,无母弟,立庶孙。"唐以后的封爵继承制,大都承袭于此。清代承袭爵位的范围更加广泛,本支无子孙的可以由近支承袭,如《光绪会典》中规定"凡袭爵则辨其系……本支无人,准以近族承袭。再无人,则除其绝"。

(三)财产的继承

1. 继承原则:诸子均分

在中国传统社会,财产继承一般称为"析产",而关于继承的主要原则就是平均主义,即诸子均分。所谓诸子均分,指的是被继承人的儿子们可以平均分配财产。如唐代《户令》规定:"应分田宅即财物,兄弟均分,妻家所得财产,不在分限,兄弟亡者,子承父分。兄弟俱亡,则诸子均分。"③宋代立法基本沿袭唐律,但两宋的继承法比唐律更加具体详细。明清两代关于财产继承份

---

① 窦仪.宋刑统[M].北京:中华书局,1984.
② 大明律例[M].北京:北京大学出版社,1993.
③ 宋刑统[M].北京:中华书局,1984.

额的规定,是在历代继承制度之上的继承与发展。如"嫡庶子男,除有官荫袭,先尽嫡长子孙。其分析家财田产,不问妻妾婢生,止以子数均分。奸生之子,依子量与半分,如别无子,立应继之人为嗣,与奸生子均分。无应继之人,方许承继全分。"① 但金代对财产继承重诸子均分这一原则的贯彻,稍有修改与不同,如《元典章》中记载:"应分家财,妻之子各四分,妾之子各三分,奸良人及辛婢子各一分。"② 元代沿袭了金之规定。但是,金、元两代虽然在财产继承份额上嫡庶之子有所不同,但是身份相同之子的继承份额仍然是相同的,足见诸子均分原则即使在金元时也未被摒弃。③ 综上可见,诸子均分,实乃秦汉以来中国封建社会继承制度的显著特点。

诸子均分的思想源于中国传统的平均主义观念,如《论语》曰:"有国有家者,不患寡而患不均。"④ 统治者仅从问题的表象出发,着眼于解决因分配"不均"而带来的问题,却不能从实质上去解决"寡"这一难题。统治者普遍认为,只要"均"便可达到"无贫",而达到"均无贫"⑤,即可臻于"和无寡,安无倾"⑥。因此,平均主义原则是统治者减少民事诉讼、稳定社会秩序、巩固封建统治的有效途径。

2. 遗嘱继承

如前所述,中国古代关于遗嘱继承的效力远低于法定继承。但据现有史料记载,作为一种便捷且灵活的继承方式,遗嘱继承在财产继承中仍起着重要的作用,历代关于遗嘱继承的现象仍非常普遍。

汉代,被继承人通过生前立遗嘱来解决继承问题的现象已非常普遍。从形式上看,汉代遗嘱文书的制作已具有相当高的水平,不仅包含订立时间、遗嘱人、遗嘱内容、遗嘱见证人及担保人,甚至还有公证效力的行政官吏监督的记载,较为完善。再如,唐代《丧葬令》记载:"若亡人在日,自有遗嘱处分,证

---

① 明代律例汇编 [M]. 台北:"中央研究院",1979.
　　大清律例 [M]. 北京:法律出版社,1999.
② 元典章 [M]. 北京:中国书店出版社,1990.
③ 元典章 [M]. 北京:中国书店出版社,1990.
④ 论语 [M]. 沈阳:辽宁出版社,1997.
⑤ 论语 [M]. 沈阳:辽宁出版社,1997.
⑥ 论语 [M]. 沈阳:辽宁出版社,1997.

验分明者,不用此令。"① 宋仁宗颁布的《户绝条贯》载:"若亡人遗嘱证验分明,并依遗嘱施行。"② 从中可知,唐宋两代对遗嘱继承的效力,均予以认可,且宋代对遗嘱继承的内容更加丰富。宋代虽然承认遗嘱继承的方式,但要求有效的遗嘱必须经过法定的程序,即经过官府认可,加盖公章,并颁发证明文件。另外,宋代在承认遗嘱继承的同时,还充分保护法定继承人的合法继承权,对遗嘱继承人的范围进行了限制与明确。如嘉祐遗嘱法规定:"财产别无有分骨肉,系本宗不以有服及异性有服亲,并听遗嘱。"③ 而对于口头遗嘱、造假或伪造的遗嘱,均认定无效。

第三节　中国古代社会的财产权法律制度

一、中国古代财产权的法律形态

历经几千年的历史文化传承,以现有史料记载,中国古代逐渐形成了体系庞大、内容翔实、规范有序的成文法规范。但是,不得不承认,至今仍未发现成文的民法,以致很多学者普遍认为中国古代法律制度"重刑轻民,刑民不分,以刑代民",甚至有学者认为中国古代根本没有民法,更谈不上财产法了。但是,必须注意的是,几千年的历史发展,中国古代社会也曾地域辽阔、人口众多、经济发达,若没有或少有民事行为规范,社会的经济运行机制又是如何保持稳定向前发展的呢?如此说来,中国古代必定存在某种形式的民事法律规范以及财产权法律制度。

其实,法律是对社会成员起着约束作用的行为规范。因此,从广义上来理解,法律不仅仅包括成文法。如此说来,若将视角转向中国古代社会丰富多彩的民事关系中现实存在着的规则和习惯,便会发现:中国古代社会存在着大量的民间习惯法,它们足以调整社会的经济关系和各项民事活动,并逐渐形成自己独特的组织体系和运行体系。可见,中国古代财产权的法律形态主要表现为两个方面,即官方成文法和民间习惯法。

---

① 窦仪,等.宋刑统户婚律户绝资产 [M].吴翊如,点校.北京:中华书局,1984.
② 徐松辑.宋会要辑稿 [M].北京:中华书局,1957.
③ 徐松辑.宋会要辑稿 [M].北京:中华书局,1957.

　　中国历史上第一部成文法典是战国李悝制定的《法经》，而《法经》中盗篇居诸篇之首，其内容主要是对侵犯财产权的行为的规定和处罚①，这表明当时人们的财产权观念已非常牢固，已懂得用刑罚手段对财产权进行保护。后世历代都有自己的律典，并不断丰富和完善。但由于国家对民事行为普遍采取放任和漠视的态度，导致民事行为和权利始终未能走进官方制定法的视线范围。但是当国家以刑罚的方式制裁侵犯财产权的行为时，或是以行政的手段维系一种财产权关系时，已经足以表明国家对调整财产权和财产关系的民间习惯或习惯的官方认可。因此，透过成文法中的刑事规范和行政规范，我们仍然能够看到掌握立法权的统治者对于民事权利或财产权利的态度，看到其所保护的民事权利和财产权利。② 概括地说，中国古代成文法对财产权的保护主要涉及如下几个方面：第一，对于财产权主体的确认。中国古代是以血缘关系为纽带的家族制社会，因此家族或家庭便成为官方认定的财产权主体，而家族的尊长则是享有行使财产权的主体。如《元典章》规定："凡典卖田宅，皆从尊长画字。"③ 第二，家庭财产权制度。自唐律中规定将"不得别籍异财"作为不孝的内容之一，后世历代皆沿用了这一规定。"父母在，不得别籍异财"的规定充分体现了家庭财产的共有观念，是儒家学说"孝"的观念在财产权制度方面的体现，充分保证了家庭的稳定。第三，财产的继承制度。如前所述，家族财产的继承也是继承制度的重要部分，而财产继承制度则体现着家庭财产权的制度特征。家庭财产的继承不仅涉及拥有财产处分权的家长的变更问题，更重要的就是分家析产问题，这些无不是财产权制度的重要内容。第四，财产权保护制度。在中国古代，国家通过使用刑罚手段对侵犯财产权的行为进行制裁，以此使人们对财产权的观念和习惯逐步增强。中国古代成文法中，对财产权的保护不仅包括对家长权的维护，更直接的就是对侵权行为的制裁，还有就是对财产权流转的管理等方面。

　　相比古代成文法中关于财产权的规定，大量存在于民间的习惯法，对规范人们的财产行为与财产关系几乎起着主导的作用。在中国古代社会，民事

---

① 中国大百科全书：法学 [M]．北京：中国大百科全书出版社，1984．
② 赵晓耕．身份与契约：中国传统民事法律形态 [M]．北京：中国人民大学出版社，2012．
③ 元典章 [M]．陈高华，张帆，刘晓，等点校．天津：天津古籍出版社，2011．

习惯法在很大程度上表现为儒家伦理价值的情与理,事实上,清代官吏裁判案件时更多地是以"情""理"作为判断的依据。①但是,作为裁判依据的"情"与"理"并不是裁判者个人的感觉,而是已经得到社会普遍认可的意识形态。"情"和"理"都是建立在儒家学说之上的,而以"礼"的形式存在的一种道德规范。尽管这种"情""理"并不具有实定性,但是作为一种"普遍性判断标准",仍然可以在广义上"称之为'法律渊源'"②。与成文法不同,习惯法并不通过正式的官僚机构运行,而是通过主要的两个系统运行,一是以宗族为代表的自治组织,二是保甲制度。首先,宗族内部的自治就是以宗族习惯法为依据,主要表现为族规。很多宗族修有族谱,族规通常是其中重要的组成部分③,其中有关财产管理和宗族关系的内容多涉及亲属、继承、土地、借贷等多方面的民事关系,构成习惯法的重要内容。保甲制度在中国有着悠久的历史,通常以十户为一牌,十牌为一甲,十甲为一保,在城镇,牌和保则称为坊和巷。保的负责人称为地保或保长,通常由当地有资历、声望和能力者担任。有学者认为,保长是县官的代理人④,保长负责将县衙的要求传达给村民,督促村民按时完成,包括征税、户口登记、土地交易等事项,保长以其声望和官方承认的背景辅助县衙完成各项任务,并维持本村的日常生活秩序。因此,"在村子里,排解纠纷构成了乡村领袖特别是本地'乡绅'的大部分职能"⑤。乡村邻里、家族之间、家族内部的大部分纠纷,不是靠官府解决,而是通过族长、社长及保长等人进行调解甚至裁判加以解决,这成为"由来已久的习惯"⑥。

二、中国古代土地权利形态

什么是土地所有权?马克思指出:"土地所有权的前提是,一些人垄断一定量的土地,把它作为排斥其他一切人的、只服从自己个人意志的领域。"⑦"法律观念本身只是说明,土地所有者可以像每个商品所有者处理自己

---

① 郝铁川.中华法系研究 [M].上海:复旦大学出版社,1997.
② 滋贺秀三.明清时期的民事审判与民间契约 [M].北京:法律出版社,1998.
③ 高其才.中国习惯法论 [M].长沙:湖南出版社,1995.
④ S.斯普林克尔.清代法制导论 [M].张守东,译.北京:中国政法大学出版社,2000.
⑤ S.斯普林克尔.清代法制导论 [M].张守东,译.北京:中国政法大学出版社,2000.
⑥ 李志敏.中国古代民法 [M].北京:法律出版社,1988.
⑦ 马克思恩格斯全集:第 25 卷 [M].北京:人民出版社,1974:696.

的商品一样去处理土地。"① 所以,土地所有权指的是土地所有者依法对其拥有的土地享有占有、使用、收益和处分的权利。在几千年的历史流转中,中国的土地权利形式不断地演变发展,从现代所有权的角度来看,大致可以分为国家土地所有权和私有土地所有权两种表现形式。

(一)国家土地所有权

1. 先秦时期的土地所有权

中国的土地早在原始公社时期就是以公有制为基础的,具体表现为公社的耕地在一定时期内交给个体家庭使用。恩格斯曾说:"在恺撒时代,至少有很大一部分日耳曼人……他们的田地还是共同耕作的。……一些包括若干具有近亲关系的家庭的氏族,一起耕种分配给他们的、年年更换的土地,并把产品分配给各个家庭。"② 马克思则进一步指出农村公社的土地具有公私两重性,"在农业公社中,房屋及其附属物——园地,是农民私有的……耕地是不准转卖的公共财产,定期在农业公社成员之间进行重分……"③。学者对我国云南省布朗族、怒族等保留原始公社形态的少数民族的调研发现,"这些民族的土地关系的基础都是土地公有制,但土地私有制已有不同程度的发展,正在经历着由共同生产、共同消费向个体生产、个体消费的过渡阶段"④。

这种原始社会土地公有的形式,在夏商周时期的土地王有制度下得到进一步的发展。"皇天既付中国民越厥疆土于先王"⑤,这正是土地王有的真实写照。受商代土地制度影响,周代继续实行"溥天之下,莫非王土"⑥。经济上的土地王有是政治上实行诸侯分封制的物质基础,土地王有为分封制的广泛推行提供了重要条件。与此同时,贵族诸侯通过周王授予的疆土,逐渐形成自己的土地占有形态,将土地国有逐步演化为私有形态。

2. 封建社会的土地所有权

秦汉时期的公田主要来源于山林川泽,在国家的经济中占有重要的地

---

① 马克思恩格斯全集:第25卷 [M].北京:人民出版社, 1974:715.
② 马克思恩格斯全集:第19卷 [M].北京:人民出版社, 1963:355.
③ 马克思恩格斯全集:第19卷 [M].北京:人民出版社, 1963:449.
④ 樊树志.中国封建土地关系发展史 [M].北京:人民出版社, 1988.
⑤ 四书五经 [M].北京:线装书局, 2007.
⑥ 四书五经 [M].北京:线装书局, 2007.

位,因此秦汉的土地法令非常重视对其保护和利用。此外,新开辟的土地也属于国家所有。除此,对于国家罚没的土地和户绝的无主地,统统归国家公有。秦汉时期的法律特别强调对国有土地的保护,严厉打击侵犯国有土地的行为。首先,禁止买卖公田,买卖公田的行为是一种重大的犯罪行为。如《汉书》记载这样一个案例:"右扶风温顺为少府,二年,坐买公田,与近臣下狱论。"①其次,秦汉法律禁止诸侯逾越制度,非法多占土地,如"田宅逾制"与"名田他县"的规定就是具体体现。

魏晋南北朝时期,社会动荡,政权不断变换更迭,由此造成了不同时期国家土地所有权的复杂及不断强化。这一时期,在政权的不断争夺与更迭过程中,国有土地的数量也在逐渐减少,但为了保证军队的需求,国家将实际掌握的土地普遍实行屯田制,把军队及家属直接分配到荒地上,按劳动力分配土地。屯田制下的国有土地得到了法律的严格保护。除屯田制下的土地国有,两晋及南朝时期还有两种类型的土地属于国有,一是山林川泽等,二是郡县掌握的官田。《晋书·职官志》记载:"名山大泽不以封,盐铁金银铜锡,始平之竹园,别都宫室园囿,皆不为属国。"②官田也被称为禄田、菜田,由文武官吏耕种,充当其俸禄,但官田终属于国家所有。而北魏在征服北方少数民族的过程中,将大量的土地收归国有,并进行了全面的改革,颁布了影响深远的均田令,直接涉及国有土地的分配和使用。均田令在一定程度上体现了部分土地的国有化。

隋唐初期,统治者大力推行均田制,尽力维护土地国有制,以尽快恢复农业生产、安抚民心。隋唐时期国有土地主要有如下几种:一种是口分田,国家按人口进行授田,民户死后要上还国家;二是职分田、公廨田。自隋朝开始,官吏的公田被分为两种,一类就是职分田,其收入作为官吏俸禄的一部分,另一部分就是公廨田,其收入作为官府的办公费用;三是园林、川泽等国有土地。这些国有土地严禁私人占有,如唐律中规定:"诸侵巷街、阡陌者,杖七十。若种植垦食者,笞五十。各令复故。"③但是自唐中叶到两宋时期,国有土地所有

---

① 班固.汉书[M].颜师古,注.北京:中华书局,1962.
② 房玄龄.晋书[M].北京:中华书局,1974.
③ 长孙无忌.唐律疏议[M].刘俊文,点校.北京:中华书局,1983.

制开始发生重大改变,土地私有化程度逐渐加深。宋代的土地国有已不占支配地位,而成为土地私有制的一种补充形式。中唐以来"官田益少"的发展趋势,到元代再次得到重大改变,元代有大量的国有土地掌握在政府手中,依用途可分为屯田、职田、学田、牧场等。元代的国有土地中数量最大的就是屯田,这一时期是屯田的大发展时期,数量多、规模大,远远超过前世各朝。此外,职田也占有很大的比重。元代作为少数民族建立起来的政权,牧场作为重要的国有土地的形式必然是不可少的。

明清时期的土地形态并不稳定,常处于国有土地、私有土地相互转化的状态。总体来说,国有土地的所有权越来越弱,大量的国有土地私有化极为严重。明初由于"自兵兴以来,民无宁居,连年饥馑,天地荒芜"[①],大量土地变为荒田,使国家有机会将其控制在手中变为国有。但随着土地兼并的加剧,官宦贵族手中的国有土地逐渐转变为私有,加之屯田的严重破坏,明代政府掌握的官田数量远低于民田。同明朝一样,经过数十年的战乱,清初大量土地荒芜,但也为国有土地所有权的重建奠定了基础。但是,随着"更名田""垦荒令"的推行,土地私有权不断得到强化。当时,国有土地大致分为两类:一类是完全属于国家的国有土地,如籍田、学田、祭田及牧场;另一类是易转化为私人所有的土地,主要指官庄,这类土地是清初通过"圈占"所得赐予皇亲国戚的土地,随着时间的流转,逐渐转化成了民田。

(二)私有土地所有权

什么是私有土地?恩格斯指出:"完全的、自由的土地所有权,不仅意味着毫无阻碍和毫无限制地占有土地的可能性,而且也意味着把它出让的可能性。"[②] 可见,土地能否买卖是古今中外区分土地所有权的重要标志之一。中国古代在战国时期就已出现了土地私有的萌芽,但土地私有制的正式确立却在秦汉时期。

秦始皇统一六国之后,曾下令"使黔首自实田",要求全国的百姓都要向政府如实上报自己占有的土地数额,以作为政府征税的依据。这一做法反映出,私人占有的土地只要向国家登记并按时缴税,即取得合法的所有权,这是

---

① 明太祖实录 [M].台北:"中央研究院"历史语言研究所,1962.
② 马克思恩格斯全集:第21卷 [M].北京:人民出版社,1965.

土地私有制确立的重要标志。秦汉时期,皇亲国戚、达官显贵往往通过皇帝的赏赐获得土地,并将这些土地逐渐变为私田,土地私有权由此产生。随着私田的扩充与发展,土地买卖日益兴盛,进一步扩大了地主土地私有制的发展。从汉代的史料记载中可以看出,当时的土地买卖,已是社会上一种极为常见的现象。

东汉末年到三国两晋时期,是所谓的"大姓雄张"① 时期,土地私有制发展迅速,不断冲击着国家的政治权威,国家田制多次受到冲击。西晋的占田令,民众通过口授形式向政府上报土地数量,使土地有了法定依据,国家通过法定程序全面整理了土地权属关系。西晋的占田制将几百年来的传统习惯以法律的形式固定下来,也使农民通过合法的形式将过去国有的荒地变成私有的土地。东晋南朝时期,随着江北大姓赴江南避免战乱,占田的数量迅速扩充,加之山林川泽不许私有的传统被打破,国家与大地主在争夺山林川泽的过程中,经历了从严厉打击到不得不适度承认的过程,山林川泽私有化逐步得到法律的认可。由此,东晋南朝时期的私有田庄得到空前的膨胀。

唐代的土地所有权经历了从公有到私有的动态演变过程。在均田制、土地国有的大背景下,隋唐时期在立法层面为土地的私有仍留有一席之地。当时合法的私有土地主要有永业田、园宅墓田以及寺院土地。在法律上,统治者在禁止土地买卖的同时,也为其留下了许多缺口,允许一定条件下的土地交易。唐中后期,随着均田制的瓦解,地主庄园普遍建立,土地归为私有,自此政府不再限制土地买卖,田产买卖也就成了常事。其实,唐代土地买卖的形式已非常完善,不仅要求订立书面契约,写明土地买卖的具体事宜,还要求官司申牒,如《唐律疏议》记载:"依《令》:田无文牒,辄买卖者,财没不追。苗、子及买地之财,并入地主。"② 可见,唐代土地买卖必须到主管机关申报,并换发田籍,取得土地凭证。若没有履行相关的土地买卖手续,交易行为则不能得到法律的保护。

宋代的土地私有权非常发达,土地典卖、典当盛行。在宋代,土地私有权得到了法律的承认,地主、官僚、商人占有大量的私田,其来源主要就是买卖,

① 陈寿.三国志 [M].裴松之,注.北京:中华书局,1998.
② 唐律疏议 [M].岳纯之,点校.上海:上海古籍出版社,2013.

还有一些是地主、官僚通过强占民田和侵占公田所占有的私田。国家制定了日益翔实的法律条文，用以保障私人土地的交易，使土地买卖更趋合法化、规范化。不同于之前各代的封建国家授田制，宋代实行的是一种私有程度较高的地主和自耕农的土地所有制。宋代的土地交易有着严格的法定程序，如土地买卖必须"先问亲邻"，业主典卖产业，其亲邻有着优先典买权；并且也要订立书面契约，经官府印押备案，得到官方认可方才有效，所谓"交争田地，官凭契书"①。宋代的田宅交易，在双方达成协议后，还必须由买主缴付田契税，而且官府要在买卖契约上钤印。总之，宋代的田宅交易非常频繁，其程序也空前完备，土地私有化达到前所未有的程度。

元代的民田主要掌握在少数大土地所有者手中，如蒙古王公、贵族、皇亲国戚、文武百官以及寺院。这些大土地所有者的私田主要来自皇帝的大量赐予，此外便是权贵一族非法侵占民田的所得。另外，元朝的佛教盛行，寺庙遍布全国各地，占有大量土地，成为私田占有的重要方式。元代的田宅交易，可谓比宋代更加完善、更加规范，需要经过经官给据、先问亲邻、印契税契、过割赋税这些完整的程序，才具有法律效力，受法律的保护。

在明清两代统治的几百年间，有关土地私有权保护的制度是非常规范的，并且两代还制定了系列律令，对土地私有权予以合法保护。法律规定严厉禁止各种方式盗卖公私田的行为，违者处以重罚；还禁止盗耕种公私田的侵权行为；为规范买卖私有土地行为，对地籍的管理进一步加强。另外，明清时期，随着商品经济的发展和土地市场化程度的加深，土地买卖异常活跃，但却出现了制度层面的严格规范化与交易中灵活变通性的巨大反差。这一时期，法律对土地交易有着严格的规定，在外在形式上要求使用官印契本或具备契尾，也就是需要得到官府的正式认可；对于违反诚信原则、重复典卖的行为，国家予以严厉制裁；凡是土地田产交易，都要经官府审查、加盖印章、缴纳相应的土地交易税；需要注意的是，明清时期在制度层面废除了前世各代"先问亲邻"的规定，允许典卖者自由寻找买主。以上便是在国家制度层面的严格规定，但是在现实的交易过程中，表现出诸多灵活变通性。其一便是突破了

---

① 名公书判清明集 [M].中国社会科学院历史研究所宋辽金元史研究所，点校.北京：中华书局，1987.

一直以来"族田"不能典卖的原则,明清时期族田的买卖已相当公开化;其二是田面、田底分离交易的现象盛行;其三,白契广泛流行并得到社会的普遍认同。政府虽要求有定契、税契等程序,但实际中很多契约都不完备,白契在民间大量存在。

三、中国古代财产法相关制度

(一)永佃制

永佃制是指佃农支付佃租长久或永久地对他人土地占有、使用、收益甚至处分,而土地所有者无权随便撤佃的租佃制度。[①]永佃制在历史的不同时期、不同区域有着不同的称谓,还可称为世耕、永耕、永为耕户等。永佃制是我国古代社会租佃制中一项非常重要的制度。

1. 永佃制的历史发展

总体来说,永佃制萌芽于隋唐,并于唐代中后期初步成型,在宋代得以迅速发展壮大,最后盛行于明清时期。据考证,唐时土地归国家所有,承租人为佃户,承租人永久租佃国家的公田,将公田视为自己的产业进行经营。宋代关于永佃制的记载较多,如"宋太宗至道二年闰七月,诏:'邢州先请射草地,并令拨归牧龙坊,自余荒闲田土,听民请射。'先是,诏应荒闲田土,许民请射充永业。"[②]可见,国家将荒闲公田长期或永久租给农民,收取地租,佃农可以将其租种土地视为自己的"永业",对其使用、收益甚至处分。永佃制的进一步发展,便形成了"一田两主"制。"一田两主"与永佃制的最大区别就是,其不仅可以享受永佃户的一切权利,还可以自由处分田皮,即佃耕的土地可以由佃户自由转让。从宋代永佃制的规定可见,宋代已产生了"一田两主"的萌芽。到明清时期,"一田两主"已十分盛行,直至清末民国时,这一制度仍在许多地区广泛流行。

2. 永佃制的主要内容

永佃制的主要内容主要包括以下几个方面:第一,永佃制的主体和客体。永佃制的主体是土地所有人和租佃人,客体即耕地或荒地等土地。永佃关系

---

① 赵晓耕. 身份与契约:中国传统民事法律形态 [M]. 北京:中国人民大学出版社,2012.
② 徐松. 宋会要辑稿 [M]. 北京:中华书局,1957.

中的土地所有者和佃户之间各自属于独立的主体,不存在任何人身依附关系,二者只是交租和收租的关系。并且,主体双方必须具有完全民事行为能力。第二,永佃土地的取得方式。一般来说,土地永佃权主要通过订立契约合同取得,永佃权的取得属于要式行为,因此必须签订书面契约方才有效。但是,还有一种取得方式便是通过继承关系而取得。根据史料记载,对于永佃土地,可以"一地两养,子孙世守"①。所以,通过继承关系依然可以享有永佃权。第三,永佃土地的用途。通常来说,永佃土地是用来耕种的,有的在契约中明确写明土地仅限于耕种。如一份永佃契约中明确记载:"前去用心耕种,不得抛荒垦角,亦不得欠少租粒及插水等情。倘有此情,另召别人耕作,不许阻占。"② 第四,土地所有者与佃户的权利义务。土地所有者即田主对土地永远享有转让和买卖的权利,但不能影响佃户的租佃利益,此外,田主可以定期收取田租。佃户可以长久或永久享有土地的耕种权,按约定可以选择退佃,但是不能随意转租或典卖。

永佃制与传统佃仆、世佃关系相比,性质上已有了很大的不同。在传统的佃仆、世佃关系中,佃户完全依附于田主,二者处于被迫与强迫的关系。而永佃制与其最本质的差异就是完全解除了佃户与田主的人身依附关系,佃户对其租佃土地可自主经营、自主管理,可以稳定地对土地占有、使用、收益甚至处分。只要佃户按时缴纳田租,田主则不能随意撤佃,佃户在经济上具有更大的自由度和独立性。

3. 永佃制的意义

通过以上分析可以看到,与传统土地租佃形式不同,永佃制具有很多新的特征,比如在永佃制关系中,土地所有权的主体与经营权的主体是彼此分离的状态,彼此互不干涉,所谓"业主止管收租,赁耕转顶权自佃户,业主不得过问"③。再如永佃制的期限比其他租佃形式更长久,甚至享有永久权。佃户可以永久地租佃土地,即使业主发生变更,其租佃关系也不受任何影响。此外,在永佃制关系中,永佃权享有继承性与让与性,即使佃户不再具有租佃行

① 杨国桢. 明清土地契约文书研究 [M]. 北京:人民出版社, 1988.
② 杨国桢. 论中国永佃权的基本特征 [J]. 中国社会经济史研究, 1988(2):11.
③ 凌焘. 西江视臬纪事 [M]. 上海:上海古籍出版社, 2002.

为能力,其子孙依然可以依法继承。

永佃制这一形式更加适应不断发展的商品经济,对传统社会经济的发展具有重要的意义。首先,永佃制解除了佃户与业主的人身依附关系,佃户享有更多的自由,因此有利于社会生产力的发展。其次,在永佃制关系中,佃户与业主之间彼此独立,互不干涉。如此,佃户可以更加自由地处置土地,佃户的权益得到了有效的保障,这对于生产规模、生产方式的改善都具有积极作用。再次,永佃制可以使佃户长久地占有和使用土地,减少了佃户的诸多后患,由此激发佃户对土地经营的积极性,能够有效提高生产效率,对生产力的发展起了积极的推进作用。

(二)担保制度

现代担保法就是为了促进资金融通和商品流通,保障债权的实现,发展社会主义市场经济而制定。中国古代社会也存在着大量民间契约,形成了较为稳定的债权债务关系,因此,为了保障债权的顺利实现,一定也存在着债的担保制度。

1. 成文法中的担保制度

中国古代社会中具有担保性质的制度形式很多,如保、典、质、抵、当,但却主要表现为民间习惯和习惯法的形式,始终没有形成完整的成文法规范。五代以后,官方文献中开始有了担保制度的记载,到明清时期,关于担保制度的规范开始逐步增加。但是,中国古代官方成文法中关于担保关系的关注,并不是出于保障债权的实现,而是为了维持社会秩序以及税赋征收的需要。

在国家层面上,统治者认为私权交易以及担保事宜纯属民间的事情,因此对民间活动中形成的习惯和习惯法规范予以默认,只有在触犯国家利益的时候才会予以强制性惩罚。唐代初期,法律禁止任何形式的土地交易行为,禁止买卖、典卖、质押土地。到了唐代中后期和五代时期,"典"已经开始兴盛起来,皇室已经以敕令改变了《田律》中"诸田不得贴卖即质"的规定,放松了对土地房屋的控制。《旧唐书》载:"辛巳,敕:'应赐王公、公主、百官等庄宅、碾硙、店铺、车坊、园林等,一任贴典货卖'。"① 宋代的传统法典中也没有关于担保制度的规范,但有一些关于处理民间典卖纠纷的规范记载。在北宋时

---

① 刘昫. 旧唐书 [M]. 北京:中华书局,1975.

期,开始兴起"活卖"这种交易形式,也就是"典卖"。在实践中,农民为了解决经济困难,暂时把土地典押出去,到了约定的期限再将土地回赎,这便形成了"典物权"。随着商品经济的发展,信用制度也有了长足的进步,典的关系不断得到完善,逐渐形成了比较系统的法律规范。比如,宋代时期对契约的形式开始有了明确的规定,《宋会要》载:"真宗乾兴元年(1022年)规定:'应典卖倚当庄宅田土,并立合同契约四本,一付钱主、一付业主、一纳商税院、一留本县从之。'"① 再如,对典卖行为法律规定了一定的成立要件,必须要"先问亲邻""输钱印契""过割赋税""原主离业"四个要件②。且对于典主死后无人继承的"户绝"问题,宋律也都做了相应规定。

明朝开始以成文法对土地等不动产交易中的典和卖的关系进行了区分,《大明律例》规定:"盖以田宅质人,而取其财曰典;以田宅与人,而取其财曰卖。典可赎也,而卖不可赎也。"③ 还以成文法对土地出典关系中的欺诈行为加以规范,如对重复典卖者以盗窃论,并要求将典价追回,复还典主。对于典卖关系中,出典者到期无力还赎的情况,明律规定允许找赎一次,但对典权的找赎期限却并未做出具体规定,导致实践中问题百出。在明朝成文法基础之上,清时官方对典卖关系做了更为详尽的规定。清代成文法特别强调"是否允许回赎"是典和卖的根本区别,并要求在契约中必须有相关文字记载,否则不被官方所认可,并不予保护。对于找赎期限,在清朝后期也有了具体规定,《户部覆论》规定:"典限以三五年至十年为准,契约二三十年,四五十年以上者,须于三年内呈明改典作卖。"④ 这一规定以成文法的形式对典卖期限给出了规范,即十年期满。此外,清代成文法还对典卖关系中典物灭失的风险责任进行了规范,基本认可了民间对于这一现象的习惯和习惯法之规定,基本原则就是典主和业主共同承担风险,并兼顾典权和业权的利益平衡。明清时期,成文法不仅对典卖关系进行了进一步的规范,对典当关系也进行了规范;不仅对典当的名称在原有基础上进行了细化和规范,而且对于典当货物失火灭失的情况进行了更加细致的责任划分;不仅考虑过错责任问题,还对过错

---

① 朱铭盘.南朝宋会要[M].上海:上海古籍出版社,1975.
② 窦仪.宋刑统[M].北京:中华书局,1984.
③ 大明律例[M].北京:北京大学出版社,1993.
④ 孔庆明,胡留元,孙季平.中国民法史[M].长春:吉林人民出版社,1996.

大小进行区别对待,这在当时来说可谓不小的进步。

2. 习惯法中的中人制度

在中国古代这样一个小农经济背景下的社会,官方成文法确实存在并给予土地交易最强有力的保护,但关键问题是官方成文法中关于担保法等制度的规范非常少见,难以应对复杂的土地交易行为。中国古代遗留下来的民间契约中,几乎无一例外地使用中人作保,几乎每一份契约中都会提到其约定是"凭中"形成的,并且在契约后面会有中人的签字或画押,可见中人参与契约关系已经成为一种根深蒂固的习惯。[①] 在古代契约中最常见的现象是中人与立契人或对方当事人同姓,显然这与当时宗法社会的背景密不可分。在官方成文法中的担保制度并不完善的情况下,中人所起的证明作用是不可或缺的。

中国古代民间契约中的中人(也称保人),与现代法中的担保制度有很大差别,但其所起的作用非常广泛,当然最基本的就是证明作用。但具体来说主要包括以下几个方面:其一,买卖程序上的证明作用。古代契约文书后部所列证人有"凭房亲"和"凭中"两种类型,"凭中"就是请中人作证,这一做法是古代社会契约行为的普遍习惯。其二,具有证明交易田产已先问族人的作用。中国古代社会田产交易,族人享有优先权。因此,出卖不动产必须先问亲房、宗族之人,然后才能与外姓交易,否则买卖行为无效。所谓"凭房亲",就在于以房亲证明业主已经询问过族人。其三,具有证明田产合法、来历正当的作用。中国古代社会田宅买卖中,通常要在契约中声明其田宅来历问题,中人签字即表明可以对立契人的声明予以证明和担保。其四,具有保证立契人履行契约的作用。契约中,立契人一般都会做出履契承诺,中人签字即表明对其行为担保,监督其按约履行。

3. 典、质与押

中保人制度建立在宗法社会基础之上,具有非常可靠的保障作用,因此是古代社会民间契约使用最多的保证方式。但是中保人制度的高度兴盛与发达,也造成了其他担保形式的极度不成熟、不完善。除了中保人制度之外,中国古代社会还有多种担保形式,现仅就典、质、押做简单阐述。

典是众多担保形式中最典型的一种。我国在唐代便开始确立典权制度,

---

① S. 斯普林克尔. 清代法制导论 [M]. 张守东,译. 北京:中国政法大学出版社,2000.

但当时典与卖的界限并不清楚，二者经常相提并论。明清时便开始对典和卖进行明确的区分，但这种区分的目的并不是出于辨明二者的本质含义，而是出于保证税收不至流失这一政策目的。所以，典的性质问题常引发学者的思考与研究。有学者认为，典权是中国古代民法物权中的基本构成部分，典和卖都是对物的处分，但典是活卖，卖是绝卖①；还有学者将典权解释为担保物权或者用益物权，日本一些学者对典权问题也展开过激烈的研讨。总之，关于典这一概念在中国古代法律制度中并没有统一的见解，对典的本质问题尚没有官方的正式解读。

许慎在《说文解字》中提道："质，从贝，从所"，其本意为"以物相赘"。所以，质本身就有以物抵押取赎的含义。作为一种交易形式，在典还没有作为一种独立的交易形式出现的时候，质是一种口袋名称，自宋代以后便不再使用了。质在秦简中就已经出现，"中质去道一里［濯］者。"②在古代，质具有担保的含义，所以春秋战国时期有很多关于"人质"的史证记载。质在早期仅是一种简单的契约形式，到了唐宋时期，质便开始与典、卖、贴买等形式相并列。直至元朝，质已经极为普遍，并基本被典当取代。到明清两代，基本已见不到质的相关规定。

民间契约中有关押契还是比较少见的，清代称抵押为"押"。清代咸丰年间一份押契记载："立会契（人）潘伟士，今会到警记名下净光银洋九十四元整……恐口无凭，立此存批……另将服字一千零八十号，土名屯溪中街屋契一纸附押，订期正月底一并归还，如过期不还，即将此契换当契。恐口无凭，立此存照，又批。"③该契约中以"屋契一纸附押"印证了这的确是一项抵押关系。中国古代关于抵押这一担保形式的契约并不多见，但也确实存在诸如以上使用押这一概念的带有担保意义的契约形式。但是应该注意的是，清代出现的抵押这一形式，当然具有一定意义的担保功能，但是其担保功能与本质与我们现代法意义的担保具有本质的不同。

---

①　张晋藩.清代民法综论［M］.北京：中国政法大学出版社，1998.

②　刘信芳，梁柱.云梦龙岗秦简［M］.北京：科学出版社，1997.

③　孔庆明，胡留元，孙季平.中国民法史［M］.长春：吉林人民出版社，1996.

（三）契约制度

1. 中国传统契约的演变与发展

中国古代社会具有契约性质的名称有很多，如"傅别""质剂""书契""券""莂""合同""契""约"，这些概念经历了从概括到逐渐专门化的过程，旧的不适应社会经济发展形势的概念逐渐被淘汰，新的符合社会发展模式的契约名称被保留下来。《说文解字》对"契约"一词的解释为"契，约也。"所以，简单来说，契约就是指双方刻立契券，保证履行约定的行为。早期的古代社会中，国家与国家之间也有订立盟约的行为，如《战国策》记载"必得约契"[①]，这里的"约契"就是一种盟约。明清时期的契约概念开始发生诸多变化，这一时期契约的概念主要有"契""约""字""据""书""告示""票""照"等。在汉代，契已经是法律文书的一种，到唐朝，契约实践中经常有"官有政法，人从私契"的说法[②]，但此时的契仅是契约文书的一种通称。在宋代以后的契约实践中，"契"主要应用于田宅交易。"约"，《说文解字》载："约，缠束也，从系勺声。"[③]《辞海》对"约剂"解释为"约剂，古代作为凭信之文书契卷。"[④] 可见，"约"字含有"具有约束力的文书"之意。在契约实践中，"约"的适用范围极为广泛，如土地交易、和解、租赁、析产、过继。"字""据"以及"书"都是书面凭证的一种，主要适用于民间家庭内部一些事务，如婚姻、继嗣、析产、遗书。简单来说，"告示"就是一种官方文书，"票"则是官府发给百姓的完纳凭证，"照"在《辞海》中解释为"照，凭证"[⑤]，"照"调整的范围也很广，但主要是官方发放的凭证。

2. 中国传统契约的形式

尽管经历了几千年的发展，在形式要件方面，中国传统契约仍然存在着内在的规律性，在结构上和行文格式上有着高度的相似性。正如有的学者指出："中国传统契约在形式结构上的相似特征，不但反映在不同类型上，也反

---

① 刘向. 战国策［M］. 长春：吉林大学出版社，2011.
② 沙知. 敦煌契约文书辑校［M］. 南京：江苏古籍出版社，1998.
③ 许慎. 说文解字［M］. 徐铉，校定. 北京：中华书局影印，1963.
④ 辞海：缩印本［M］. 上海：上海辞书出版社，1980.
⑤ 辞海：缩印本［M］. 上海：上海辞书出版社，1980.

应在不同地域上，最后，也是反映在不同时代之间的。"① 中国传统契约的形式要件包括立契当事人的确认、成契理由的认定、标的物的界定、双方的权利和义务、第三方"中人"的参与、承认与交割的认证、立契时间与实效的标注。②

　　第一，无论是传统契约还是当代具有契约性质的合同，首先都要介绍双方当事人的基本情况，以确认当事人是否具有合法、合规的资格订立契约。一般说来，传统法律明确规定，只有家长才能成为合法的当事人。受中国传统社会宗法等级制度和封建礼教的影响，妇女是无权独立参与立契行为的，但是其可以母亲的身份附带儿子参加契约的订立。所以，在古代契约中经常可见"XX 氏同子"的字样。第二，传统契约的订立，还要阐明具体理由。明清时期常见的声明立契事由大体相似，一般为"今因缺银使用""今因缺少钱粮"或"今因无力""今因无度""今因天灾"等。第三，对契约客体或交易标的物的详细介绍，这也是传统契约成立的最重要内容。如果交易行为的客体是自然人，则要详细介绍自然人的年龄、姓名等信息；若交易行为的客体是土地，则要说明土地的来源、四至、数量、坐落、名称等情况，其中四至几乎是几千年来土地交易中从来不可或缺的要件。此外，对于另一方当事人用以交换的标的物（一般是钱、粮）也需要详细描述，使立契双方的标的物都显得明确具体。第四，双方的权利义务规定。立契时要特别写明标的物的来源，证明其合法性、正当性。宋以后，一般称为"祖业""祖产"，卖方有义务证明其对标的物享有完全享有排他性的权利，对标的物的占有具有正当性。第五，契约中的第三方"中人"。"中人"在契约签订中充当着中介或证人的重要角色，他们是契约成立的直接见证人。"中人"这一角色在不同时期称谓也有所不同，如汉代称"旁人""任者"，唐代称"保人""见人""证见"等，元代有称"知见人""引进人""代书人"等，明清时期一般多称为"凭中人""同中人""中人"等。第六，关于立契时间。契约主要内容完成后即按照年、月、日的顺序标明契约订立的时间。西周时期的立契时间大都标在契约之首，至宋代以后开始改变，逐渐标在契约的尾部。第七，法律责任的承诺和保障。双方达成协议后，都必须对彼此的权利义务做出承诺性表示，如"立契为凭""立契为验"的字样，并

---

① 俞江．是"身份到契约"还是"身份契约"[J]．读书，2002（5）：54-63.
② 李祝环．中国传统民事契约成立的要件[J]．政法论坛，1997（6）：116-122.

由当事人及相关人员在契约上亲自画押,留下手模、掌模,如此便赋予契约以法律上的效力。

3. 中国传统民间契约的种类

从现有史料查证可知,关于民间契约的范围几乎涵盖了古代社会民事行为的方方面面,包括买卖、典当、借贷、租赁、婚姻、继承、雇工等十多类,为便于理解,现将其大致分为如下几类:买卖契约、典当(抵押)契约、借贷契约、租佃契约、合伙契约、分家析产契约、婚姻契约、纠纷调解契约、交换契约、雇佣与雇工契约、继承契约、其他。下面仅就其中几种比较常见的契约种类进行简要分析。

买卖契约是古代社会民间契约中最为常见的一种形式,出卖的原因多种多样,如管业不变、钱粮急用、因病急需、欠少使用、欠少祠租。按照买卖标的的不同,又有卖田契、卖田皮契、卖地契、卖山契、卖塘契、卖屋契、卖基地契等具体的分类。典当契约(也称抵押契约)也是极为常见的一种契约种类,"佃之为言,转也。囊内钱空,无以治事,则转而谋诸所有之物,以所有而匡其所无"①。按照典当客体的不同,传统典当契约主要包括不动产、动产以及典当人身等不同的类型。租佃契约也是古代民间社会中利用率很高的一种契约种类,有租田契约、租山契约、租屋契约几种较为常见的形式。婚姻契约(也称婚书)曾是中国古代社会婚姻关系成立或取消的重要契约文书。对于结婚类的婚书,由于其属于婚姻成立的必备条件,因此规定极为详细。从形式来看,载明主婚人姓名(婚姻双方当事人的家长)、婚姻缔结的理由、媒人、婚姻的标的与对价、主婚人的担保等。而休书类的婚书也有其形式要件,此类契约文书一般称为"离书",如唐朝的"放妻书""离婚状",宋元之后称为休书,其目的是为了女子再嫁,即所谓"分明写立休书,赴官告押执照,即听归宗,依理改嫁,以正夫妇之道"②。离婚后如若涉及女子的财产,休书中必须提及。其他契约种类便不再一一赘述。

---

① 史尚宽. 物权法论 [M]. 北京:中国政法大学出版社,2000.
② 元典章 [M]. 陈高华,张帆,刘晓,等点校. 天津:天津古籍出版社,北京:中华书局,2011.

第五章

中国古代诉讼制度的精神与原则

　　法律最重要的功能就是化解矛盾、解决纠纷，从而达到维持社会秩序稳定的目的，而这一切都离不开法律的实际运作与实践，即诉讼。中国古代表示诉讼的法律术语是"狱讼"。据《周礼》记载，早在西周就"以两剂禁民狱""以两造听民讼"①，依据诉讼双方所订立的契约来审理民事案件，且原被告双方都要当庭参加民讼。依现代法角度，"诉讼"一词的含义很简单，仅指司法审判行为。但是，中国古代的"诉讼"含义却与今日大不相同。大体来说，西周时期"狱"与"讼"属于不同的诉讼类别，"狱"相当于现代的刑事诉讼，"讼"则类似于现代的民事诉讼。后来，二者的差异逐渐淡化直至消失。无论如何，"狱"与"讼"就是中国古代诉讼活动的专有名词，这是毋庸置疑的，且在各种文献典籍中都能寻到其踪迹。总之，"狱"与"讼"可以一般地代表中国传统社会里的司法审判、诉讼活动以及其他各种诉讼文化。②

　　对任何一个社会而言，无论是经济、文化都高速发展的当今时代，还是生产力低下的小农自然经济的古代社会，"狱讼"恐怕都是不可避免的客观存在，所谓"自生民以来莫不有讼也。讼也者，事势所必趋也，人情之所断不能免也。传曰（有）饮食必有讼"。因此，中国古代法律文化研究必然少不了关于"诉讼"制度的相关内容。如前多次所述，中国古代是一个建立在血缘关系为纽带的宗法等级社会，因此其法制的产生与发展有着深厚的中国特色文化底蕴，中国古代诉讼制度受其影响，不仅形成了与众不同的价值追求，还有着

---

① 周礼 [M]. 徐正英,常佩雨,译注. 北京:中华书局, 2014.
② 胡旭晟. 狱与讼:中国传统诉讼文化研究 [M]. 北京:中国人民大学出版社，2012.

独具特色的诉讼原则。中国古代诉讼制度,是几千年来中华民族生活智慧的结晶,也是其人生经验的表达,其精神追求与基本原则无不集中体现着中国传统诉讼文化的独特性质与风貌。

第一节　中国古代诉讼制度的历史演变

一、中国古代诉讼制度的产生和发展

(一)先秦时期

中国传统法律文化源远流长,诉讼制度也有着悠久的历史。《尚书》记载:"帝曰'吁!嚚讼可乎?'"① 说明早在几千年前的上古时期,就已经产生了早期的诉讼痕迹。且《尚书》载:"帝曰:'皋陶,蛮夷猾夏;寇贼奸宄。汝作士,五刑有服。'"② 于是皋陶被任命为"士",即司法官,成为"中国法官之始祖"③。而关于审判方法,当时还存在着明显的神明裁判迹象,据说皋陶经常用一种独角兽来辅助疑难案件的审理,如《论衡》记载:"触鹰者,一角之羊也,性知有罪。皋陶治狱,有罪疑者,令羊触之,无罪则不触。"④

夏商时期,随着私有制的出现和国家的产生,诉讼制度较上古传说时代有了巨大的改观。中央和地方开始设立专门的司法机构,并设置司法官员处理各类诉讼案件,但此时还没有具体的诉讼分类,民事、刑事诉讼混为一体。夏朝中央的司法机关名"大理",地方则为"士""蒙士"。商代中央的司法审判机构改称"司寇",并下设"正""史"等审判官员,地方司法官员与夏朝相同,仍为"士""蒙士"。据《礼记》记载:"成狱辞,史以狱成告于正,正听之;正以狱成告于大司寇。大司寇听之棘木之下;大司寇以狱之成告于王,王命三公参听之;三公以狱之成告于王,王三宥,然后制刑。"⑤ 可见,商代的狱讼已经有了严密的审级划分,一般先由地方的"正""史"官员进行初审,然后将审判结果上报至大司寇,大司寇复审后再将审理意见上报商王。商王命三公再次

---

① 尚书 [M].王世舜,王翠叶,译注.北京:中华书局,2012.
② 尚书 [M].王世舜,王翠叶,译注.北京:中华书局,2012.
③ 徐朝阳.中国诉讼法溯源 [M].台北:商务印书馆,1972.
④ 王充.论衡 [M].上海:上海人民出版社,1974.
⑤ 礼记 [M].胡平生,张萌,译注.北京:中华书局,1985.

复核,经过三级层层复核后上报商王,最后由商王批准定夺。此外,夏代已经出现了关押犯人的监狱"圜土",后被商代效仿采纳,并在此基础上设立了关押要犯的监狱,名"囹圄"。

西周时期,诉讼制度最大的变化就是有了民事诉讼与刑事诉讼的区分。《周礼》记载:"以两造禁民讼,入束矢于朝,然后听之。""以两剂禁民狱,入钧金三日,然后致于朝,然后听之。"① 郑玄注曰:"讼,谓以财货相告者。""狱,谓相告以罪名者。"② 所以,从以上记载可见,"讼"一般指民事相关案件,而"狱"则指刑事类案件。此外,西周充分吸收与借鉴夏商两代的司法理论与实践,在其基础上进一步完善,因此,西周的司法制度趋于完备。在司法机构方面,中央设大司寇、小司寇,负责具体案件的审理、监狱的管理以及刑罚的执行等内容。地方则有乡土、遂土等,负责当地一些简单的民事纠纷及轻微刑事案件的审理。在案件审理中,西周时期形成了著名的"五听"制度,即"辞听、色听、气听、耳听、目听","五听"制度是司法官吏在审理案件时观察当事人心理活动的五种方法,以此帮助法官获取更多的审断依据。此外,西周时期诉讼过程中还特别重视证据的作用,"有旨无简不听" ③,可知当时特别强调书证、物证等证据的佐证作用,而仅有口供是不能定罪的。西周还有"读鞫"和"乞鞫"的规定,即案件审理完毕,判决做出以后法官必须当众宣读判决,当事人不服可以在一定期限内要求重新审理。另外,西周时期还规定了司法判官的五种禁止性行为,即"五过"制度。《尚书》中记载:"惟官、惟反、惟内、惟货、惟来",简单来说就是有畏权势枉法、公报私仇、袒护亲戚、图财枉法和受人请托枉法五种行为的法官必须受到法律的惩罚。

春秋战国时期是中国历史上一个大分裂、大动荡的特殊时期,春秋五霸、战国七雄,诸侯征战、礼崩乐坏,因此这一时期的社会矛盾激增,人们之间的纠纷大量出现,因此诉讼也随之增多。但众多诸侯国各自为政,其司法制度呈现各不相同的特点。这一时期案件的审理逐渐由之前的当事人自诉为主向国家主动指控转变,由之前的纠问式向辩论式发展。同时,最高统治者强化了对

---

① 周礼 [M]. 徐正英,常佩雨,译注 . 北京:中华书局,2014.
② 周礼 [M]. 徐正英,常佩雨,译注 . 北京:中华书局,2014.
③ 尚书 [M]. 王世舜,王翠叶,译注 . 北京:中华书局,2012.

司法权的控制,加重了司法官的责任。① 总之,这一时期虽然处于社会动荡期,但司法制度却仍然沿着新的趋势不断向前发展。

(二)秦汉至南北朝时期

秦始皇统一六国,结束了春秋战国群雄争霸的时代,建立了历史上第一个中央集权的封建国家。在吸收借鉴前代各朝经验教训的基础之上,秦朝在司法与诉讼制度上获得了更大的进步与发展,也成为后世各代学习的典范,对后世产生了深远影响。秦代的司法机构设置更加完善,分中央、郡、县三级,主管刑狱的最高司法官为廷尉,下设廷尉正、廷尉监官员协助其治理刑狱。郡、县两级司法与行政合一,地方长官郡守及县令既掌管地方行政事务,又兼理司法审判工作,职责范围极为广泛。在基层则设亭长、游缴以及乡啬夫、有秩等官员,主要负责当地的诉讼及赋税等事务。② 秦代的诉讼主要有两种,一种是由国家对犯罪人提起的官诉,另一种是由受害人或第三人向官府提起的个人诉讼。与春秋战国时期盛行的儒家学说不同,秦代践行法家学说,实行"依法治国",主张用严刑峻法治理国家,达到"以刑去刑"的目的,但是却也扩大了犯罪范围;实行连坐制度,鼓励告奸,所谓"不告奸者斩,告奸者与斩敌首同赏,匿奸者与降敌同罚"③,结果导致诉讼繁多,受刑者不计其数,造成"劓鼻盈蔂,断足盈车,举河以西不足以受天下之徒"④ 的局面,社会矛盾逐步激化。沿袭西周的司法传统,秦代也非常重视诉讼中证据的重要作用,不仅重视书证、物证的收集与整理,还特别重视现场的调查和勘验结果。不得不说这是诉讼程序中的重大进步。但证据制度中,口供依然是秦代的主要证据,并且允许一定条件下的刑讯逼供。此外,对于案件的整个过程,包括审讯、证据、刑讯情况以及到场人员信息等内容,法律规定必须如实记录待查。对于审判结果,当事人不服的,可以申请重新审判,即"乞鞫"。

与秦相比,汉代法制最主要的特征便是法制的儒家化,诉讼制度也受到了儒家思想的重大影响。首先,在民间争讼的态度上,汉代更加主张息讼,主

---

① 张兆凯. 中国古代司法制度史 [M]. 长沙:岳麓书社,2005.
② 胡旭晟. 狱与讼:中国传统诉讼文化研究 [M]. 北京:中国人民大学出版社,2012.
③ 司马迁. 史记 [M]. 北京:中华书局,2008.
④ 盐铁论 [M]. 上海:上海人民出版社,1974.

张用道德教化来感化民众,以此解决民间纠纷,或者以调解的方式解决各类矛盾。其次,汉代的审判除独任制之外,还创设了"杂治"这一审判组织形式。《汉书》载:"昭帝初,[刘德]为宗正丞,杂治刘泽诏狱。"[①] 颜师古注:"杂谓以他官共治之也。""杂治"是针对一些特别重大的疑难案件的审判方式,一般由皇帝临时指派若干官员一同审理。这种审理方式是汉代的一大创新,也是后世"三司推事"和会审制度的渊源。再次,"亲亲得相首匿"原则确立。在儒家思政的渗透下,汉宣帝颁布"首匿"诏,称"自今子首匿父母,妻匿夫,孙匿大父母,皆勿坐。其父母匿子,夫匿妻,大父母匿孙,罪殊死,皆上请廷尉以闻"[②]。这是孔子"父为子隐,子为父隐"[③]在法律上的重要体现。最后,"春秋决狱"审判方式推行。"春秋决狱"是董仲舒首推并提倡的一种司法制度,一般指在审判过程中若没有相关法律依据或者法律条文不符合儒家思想的情况下,则根据《春秋》经义断案。这种审判方式特别强调犯罪人的主观心理,所谓"春秋之听狱也,必本其事而原其志;志邪者不待成,首恶者罪特重,本直者其论轻"[④]。

魏晋南北朝时期,社会动荡不安、政权更迭频繁,如此社会背景严重影响了古代法制的发展。但是,这一时期统治者们励精图治,十分重视法制建设,以缓解社会矛盾的压力。魏晋南北朝时期,诉讼制度得到了相应的发展。首先,政治机构、司法机构分工更加明确与合理,中央出现了专门的审理机构,即大理寺。各州刺史在地方发挥着越来越重要的作用,因此地方的司法机构由原来的郡、县两级变为州、郡、县三级,各自发挥作用。其次,"依服制审判"与"八议"诉讼原则确立。《晋律》首创了"依服制审判"的诉讼原则,从此,亲属间犯罪,依据丧服的亲疏远近来处理;此外,《新律》中确立了"八议"的诉讼原则,对八种享有特权者的犯罪,不能按照一般的诉讼程序裁决。再次,刑讯盛行,并出现了极为残酷的刑讯手段。如南朝梁武帝时创立了"测罚"之制,南朝陈武帝时又创立"测立"之法,手段极为残忍,充分体现出"刑乱国用重典"的思想。最后,形成了直诉制度和死刑复核制度。直诉是指可以越过

---

① 班固. 汉书 [M]. 张永雷, 刘丛, 译注. 北京: 中华书局, 2016.
② 班固. 汉书 [M]. 张永雷, 刘丛, 译注. 北京: 中华书局, 2016.
③ 孔丘. 论语 [M]. 张燕婴, 译注. 北京: 中华书局, 2006.
④ 董仲舒. 春秋繁露 [M]. 周桂钿, 译注. 北京: 中华书局, 2011.

诉讼等级直接向皇帝或钦差大臣诉讼的方式，是一种特别的上诉程序。这一时期对于死刑的态度仍然持谨慎的态度，执行死刑案件必须上奏皇帝复核。魏明帝曾下诏："廷尉及天下狱官，诸有死罪具狱以定，非谋反及手杀人，亟语其亲治，有乞恩者，使与奏。"① 这一制度对后世影响深远。

（三）隋唐两宋时期

隋唐时期是我国封建社会的繁荣与开放时期，尤其唐朝出现了前所未有的盛世景象，其政治、经济、文化的大发展深刻影响了许多国家。这一时期的诉讼制度也得到了很大的发展，日趋成熟与完善。首先，在司法机构方面，相比前朝各代而言，此时的体系更加完善，分工也更具体明确。皇帝以下，中央设大理寺、刑部与御史台来行使国家的审判权。大理寺是最高的审判机关，主要负责中央百官及京师徒刑以上的案件审理；刑部不仅有权参与重大案件的审理，还具有中央、地方上报案件的复核权；御史台是司法监督机关，主要监督大理寺和刑部的司法审判活动。地方司法机关设州、县两级，仍然实行司法与行政合一制，州刺史和县令既是当地的行政长官，又是司法官，且负责刑事与民事等所有案件的审理。其次，在起诉程序方面，主张被害人及亲属主动告发，并且邻里百姓都具有主动告发的义务，若不及时告发还要承担刑事责任。《唐律疏议》规定："即同伍保内，在家有犯，不纠者，死罪，徒一年；流罪，杖一百；徒罪，张七十。"② 特别是对于谋反、谋叛、大逆等重大犯罪案件，知情而不主动告发者会受到法律的严惩。另外，起诉和上诉必须逐级申报，不得越级而诉。《唐律疏议》规定："诸越诉及受者，各笞四十。"③ 再次，在审判组织方面，开创了"三司推事"的会审制度。对于皇帝交办的要案以及其他重大疑难案件，由刑部侍郎、御史中丞和大理寺卿共同审理。除此之外，在证据方面，仍以口供为主，但是对刑讯开始有严格的限制，并特别强调对"八议"以及老、幼等人禁止刑讯。证据方面还有一个最大的进步就是确立了"众证定罪"原则，若证据确凿，即使犯罪人不招供，也可以对其定罪。如"若赃状露验，理

---

① 陈寿. 三国志 [M]. 北京：中华书局，2009.
② 唐律疏议 [M]. 岳纯之，点校. 上海：上海古籍出版社，2013.
③ 唐律疏议 [M]. 岳纯之，点校. 上海：上海古籍出版社，2013.

不可疑，虽不承引，即据状断之。"①最后，对案件的判决，法官要正式宣读判决书，对判决不服者有权上诉或申诉。死刑案件，须经三复奏或五复奏，即必须经过反复复核，最后由皇帝裁定，充分反映出唐代统治者的"慎刑"思想。

两宋时期，商品经济获得巨大发展，经济繁荣程度可谓前所未有，农业、丝织业、造纸业、印刷业、制瓷业等都有重大发展。但社会关系更加复杂，民事纠纷激增，诉讼压力不断增加。宋朝统治者特别重视法制的建设，司法制度取得重大突破，甚至达到中国传统司法制度的巅峰。首先，中央对司法机关稍加调整，进一步加强了司法权的控制。除大理寺外，在宫中另设审刑院，负责上奏案件的备案、评议与审理工作，甚至一度剥夺了大理寺的审判权。地方司法机构有路、州、县三级，其中州、县仍然实行司法行政一体制，但在路一级设立了专门的司法机构，即提点刑狱司，对本地司法案件既有审判权，又有监督权。其次，两宋期间鼓励告奸，但对于诬告和检举不实的要处以连坐处罚。此外，与前朝各代不同，北宋末年开始，逐渐放宽了越级诉讼的禁止规定，南宋甚至增设了"越诉之法"②。再次，宋朝确立了限制诉讼的"务限"法，并规定了诉讼时效的期限。《宋刑统》规定："所有论竞田宅、婚姻、债负之类，取十月一日以后，许官司受理，至（次年）正月三十日住接词状，三月三十日以前断遣须毕。"③不同的纠纷，宋朝规定了不同的诉讼时效，如分家析产的诉讼时效为三年，继承纠纷的诉讼时效为十年④，典当纠纷诉讼时效为三十年⑤。再有，在案件的审判方面，宋朝创立了独具特色的鞫谳分司和翻异别勘制度。"鞫"指审问，"谳"指断案，所谓"鞫谳分司"，就是将审与判二者分离，由不同的官员分别执掌，以达到互相牵制的目的。"翻异"指事后改变主意，推翻口供，"别勘"指由另外的法官或司法机构重审，因此"翻异别勘"指的就是案件初审后，还要将其交由未曾参与过案件的其他法官或司法机构再次提审或重审的制度，这有利于司法的公正，避免冤假错案的产生。最后，宋朝的证据制度更加完

①　唐律疏议［M］.岳纯之，点校.上海：上海古籍出版社，2013.
②　徐松.宋会要辑稿［M］.北京：中华书局，2014.
③　窦仪.宋刑统［M］.北京：中华书局，1984.
④　名公书判清明集［M］.中国社会科学院历史研究所宋辽金元史教研室，点校.北京：中华书局，1987.
⑤　窦仪.宋刑统［M］.北京：中华书局，1984.

善,口供外的物证、书证、勘验结论都受到极大的重视。并且宋代检验技术已非常先进,法医学得到极大的发展,《洗冤集录》《棠阴比事》等法医学著作的出现就是重要的例证。

(四)元明清时期

元朝的诉讼制度也颇有特色。首先,元朝的司法机构设置并不十分规范,且经常变换,缺乏稳定性。大理寺被大宗正府所取缔,且大宗正府作为中央最高司法机关,权力极大,不受御史台的监督。后来,大宗正府的审判权收规于刑部。此外,元朝还设有专门的宗教和军事审判机关。地方的路、府、州、县仍实行司法行政一体制。其次,元朝出现了代理制度。元朝的代理制度仅适用于老人、疾病及退休的官员。《元史》记载:"诸老废笃疾,事须争诉,止令同居亲属深知本末者代之。"[①] 这是我国诉讼史上的重大进步。

明清时期,随着专制主义中央集权的不断强化,诉讼制度也呈现出新的特点。首先,在司法机构的设置上,刑部与大理寺的职能互换,刑部成为中央最高的司法机关。地方的司法机关,在省级专设了提刑按察使司,负责司法审判事务,而州、县仍沿袭之前的司法行政一体制。另外,明朝还设置了厂、卫特务司法机构。而清朝,有关旗人与宗室贵族的案件给予区别对待,一般的审判机关无权过问。其次,诉讼方面,明清时期要求提交书面诉状,起诉和上诉都不得越级进行。另外,明清时期特别重视调解的作用,无论民事还是刑事,无论民间还是官方,都先进行调解。这一时期的调解成为纠纷解决的主要机制和必经阶段。再次,会审制度形成,除"三司会审"外,还有朝审、大审、热审、秋审等会审形式。

二、中国古代诉讼制度的主要特征

(一)诉讼的道德化

儒家思想一直以来占据着中国古代社会的正统之位,众所周知,其最基本的内容就是道德与伦常。因此,中国古代法律的突出特征便是法律的儒家化、法律的道德化。在这种文化背景下,中国古代的诉讼制度处处浸染着浓厚的道德色彩。

---

① 元史 [M].北京:中华书局, 1976.

首先，从观念上来说，无论是形式还是具体内容，甚至诉讼的整个运行过程，无一不显示着道德化理念。从形式上来看，诉讼从一开始就被视为不道德、不光彩、有失体统的行为，会受到来自各方的不解、轻视甚至辱骂；即使站在司法官的角度，诉讼行为的最终目的是为了维护传统道德伦常，而不仅仅是裁决纠纷。因此在诉讼之前，道德观念便已深深植入司法官吏及各方当事人的内心，决定了诉讼内容及运行过程的道德化。可以说，中国古代的"司法"几乎很少以忠实地执行法律为目的，其宗旨通常全在于贯彻伦理纲常。[1] 因此可以说，中国古代社会的诉讼，依法律解决纠纷和维护道德精神原本就是一件事，甚至后者的目的更为重要，这也就成了诉讼道德化的思想理论基础。

其次，诉讼实践的整个过程无处不体现着道德化的特征。一般而言，中国古代的法律建立在宗法伦理的社会背景之中，因此法律的制定与运行必然贯穿着宗法道德的精神要旨，司法审判也要有助于道德目的的实现。《礼记》中强调："凡听五刑之讼，必原父子之亲，立君臣之义以权之。"[2] 可见诉讼中首先要权衡的不是客观事实、证据材料，而是考量是否符合"君臣之义""父子之亲"这类道德原则。古人相信道德教化的力量是无穷的，始终坚信人民有过失、有纠纷，错不在百姓，而是因为道德教化还不够，就像"不教而杀为恶，不戒视成为暴"[3]。正是秉持着这样的价值追求，古代法官在断案时坚守的原则就是："人有争讼，必谕以理，启其良心，俾悟而止。"[4] 历史上有很多以德化人的例证，如《后汉书》记载："仇览少为书生，选为亭长，亭人陈元之母告元不孝，览以为教化未至，亲到元家与其母子饮，为陈说人伦孝行，与《孝经》一卷，使诵读之。元深自痛悔，母子相向泣，元于是改行为孝子。"[5] 在这一案例中，亭长仇览亲自到陈元家中，为其讲述孝道之经义，并令其诵读《孝经》的做法，就是让陈元深刻体会身为人子所负的道德义务，使其明白"人之行，莫大于孝"[6] 的道德伦理。

① 胡旭晟.狱与讼：中国传统诉讼文化研究［M］.北京：中国人民大学出版社，2012.

② 礼记［M］.胡平生，张萌，译注.北京：中华书局，1985.

③ 孔丘.论语［M］.张燕婴，译注.北京：中华书局，2006.

④ 黄溍.金华黄先生文集：叶府君碑［M］.北京：国家图书馆出版社，2005.

⑤ 范晔.后汉书［M］.北京：中华书局，1965.

⑥ 孔丘.孝经［M］.李捷，译注.呼和浩特：远方出版社，1996.

再次,诉讼运行的道德化必然导致司法判决的道德化,其突出表现便是判决中的主要依据大多为伦理道德,而不遵从法律规定。这类案例在历史中亦比比皆是,如书法家颜真卿作抚州刺史时,曾遇到一妻子因丈夫杨志坚贫穷而诉离婚案,颜真卿义愤填膺,挥毫判曰:"杨志坚早亲儒教,颇负诗名,心虽慕于高科,身未沾于寸禄。愚妻睹其未遇,曾不少留。靡追冀缺之妻,专学买臣之妇,厌弃良人,污辱乡闾,伤败风教,若无惩戒,孰遏浮嚣?妻可笞二十,任自改嫁,杨志坚秀才饷粟帛,乃置随军。"①从整个判决可见,其中从未提及或引用任何法律条文,通篇都是对原告的道德谴责,完全是依据伦理道德的规范进行司法判决。这样的判决在中国古代的司法中并不算少数,也不仅存在于某一个时代,可以说从汉代的"春秋决狱"到清朝末年,依据道德伦常进行判决的现象都极为普遍。

(二)诉讼的人情化

中国古代诉讼文化似乎以追求秩序、淡漠权利为价值追求。但事实并非如此,中国传统诉讼文化处处充满着"人情化"的气息。

在中国古代司法实践中,体现着诉讼人情化的案例不胜枚举。东汉时期烈女赵娥的故事便是例证之一。赵娥身为女儿身,杀死地方豪强为父亲报仇雪恨,然后赴县衙自首、认罪伏法。但是主审法官被赵娥的精神所感动,十分敬佩其孝义之举,不忍心给其判罪,并示意赵娥逃走。主审法官自己也准备解下印绶,辞去官职。但是,烈女赵娥最终谢绝了法官的好意,执意以身就刑。这个故事中,赵娥杀人的行为触犯了国家律法,司法官理应依法对其判决,但是法官念及赵娥的英勇孝义之行为,不忍将其绳之以法,甚至以辞官为代价放赵娥逃走,这样的处理饱含着浓浓的人情味。再如郑板桥为县令时判决的一件案例,也充分体现了诉讼中的人情。当时发生了一宗年轻和尚与尼姑的通奸案,二人被众人扭送报官。此种情形,依《大清律》,凡人相奸杖八十或徒二年,僧道犯奸加凡人二等。但郑板桥动了恻隐之心,非但没对其重罚,反而成人之美,信笔题诗,令二人还俗结为夫妻。其诗判曰:"一半葫芦一半瓢,合来一度好成桃,从今入定风规寂,此后敲门月影遥;人性悦时空即色,好花没

---

① 刘昫.旧唐书 [M].北京:中华书局,1975.

处静偏娇；是谁了却风流案？记取当年郑板桥。"①

　　这种人情味十足的判例几乎历代都有,但都十分明显地违背了法律的一般规定,以践踏法律为代价,不仅没有受到国家的责罚,反而赢得了当事人及社会各方的认可与称颂。原因为何？从清朝刑部对一起案件的批复中或许可以得到一些启发。百姓周四在父亲丧期内娶妻周氏,其行为不仅违反"居丧嫁娶"之条,还违反了"同姓相婚"之罪。然而刑部给出的批复却是："律设大法而体贴人情。居丧嫁娶虽律有明禁,而乡曲小民昧于礼法,违律而为婚者亦往往而有。若必令照律离异,转致妇女之名节因此而失。故例称：揆于法制似为太重或名分不甚有碍,听各衙门临时斟酌,于曲顺人情之中仍不失维持礼法之意。凡属办此种案件,原可不拘律文断令完娶。若夫妻本部和谐,则此种违律为婚,既有离异之条,自无强令完娶之理。所有该司书辨周四居丧娶周氏为妻一案,自系临时斟酌,于律例并无不合,应请照办。"②

　　中国古代诉讼的人情化是否意味着诉讼随意任性、毫无章法,律法都成了具文？从大量的历史文献可以看出,古代司法官基本上还是依法裁判、照章而为的。在几千年的古代社会中,违反法律、率性审判的行为还是少数的特殊情况。

（三）诉讼的低程序化

　　中国古代社会始终以自给自足的小农经济为根基,在这种简单的自然经济条件下生长的中国古人,其对世界的理解和认知也相对朴素而单纯,由此形成的思维方式也比较简单,主要特点便是重判断而轻分析、重结果而轻过程、重实体而轻程序。③ 在这种社会背景下发展起来的诉讼文化,虽然历经几千年的发展与完善,形成了一系列规范完整的诉讼制度,如御史监察制度、回避制度、验尸制度、直诉制度、会审制度、死刑复核制度,确实取得了不少成就。但是,总体来说,中国古代的诉讼程序还是比较落后的,和日益发展壮大的实体法相比还远远不够,这也形成了实体法与程序法极度不均衡的状况。

　　首先,中国古代程序法薄弱的主要体现之一便是对诉讼种类划分不明

① 范忠信,郑楚,詹学农．情理法与中国人 [M]．北京：中国人民大学出版社，1992.
② 刑案汇览 [M]．北京：法律出版社，2008.
③ 胡旭晟．狱与讼：中国传统诉讼文化研究 [M]．北京：中国人民大学出版社，2012.

确。中国古代的法律自来就有"诸法合体、民刑不分"的传统,因此在司法诉讼方面表现出来的民事诉讼与刑事诉讼不分的情况便不足为怪了。据《周礼》记载,周朝曾对"狱""讼"进行过明确划分,对民事诉讼与刑事诉讼也进行了区别界定,包括后世一些朝代也在一些具体的案件中对民事与刑事诉讼进行简单的区分,如对"户婚"与"刑狱"案件区分审判。但是,从法定诉讼程序来看,所有这些诉讼活动的法律规定全部源自同一部法典、同一套程序,即刑事诉讼程序,不存在单独的民事诉讼法典或民事诉讼程序规定,哪怕那些具有民事性质的家庭婚姻、继承、田宅纠纷等案件,适用的也始终都是刑律中的诉讼程序。

其次,传统中国诉讼的低程序化还体现在法律程序的残缺不全与模糊不定。中国古代的诉讼,可以说从一开始就不具备任何所谓的法律程序。没有专门的起诉程序,无论民事还是刑事案件,当事人一律向官府检举或告发即可,是否需要书面诉状、是否需要证据材料等内容概没有统一规定;对于刑事案件,也没有专门的刑事侦查程序,对于侦查工作既没有侦查方案,也没有具体的侦查举措,侦查期限更没有详细规定;对于古代诉讼中极为重要的刑事逮捕,关于逮捕机关、逮捕的条件、逮捕的手续等都没有具体的法律规定,州、县司法机关的逮捕,基层组织的捕送,甚至百姓的扭送,统统称之为"捕",可见古代司法程序的混乱;判决做出后,当事人对判决不服的,可以上诉,但是对于"上诉"与"申诉"的区别几乎未做任何规定,二者在程序的启动上也无任何不同。而对于古代民事纠纷,素来以宗族、保甲等基层自治组织的内部解决为主,司法诉讼从来都不是最主要的手段,因此关于民事诉讼的程序更是少有规定。总之,中国古代的诉讼程序极不完整且不规范。

再次,传统中国诉讼的低程序化在庭审过程中表现得更为充分。中国古代对庭审程序规定得较为详细而具有代表性的是明朝,《明会典》记载:"其引问一干人证,先审原告词因明白,然后放起原告,拘换被告审问;如被告不服,则审干证人,如干证人供与原告同词,却问被告,如各执一词,则唤原被告干证人一同对问,观看颜色,察听情词,其词语抗厉颜色不动者,事即必真;若转换支吾,则必理亏,略见真伪,然后用笞决勘;如不服,用杖决勘,仔细磨问,求其真情。"① 大体而言,古代中国的法定庭审程序如下:先依次个别询问原告、被告及相关的证人;若各执一词,则让他们进行对质;若仍然不服,最后实行刑讯拷打。② 可见,这样的庭审程序相当粗略且不规范,并且在实际操作过程中也难以得到严格的遵守与履行。中国古代诉讼审判程序之所以发展迟滞有着多方面的原因。比如,在中国古代的司法实践中,占比最大的民间纠纷大多来源于基层的"自治案件",也就是通过宗族组织或乡、里、亭、保等基础组织的自治即可解决,根本不用诉讼解决。再如,那些民事案件和轻微的刑事案件,地方官员几乎以调解息讼为原则,几乎不按照法定的审判程序运作。而对于调解来说,便更谈不上什么严格的诉讼程序了。还比如,由于古代法律规范并不完善,对于诉讼过程中无法可依或者法律规定不符合传统伦常之时,法官便会充分发挥其"自由裁量权"。而这"自由裁量权"并没有所谓的程序规范,法官可以自由发挥,这使得传统诉讼过于随意任性,不仅容易滋生司法腐败,在根本上也不利于法律的发展。

第二节　中国古代诉讼制度的精神内核

中华优秀传统法律文化积淀着中华民族最深层的精神追求和价值取向,特别是其中蕴含的丰富深厚的"和谐"精神与"无讼"理想,成了中国古代诉讼制度的精神内核与总原则。中国传统诉讼文化的这一价值取向不仅支配着传统社会的诉讼观念和诉讼活动,也从根本上决定了中国传统诉讼文化的本质和特征。

一、"和谐"精神与"无讼"理想

中国传统文化博大精神、源远流长,其中蕴含着丰富的"和谐"精神与思想,这些内容是我们中华民族精神的重要内涵,也是我们世世代代构建和谐社会宝贵的思想源泉。而"无讼"则是实现"和谐"社会的最重要的条件之一,正如孔子提出的"听讼,吾犹人也,必也使无讼乎!"③ 实际上,"无讼"的

① 明会典 [M].北京:中华书局,1989.
② 胡旭晟.狱与讼:中国传统诉讼文化研究 [M].北京:中国人民大学出版社,2012.
③ 孔丘.论语 [M].张燕婴,译注.北京:中华书局,2006.

理想正是"和谐"理想在法律领域的具体落实,二者密不可分。

(一)"和谐"精神

自古以来,中国人理想中的社会都是"和谐"社会,中国人骨子里对"和""和谐"有着特别的情怀。早在春秋战国时期,老子便对理想社会提出了构想:"小国寡民,使有什伯之器而不用,使民重死而不远徙。虽有舟舆,无所乘之;所有甲兵,无所陈之。使复结绳而用之。甘其食,美其服,乐其俗,鸡犬之声相闻。民至老死不相往来。"[①] 而孔子更是提出了大同社会的构想,《礼记》记载:"大道之行也,天下为公。选贤与能,讲信修睦,故人不独亲其亲,不独子其子;使老有所终,壮有所用,幼有所长,矜寡、孤独、废疾者皆有所养;男有分,女有归。货恶其弃于地也,不必藏于己;力恶其不出于身也,不必为己。是故谋闭而不兴,盗窃乱贼而不作。故外户而不闭,是为大同。"[②] 所以,无论是老子的"小国寡民",还是孔子的大同社会,各家各派对其向往的理想社会有着不同的理解,但精神却高度一致,那便是人与自然之间、人与人之间以及人与自身之间,能够和睦共生、安宁无争。

1. 人与自然的和谐——"天人合一"

中国古人早就认识到,自然界是人类赖以生存的前提条件,因此,敬畏自然、天人合一是中国传统文化的重要特征。"天人合一",强调人与自然要和谐共生,要认识自然、尊重自然并爱护自然。老子曾说:"人法地,地法天,天法道,道法自然。"[③] 老子主张人应当尊重自然规律,崇尚自然、效法天地。庄子也说:"天地有大美而不言,四时有明法而不议,万物有成理而不说。"[④] 庄子强调人要顺应自然,与自然保持协调,从而达到"天地与我并生,而万物与我为一"[⑤] 的境界。

儒家也从理论上明确提出了"天人合一"的和谐理念。《礼记·中庸》曰:"诚者,天之道也;诚之者,人之道也。""唯天下至诚,为能尽其性;能尽其性,则能尽人之性;能尽人之性,则能尽物之性;能尽物之性,则可以赞天地之化

---

① 老子 [M].汤漳平,王朝华,译注.北京:中华书局,2014.
② 礼记 [M].胡平生,张萌,译注.北京:中华书局,1985
③ 老子 [M].汤漳平,王朝华,译注.北京:中华书局,2014.
④ 老子 [M].汤漳平,王朝华,译注.北京:中华书局,2014.
⑤ 庄子 [M].方勇,译注.北京:中华书局,2015.

育,则可以与天地参矣。中也者,天下之大本也;和也者,天下之达道也,致中和,天地位焉,万物育焉。"① 于此,儒家强调天、地、人的和谐发展,人不是天地的主宰,而应当顺应天人和谐,唯有达到了中和,天地才会各安其位,万物便生长发育了。宋代思想家张载在总结前人"天人为一""天人相参"学说的基础上,首次使用了"天人合一"的概念,并提出"民吾同胞,物吾与也"②,指出天、地、人等万物本身就是一个和谐的整体,相互之间应该亲密友爱,和谐共处。所以,关于人与自然之间关系的讨论与研究,从古至今从未停止过,中国古代关于人与自然和谐发展的理论,也为当代社会人与自然的发展指明了方向。

2. 人与人之间的和谐——"以和为贵"

在人与人之间的关系中,传统社会秉持"以和为贵"的和谐思想主张,与人为善、宽和处事,从而形成和谐的社会环境。众所周知,儒家思想对中国古代社会的影响最为深刻,孔子不仅提出了"礼之用,和为贵"的价值取向,还提出了忠、孝、诚、信、敬爱、仁义、道德等原则。孔子说:"君子衿而不争,群而不党"③;"仁者莫大于爱人"④;"爱人者则人爱之,恶人者则人恶之,知得之己者则知得之。"⑤ 可见,孔子提出的理想人格就是宽厚待人、仁爱大家,从而创建出和谐的人际关系。孟子也认为:"天时不如地利,地利不如人和。"⑥ 并将其"性善论"进行深刻的阐释,认为只要将人性中的善推及至每个人,就可以实现"老吾老以及人之老,幼吾幼以及人之幼"⑦ 的和谐社会,最终达到"人不独亲其亲,不独子其子"⑧ 的大同社会最高境界。道家强调人际关系的和谐,主张避免冲突,实现社会安定。老子给人们描绘了一个"无欲""无为""无争"状态下小国寡民的理想社会,主张"去甚、去奢、去泰""知止""知足",要人们效法天道,实现社会的均衡发展,达到人与人之间和谐共生。中国传统文化中

---

① 礼记 [M]. 胡平生,张萌,译注. 北京:中华书局, 1985.
② 张载. 张载集 [M]. 北京:中华书局, 1978.
③ 孔丘. 论语 [M]. 张燕婴,译注. 北京:中华书局, 2006.
④ 礼记 [M]. 胡平生,张萌,译注. 北京:中华书局, 1985.
⑤ 孔子家语 [M]. 王国轩,王秀梅,译注. 北京:中华书局, 2011.
⑥ 孟子 [M]. 方勇,译注. 北京:中华书局, 2017.
⑦ 孟子 [M]. 方勇,译注. 北京:中华书局, 2017.
⑧ 礼记 [M]. 胡平生,张萌,译注. 北京:中华书局, 1985.

"以和为贵"的人生价值深刻影响了一代代的炎黄子孙,在历代的文化建设中不断向前发展,成为中华民族传统文化的重要组成部分。天地之间,人"最为天下贵也"①,而人则以"和"为贵。

3.个人身心的和谐——"神形合一"

在身与心的关系上,中国传统文化认为,人应当追求身与心的和谐状态,身心健康的人应怀有一种平和、恬淡的心境。古人对个人身心的和谐观,称为"神行合一",这要求人必须具有良好的道德修养和高尚的人格,如此才能做到身与心的和谐一致。儒家十分重视修身的重要作用,认为人们应当以"修身"为本,不仅要"三省吾身","行有不得,反求诸己"②,更要尽心知性、自我修养,从而进入高尚又和谐的人生境。儒家心目中的理想人格便是"君子",并对"君子"提出了具体的标准与要求。孔子认为,君子应有"三戒""四绝""五美""九思"。所谓"三戒",《论语》曰:"少之时,戒之在色;及其壮也,戒之在斗;及其老也,戒之在得。"③所谓"四绝",《论语》曰:"毋意、毋必、毋固、毋我。"④而所谓"五美",《论语》曰:"君子惠而不废,劳而不怨,欲而不贪,泰而不骄,威而不猛。"⑤君子还应有"九思":"视思明,听思聪,色思温,貌思恭,言思忠,事思敬,颖思问,忿思难,见得思义。"⑥孔子认为,人唯有通过以上的自我修行,才可谓真正的"君子",才可谓达到了"神形合一",做到了自我身心的和谐。老子也主张人的形体与精神的合一,他说:"载营魄抱一,能无离乎?"⑦"塞其兑,闭其门,挫其锐,解其分,和其光,同其尘。"⑧只有具有和谐的人格,人才能拥有宽广的胸怀,澄明自我,化解恩怨,顺应环境,永远保持平和的心境。

(二)"无讼"理想

任何一个文明社会,都会有家庭矛盾、邻里不和、经济纷争等各种问题,

---

① 荀子 [M].方勇,李波,译注.北京:中华书局,2011.
② 孟子 [M].方勇,译注.北京:中华书局,2017.
③ 孔丘.论语 [M].张燕婴,译注.北京:中华书局,2006.
④ 孔丘.论语 [M].张燕婴,译注.北京:中华书局,2006.
⑤ 孔丘.论语 [M].张燕婴,译注.北京:中华书局,2006.
⑥ 孔丘.论语 [M].张燕婴,译注.北京:中华书局,2006.
⑦ 道德经 [M].张景,张松辉,译注.北京:中华书局,2021.
⑧ 道德经 [M].张景,张松辉,译注.北京:中华书局,2021.

当然也会有诉讼,对此我们并不觉得特别奇怪。但值得我们深思的是人们对诉讼所持的态度,几千年来,那种"使无讼"的态度甚至改变甚微,"无讼"可以说是古人孜孜以求的美好理想。上文提及,和谐是人与自然、人与人、人与自我相处的最高境界,同时和谐也是产生"无讼"意识最本质的根源。

"天人合一"的基本精神是和谐,法律施之于社会也遵循着和谐的精神。董仲舒提出:"庆为春、赏为夏、罚为秋、刑为冬,庆赏罚刑之不可不具也,如春夏秋冬之不可不备也。"①因此,"天人合一"的自然和谐观逐步发展,也深深影响着人与人之间、人与社会之间和谐观的全面发展。和谐观与传统中庸思想根植于中国古代的土壤中,发展得根深叶茂。他们被国人普遍接受,成为处事的原则和人格修养的信条。正是和谐观的根深蒂固,导致了对诉讼的实质性否定。在这样的思想背景下,根本不可能产生发达的诉讼观念,甚至连诉讼的价值也不可能被人们所认知。《易经》言:"讼。惕,中吉,终凶。"②正因讼则终凶,所以诉讼的解决方式被认为是一种专断、极端的方式,与和谐的要求背道而驰。它破坏了社会的和谐秩序,让人与人之间、人与社会之间产生了冲突与对立,完全不符合人们追求"和为贵"的人生信条。正因如此,诉讼一直以来被人们厌弃、被社会轻视,始终没有得到系统充分的发展。

在和谐观与中庸思想的影响下,"无讼"成为历代统治者社会治理的最高要求,同时也是统治者们孜孜以求的礼治社会的重要标志。"无讼"不仅关乎政治统治秩序的稳定,还涉及各级官吏的职责和政绩。正如顾炎武所说:"人聚于乡易治,聚于城易乱……聚于城,则徭役繁,狱讼多,欲民之有恒心,不可得也。"③所以息讼、求"无讼"是古代各级官员的首要职责。清代皇帝曾训令地方官吏说:"州县官位民父母,上之宣朝廷之德化以移风易俗……由听讼以驯致无讼"。因此,那些衔恩受命的地方官吏们,他们解决纷争的理想手段不是听讼决狱,而是礼义教化。各级官吏的最大政绩,不是审理案件的多少,而是是否使百姓"民风淳朴",使人们"皆以争讼为耻""几致刑措"等。"无讼""少讼"成为地方官吏们政绩卓著的标志。社会舆论也对那些能够致力于息

① 董仲舒. 春秋繁露 [M]. 周桂钿,译注. 北京:中华书局,2011.
② 易经 [M]. 武汉:武汉市古籍书店,1988.
③ 陈弘谋. 从政遗规 [M]. 北京:中国商业出版社,2010.

讼的地方官褒扬有加,而不考虑其"息讼""少讼"背后的真实结果。西汉时,韩廷寿"为东郡太守,以德为治,三年之间,令行禁止,断狱大减,为天下最",郡内"二十四县莫复以词讼自言者"①,可以说这就是这位太守最大政绩。在这样的政治环境与文化背景下,"所有想标榜自己政绩的统治者,几乎都不约而同地用'几致刑措'、'刑措而不用'、'囹圄空虚'之类的话来为自己树碑立传,这体现了他们的一个共识,只有实现'无讼',才是实现了真正的、根本意义上的理想世界,才算是真正的政绩"②。可见,在这样一种政治理念背景下,"无讼"理所当然地会成为中国传统诉讼文化最根本的价值取向。

二、贯彻伦理纲常

(一)伦理纲常——诉讼的最高准则

中国古代社会是以家族主义为本位的宗族社会,因此维护宗法的伦理精神和道德原则深刻影响着整个社会。在这种社会背景下,中国古代的司法究其最根本的目的和宗旨,并非以权利义务为中心的法律,而是贯彻伦理纲常。

伦理纲常不仅是古代诉讼运作的最高标准,甚至可以成为审判的直接依据,"经义决狱""春秋决狱"和"以礼决讼"等都是典型的例证。直至隋唐时期,随着"以礼入法"与"礼法结合"的全面推进,国家法律及诉讼制度进一步规范与完善,之前那种直接依据伦常断讼的现象不再盛行,法律也明确规定"诸断罪皆须引律、令、格、式正文"③。法律虽如此规定,但在实际的诉讼实践中,各级法官在案件审理过程中始终都将情、理、法多重因素进行综合考量,尤其州县等基层司法机构不具引律例条文断狱现象更加普遍。在诸多的决讼标准与因素之间,始终占据主导地位的依然是伦理纲常。因此,无论是在隋唐以前,以"礼治"为主的"春秋决议"时代,还是在隋唐以后更加注重依律令裁判的时代,诉讼运作过程中贯彻和维护儒家伦理纲常始终都是中国传统诉讼文化的重要精神内核。

---

① 班固.汉书[M].张永雷,刘丛,译注.北京:中华书局,2016.
② 范忠信,郑楚,詹学农.情理法与中国人[M].北京:中国人民大学出版社,1992.
③ 唐律疏议[M].岳纯之,点校.上海:上海古籍出版社,2013.

（二）诉讼中的伦理纲常体现

1. 维护孝道

中国古代的伦理纲常首重孝道，《汉书》有曰："夫孝，天之经、地之义、民之行也。"[①] 所以，孝被置于天经地义的理论高度，并作为百姓的基本行为准则。中国古代的诉讼文化中，但凡关乎孝道，只要不危及国家政权统治秩序，其诉讼理念和诉讼运作都会将"孝"置于法律之上。在"孝道"面前，法律甚至可以忽略不计。

在中国传统诉讼文化中，最能体现孝道这一伦理纲常的价值体现便是古人对复仇案件的处理。如前文提及的赵娥为父报仇一案的判决，从另一个角度可以看到，法官之所以置法律规定于不顾，弃官而助赵娥逃走，最初缘由是出于赵娥的一片"孝心"，法官为之感动并产生怜悯之情。最终，因为法官出于对孝道的维护，其做法也受到了社会舆论的一致称赞。在中国古代，像这样因为孝道而复仇的案例不计其数，而在"以孝治天下"的时代，这些案件最后大多能得到宽宥，甚至被称颂。在古代，心中是否存有孝道，竟可以成为决定罪与非罪的重要因素。东汉名儒孔融为北海相时，曾对两起案件做出如此判决："有遭父丧，哭泣墓侧、色无憔悴，文举杀之。有母病瘥，思食新麦，家无，乃盗邻人熟麦而进之，文举闻，特赏之。盗而不罪者，以为勤养於母也；哭而见杀者，以为哀而不实也。"父丧却哭得不够悲伤，便成为有罪被杀的理由；盗麦是出于至孝，不仅不受责罚，反被赏赐。这类事迹在史籍中十分常见，而且被传为美谈，充分揭示了传统诉讼文化的价值取向。

对于伦理纲常，特别是孝道的维护，体现更明显的便是各级司法机关常常无原则、无条件地捍卫家长对子女的特权。其中"不孝罪"的设立便是典型体现。当今社会的"不孝"仅属于道德范畴，但是中国古代的"不孝"却是一个非常可怕的罪名，处罚极其严厉。所谓"五刑之属三千，而罪莫大于不孝"[②] 自汉朝开始，随着传统法律儒家化的深入发展，"不孝罪"成为一种广泛适用的罪名，并成为法律打击的重点。在实践中，父母可以以"不孝罪"随意控告子女，请求官府对其子女进行惩罚，甚至处死。除"不孝"之外，家长和法官们

[①]　班固. 汉书［M］. 张永雷，刘丛，译注. 北京：中华书局，2016.
[②]　孔丘. 孝经［M］. 李捷，译注. 呼和浩特：远方出版社，1996.

经常用到的罪名还有"违反教令""供养有阙",但这些条款模糊含混并富有弹性,一般很难确定。至于子孙对父祖的殴伤或致死行为,其处罚就更重了,即便子孙的殴伤或致死行为因意外事件或纯属父祖个人所致,依然不妨碍对最终结果的判定。

2. 依服制裁判

服制是中国传统社会里一项极具特色又至关重要的制度,是中国古代宗法制的重要遗产之一。在诉讼文化领域,依服制裁判也集中体现了诉讼运作中维护伦理纲常的价值取向。对古人来说,服制不同,则名分不同,名分不同,其权利义务则不同。服制是区分亲属间亲疏远近关系的重要标准,在实体法上,则体现着不同的权利义务、不同的定罪量刑原则;在程序法上,只要事关伦理纲常,明确服制成为司法运作的第一程序。亲属间的争讼,若服制不明确,司法程序则无法启动。所以,服制对古代诉讼具有重要的作用。

在审理亲属之间的侵害案件时,司法官首先需要明确的便是亲属间的亲等关系,然后再在此基础上定罪量刑。在古代诉讼的判决或司法文书中,往往在当事人的名字前冠以服制说明,如《刑案汇览》中多处可见如此表述:"XX主使小功服侄 XX 殴死功服尊属。"自元朝开始,各朝律法都载有丧服图,但就算丧服图制作得再精细,也难以将所有的情况标明,尤其是过继、收养等特殊情况下的服制问题,很难全面包罗。因此,在具体的司法实践过程中,明确服制、确定亲属间的关系往往十分棘手,但服制的确定又关乎伦常,法官亦不敢轻举妄动,从而造成很多案件迟迟不能决断,成为中国古代司法的独有特色。如清朝乾隆年间一则关于确定服制问题的疑难案件,十分能说明服制在古代诉讼中的特别意义。直隶省的王必俭被过继给其胞叔为子,胞叔死后,王必俭与其胞叔的小妾产生矛盾,一怒之下将其摔死。司法官员们受理此案时,陷入困境。因为王必俭与其胞叔小妾之间到底应定为何种服制,在传统礼制中并没有规定,从而导致该案迟迟无法决断。刑部官员们亦为此大伤脑筋,最后仍无法定夺,无奈之下,将这一服制问题移送至礼部,请求其确定服制。礼部官员因为在传统礼制中并未找到任何此种关系的明确规定,也不敢轻易答复,最后只好又将问题退回到刑部。刑部对此非常愤怒,申言"服制攸关之案,必先定服制,乃可科以刑名",再次将案件报送礼部。最后,礼部只能再三斟酌,确定其服制为小功,并报请皇帝裁准。在服制确定之后,刑部才进入案件的审理程序,最后依殴杀小功尊长律处王必俭绞监候。

3. 存留养亲与代刑制度

在中国传统诉讼文化中,还有一项特别能够彰显维护伦理纲常的制度,即"存留养亲"制度。在判决的执行中,考虑到犯人直系尊亲属年老应侍而家无成丁,若所犯系死罪,只要非"十恶"则允许上请,若处流刑可以免发遣,徒刑可缓期,将犯人留下照顾老人,老人去世后再实际执行。另外,当家中尊亲属系守节满 20 年的寡妇,虽未年老,其独子亦允许申请留养,以矜其贞烈之志。总之,以上种种,其主要着眼点都在于家族与伦理纲常。"存留养亲"制度是北魏孝文帝时期创制的,《北魏律》规定:"诸犯死,若祖父母、父母七十以上,无成人子孙,旁无期亲者,具状上请,流者鞭笞,留养其亲,终则从流,不在原赦之例。"按照儒家传统理念,子孙对尊亲属具有养老送终的义务。因此,北魏孝文帝曲法伸情、特制令格,并为后世所沿袭。这一制度强调的是家庭关系的稳定,是中国古代法律家族化、伦理化的体现。但是,同样出于维护伦常的需要,对"存留"之制也有诸多限制:杀人者是独子,但被杀者也是独子的情况下,不准留养;若杀人者为不孝者或所犯系奸盗诱拐等恶性伦理案件,不准留存;曾经"忤逆"父母、触犯刑名被父母逐出家门者,不得留养;等等。

古代司法实践中颇为盛行的代刑制度,也体现着传统诉讼文化贯彻伦常的精神内核。刑罚的对象应该是犯罪者本人,这本是无可厚非之事,他人并无代之受刑的道理。但是在中国古代却有大量这种案例:犯人的子女或兄弟念及亲情,自愿为犯罪的父母兄长代受刑罚,甚至代为死刑。对于这样的现象,结果往往是官府深为这种孝义精神感动,因而免却犯人的刑责,甚至对子女的行为进行褒奖。这种行为背后深藏着诉讼文化中的伦理纲常价值。历史上最早、最著名、影响最大的代刑案当属脍炙人口的缇萦上书、以身救父的故事。据《汉书》记载:"(汉文帝)即位十三年,齐太仓令淳于公有罪当刑,诏狱逮系长安。……其少年缇萦,自伤悲泣,乃随其父至长安,上书曰:'妾父为吏,齐中皆称其廉平。今坐法当刑。妾伤夫死者不可复生,刑者不可复属,虽后欲改过自新,其道亡繇也。妾愿没入为官婢,以赎父刑罪,使得自新。'书奏天子,天子怜悲其意,遂下令曰:'……其除肉刑,有以易之.'"① 古代最为常见的代刑案例就是这种子女乞求代父母死刑的情况,除此就是兄弟间的代刑现象。因代刑之情便宽宥罪犯,这种做法在当今看来,严重破坏了正常的司法诉讼程序。但是,这样的制度让我们更加理解了传统诉讼文化中对伦理纲常特别维护的价值取向。

三、息讼

正如前面内容已述,"和谐"精神与"无讼"理想是中国传统诉讼文化总的价值取向。为了实现"无讼"的目标,统治者们通过运用国家力量及行政手段,不仅让"无讼"意识播撒在社会的土壤之上,还为这种意识的蔓延生长构筑了坚强的篱墙。最主要的表现便是,统治者们运用各种手段和方式迫使当事人打消诉讼的念头,自觉撤销讼争案件,从而达到息讼的目的。

(一)拖延

以拖延的方式来达到当事人主动息讼的目的,是古代司法官员常用的手段。这一方法的早期运用,甚至可以追溯到"至圣先师"孔子。据《荀子》记载:"孔子为鲁司寇,有父子相讼者,孔子拘之,三月不别。其父请止,孔子舍之。"② 在孔子看来,"父子相讼"无论是非如何,都有损人伦之义,且伤及亲情,因此故意拖延了三个月不做审理。孔子的这一举动,其实就是利用拖延的方法静候当事人的思想发生转变。最终当事人果然主动请求终止诉讼,达成了孔子的息讼目的。在明朝冯梦龙编撰的《增广智囊补》中,记载了一位非常喜欢以拖延手段息讼的太守:"赵豫为松江府太守,每见讼者非急事,则谕之曰'明日来。'始皆笑之,故有'松江太守明日来'之谣。不知讼者来,一时之忿,经宿气平,或众为譬戒,因而息者多矣。比之钩钜致人,而自为名者,其所存何啻霄壤。"在"无讼"的社会背景下,古人不到万不得已是不愿涉诉的,因为打官司、参加诉讼,被认为是道德败坏的行径,不仅当众丢人,还有损颜面。所以,当事人在面对诉讼一事时,其心理承受的道德压力远超过法律本身。而以上的赵太守正是深谙其中道理,以"明日来"为借口而拖延诉讼,使大多数

① 班固. 汉书 [M]. 张永雷,刘丛,译注. 北京:中华书局, 2016.
② 荀子 [M]. 方勇,李波,译注. 北京:中华书局, 2011.

案件不诉而自消。然而,我们也必须看到,无谓又无原则的拖延存在着明显的弊端,不仅严重影响了审判的工作效率,更破坏了正常的司法秩序,因此以拖延的方法来息讼,一般是难以得到国家认同的,所以法律也不允许故意拖延审判。但是,在重刑轻民的传统社会,也只有刑事诉讼得到了相应的制约,民事审判中的拖延行为仍司空见惯,国家对此行为采取的也是放任甚至鼓励的态度。

(二)拒绝

依据中国传统社会的道德标准,君子应当重义轻利、谦和礼让,争讼则意味着品性的不端、道德的沦丧。所以,一般的社会心理都有这样一种共识:有德之人不会兴讼,民风淳朴之地必定少讼。所以,古代的地方官员对百姓兴讼的行为倍加反感,更视当事者为刁顽不化、好事之徒,为减少诉讼,实现"无讼"或"少讼",有时甚至直接拒绝受理。

其实,魏晋以后,国家法律已经明确规定,对刑事案件的控告不允许擅不受理,违者以犯罪论。但是,法律却没有规定关于民事纠纷拒绝受理的责任问题,从中我们也能看到官方对这一问题的基本态度。也就是说,官方已经默认了法官在民事纠纷方面享有一定的自由裁量权。所以,对古代的法官来说,拒绝受理民事案件,一般不存在任何法律上的责任。拒绝受理的出发点当然是减少诉讼,但是拒绝的理由却几乎不关乎案件事实本身,概括性地以败坏伦常、干犯名教,或锱铢必较、睚眦必报等借口拒绝受理。如清人樊增祥为官时就曾拒绝诉讼:"为买卖田地之故,与族众结果讼不休,辄欲本司提人于千里之外,居心阴毒已极,不准!"又如:"尔以紫阳县民,不远千里来省上控,而所控者无非买卖田地钱财胶葛之事,辄敢指控被证九人之多,其健讼拖累已可概见。本应惩责押递,姑宽申饬。"在这两份批词中可见,樊大人认为,因为"买卖田地钱财胶葛之事"而诉讼,实属道德败坏的行为,因此要求"提人于千里之外",被视为"居心阴毒已极";而"指控被证九人之多",更被视为"健讼拖累"的依据。而关于当事人提起诉讼的客观事实为何、理由是否充分、证据材料是否齐全等,樊大人却是不屑一顾的。所以,这种强行的息讼并不会带来风俗沐美、一团和气,而只会留下更大的社会隐患。

（三）感化

孔子曰："道之以政，齐之以刑，民免而无耻；道之以德，齐之以礼，有耻且格。"① 孔子向来重视道德教化对人的作用，若将其运用到诉讼中，便可以成为另外一种息讼方法，即感化。通过感化的手段达到息讼的目的，在古代司法中也是惯常手段，在文献资料中十分常见，如《后汉书》记载："（鲁）恭专以德化为理，不任刑罚，讼人许伯等争田，累守令不能决，恭为平理曲直，皆退而自责，辍耕相让。亭长从人借牛而不肯还之，牛主人讼于恭。恭召亭长，勒令归牛者再三，犹不从，恭叹曰'是教化不行也。'欲解印绶去，椽吏泣涕共留之，亭长乃惭愧还牛，诣狱受罪，恭贳不问。"② 以教化来治理黎民百姓，本来就是一方牧守的职责所在，像鲁恭这样可以达到"专以德化为理"的程度，实属不易。孔子始终认为只有教化才能让人有知耻之心，并通过自我检讨而归于正道。董仲舒甚至认为："古者修教训之官，务以德善化民。民已大化之后，天下常亡一人之狱矣。"③

虽然人们十分清楚，理想和现实总是有一定的差距。但是通过大量的史籍记载，在中国古代社会，通过教化来息讼确实取得了显著成绩，可以说具有丰富的诉讼成功经验，在现代社会中仍然具有强大的生命力和影响力。

（四）设"教唆词讼罪"

古人将那些鼓励、怂恿他人兴讼或代写诉状的人称为"讼师"甚至"讼棍"，从这些称呼中便可以看出人们对这类人的轻蔑及厌恶之情。并且，为了达到息讼的目的，还设置了专门的法律进行打击。根据史料记载，将"教唆词讼"行为以犯罪论，最早应源于唐代。唐律曰："诸为人作辞牒，加增其状，不如所告者，笞五十。若加增罪重，减诬告一等。""即受雇诬告人罪者，与自诬告同，赃重者，坐赃论，加二等；雇者，从教令法。若告得实，坐赃论，雇者不坐。"唐律对代替他人拟写诉状者进行了严格的限制，以防其夸大其词甚至擅自增加事实，并且对收费代写诉状的行为一概视为犯罪，而无论内容虚实。即使仅以口头方式教唆他人兴讼，不论内容是否属实，教唆者都要承担法律责

---

① 孔丘. 论语 [M]. 张燕婴，译注. 北京：中华书局，2006.
② 范晔. 后汉书 [M]. 北京：中华书局，1965.
③ 班固. 汉书 [M]. 张永雷，刘丛，译注. 北京：中华书局，2016.

任。宋朝的《名公书判清明集》中关于惩治讼师的材料便有十余条之多，无论讼师是否有干扰司法的行为，都常会受到无故的处罚。对讼师而言，只要言辞稍有不慎便会落入法律的罗网。所以，在这样的文化背景下，不仅讼师行业没有任何发展空间，目不识丁的百姓在诉讼面前更为畏惧，因此便达到了息讼的目的。

四、维护秩序

中国传统诉讼文化的精神内核及价值追求，除以上几点外，维护秩序也是传统诉讼文化的重要价值目标。从中国传统文化的价值取向来看，对于秩序的维护，不仅包括对自然秩序的维护，还包括对国家政治秩序的维护、社会等级秩序的维护以及家族伦理秩序的维护等诸多方面。但从传统诉讼文化角度考虑，仍以国家政治秩序与家庭伦理秩序为主，下面进行简要论述。

（一）维护国家政治秩序

上文已多次提及，中国古代法律文化素来以"重刑轻民"为主要特征，因此维护国家政治秩序便成为中国传统刑事诉讼的主要内容之一，这主要体现在刑律中有关控告犯罪的各项政策以及惩处犯罪的相关规定上。

中国古代社会虽然追求"无讼"，各级官员更试图用各种手段阻止诉讼的发生，然而当涉及国家政权安危、关乎统治阶级根本政治利益时，法律不但不予以限制，反而全力支持并鼓励百姓进行控告、强制官府受理，由此体现出中国古代政治秩序高于一切的价值取向。但中国古代真正将国家政治秩序作为刑事诉讼的首要目标，还应源于春秋战国时期的法家。与儒家的家族主义本位不同，以商鞅、韩非子为首的法家明确提出，国家的政治秩序应当高于家族伦理秩序。因此，为维护国家政治秩序的太平与稳定，法家不仅提倡和鼓励"告奸"行为，还对隐匿犯罪的行为予以重罚，这就是"令民为什伍而相收司连坐，不告奸者腰斩，告奸者与斩敌首同赏，匿奸者与降敌同罚"①。就连官吏之间，国家也鼓励"告奸"行为："守法守职之吏有不行王法者……周官之人，知而奸之上者，自免于罪，无贵贱，尸袭其官长之官爵田禄。"② 不仅如此，就连

① 司马迁．史记［M］．北京：中华书局，2008.
② 商君书［M］．石磊，译注．北京：中华书局，2011.

亲属之间，国家也鼓励告发，认为告奸行为不应为亲属关系所妨碍，这叫"不害于亲"①。在法家的治理下，秦朝关于控告方面的法律发展的迅速且完备。

汉代以后，儒家思想再次复兴，法家的势力渐衰，但法家倡导的奖励控告的政策却流传了下来，尤其是对于严重的政治犯罪，官府必须受理，否则会受到法律的惩罚。如对"谋反""谋大逆""谋叛"等涉及国家根本政治利益的犯罪，历代法律均规定予以重罚并绝不宽恕。儒家倡导"亲亲得相首匿"，但"谋反""谋大逆""谋叛"者不在之列；"八议"者享有法律特权，但"谋反""谋大逆""谋叛"等重罪不能适用；法律严禁奴告主、卑幼告尊长，但若是"谋反""谋大逆""谋叛"，则必须告；法律严禁以匿名文书告发犯罪，但若涉及谋逆以上政治重罪，则"理须闻奏，不合烧除"②。综上可见，对中国传统刑事诉讼而言，维护国家政治秩序才是首要的任务和目标。

此外，中国传统诉讼文化体现在对国家政治秩序的维护方面，还包括对诉讼期限以及行刑时间方面的特别规定。历代法律都有规定，对谋叛以上政治犯罪，官府必须立即处理，否则将受到严厉的制裁。如《唐六典》规定："凡告言人罪，非谋叛以上，皆三审之。"③即控告一般的犯罪，官府必须三次进行告知，才正式受理，目的是使控告者慎重行事。唯独谋反、谋大逆、谋叛例外。再如《唐律疏议》规定："诸知谋反及谋大逆者，密告随近官司，不告者，绞。知谋大逆、谋叛不告者，流二千里……官司承告，不即掩捕，经半日者，各与不告罪同。"④除此之外就是行刑时间问题。一般的犯罪案件，死刑执行要到秋冬才能行刑，但是谋反、谋叛、谋大逆等严重政治性犯罪，则不必待秋冬行刑，一经皇帝裁决即可立即执行，此所谓"决不待时"。

国家对政治秩序的维护可谓国家治理的第一要务，因此在传统诉讼文化中对相关政治犯罪均予以区别对待并给予罪严厉的处罚。

（二）维护家族伦理秩序

关于家族伦理秩序，可以说是中国古代文化中内容最丰富、关注度最高

---

① 商君书 [M]. 石磊，译注. 北京：中华书局，2011.
② 唐律疏议 [M]. 岳纯之，点校. 上海：上海古籍出版社，2013.
③ 唐六典 [M]. 陈仲夫，点校. 北京：中华书局，2014.
④ 唐律疏议 [M]. 岳纯之，点校. 上海：上海古籍出版社，2013.

的一个方面,从传统诉讼文化的角度来看,也是其重要的价值追求。这一内容与前述"贯彻伦理纲常"内容有诸多重合之处,因此不再全面展开论述,仅简要述之。

不得否认,"秩序"一直以来都是传统法律文化孜孜以求的目标,而尊卑有别、长幼有序正是中国古代礼制下的家族等级秩序追求。为了维护家族内部的伦理秩序,古代社会制定了一系列独特的控告政策:如严格限制卑幼告尊长的行为,而父祖、尊长却可以随意控告子孙、卑幼,这样的制度设置就是为了维护家族内部家长的权威,使"父为子纲""尊卑有别"的伦理秩序有效运转。秦代,法律就明确地将"子告父母,臣妾告主"列为"非公室告",规定"非公室告,勿听;而行告,告者罪"①。这就是对卑幼告尊长的禁止规定,若卑幼不听劝阻强行控告,官府不但不予受理,还要追究卑幼的法律责任。但相反的是,尊长可以对卑幼的行为进行控告,甚至可以以"不孝""违反教令"的罪名指控卑幼,请求官府代为惩治。如"父母控子,即照所控办理,不必审讯。"②"如果法官追问谁是谁非,便等于承认父母的不是,而否认父权的绝对性了。"③

此外,汉代建立的"亲亲得相首匿"原则,正是为了维护家族秩序的稳定与和睦,只要不违反国家的根本政治秩序,家族成员间便应当相互隐瞒。法官也无权命其亲属出庭作证或出具证词,若有违反,法官还须承担相应的刑事处罚。总之,中国古代诉讼文化中维护家族伦理秩序的类似规定还有很多,在此便不再一一赘述。

第三节　中国古代诉讼制度的基本原则

谈及中国古代的法律,素来以重刑主义为主要特征,且重实体、轻程序。因此中国古代的刑法异常发达,体系完备、内容规范,在古代法律发展史上大放异彩。但是,与其相比,其他部门法以及程序法便显得相形见绌,尤其是诉讼法方面的内容更是极为匮乏。其实,中国传统的诉讼文化源远流长,在不同

---

① 云梦秦简 [M]. 北京:中华书局, 1981.
② 大清律例 [M]. 北京:中华书局, 2015.
③ 瞿同祖. 中国法律与中国社会 [M]. 北京:中华书局, 1981.

时期的司法实践中,其诉讼原则亦丰富多彩,但能够对不同时期的司法活动起指导作用的诉讼原则并不多。综合归纳起来,主要有如下几点:等级特权原则、宗法伦理原则、仁道矜恤原则、有罪推定原则以及刑讯逼供原则。

一、等级特权原则

(一)"八议"原则

法律面前人人平等,这在现代社会早已成为人们的普遍共识。但是,中国古代社会是有着严密等级制度的不平等社会,因此古代法自然属于特权法。最能体现古代特权法诉讼原则的便是"八议"制度。关于"八议"的起源、发展以及其具体内涵,这些内容在第一章"等级社会与等级法律"中已经有所介绍,在此便不再重复。

"八议"就是对符合规定的八种人在犯罪的情况下,不按照一般的司法程序进行审判,其享有减免刑罚的特权。这八类人包括亲、故、贤、能、功、贵、勤、宾。"八议"者若犯了死罪,究竟如何处罚,又享有那些司法特权呢?依《唐律疏议》规定:"诸八议者犯死罪,皆条所坐及应议之状,先奏请议,议定,奏裁。流罪以下,减一等。其犯十恶者,不用此律。"[1] 从中可见:首先,当"八议"者所犯罪名重及死罪,大臣们往往要先经过"议"这一程序,也就是必须慎重决断其罪名及应处之刑罚,而不能随便进行处理,最后再奏请皇帝裁决。即所谓"若犯死罪,议定奏裁,皆须取决宸衷,曹司不敢与夺"[2]。其次,若"八议"者所犯非死罪,即流罪以下之刑,则司法机关按照"减一等"的处罚原则依章办理即可,不必再奏请皇帝。最后,对"八议"者的司法特权进行了特别的限制,即"非十恶"之罪。因为"十恶"均为"常赦所不原"的重罪,严重危及皇权统治,所以"八议"特权者也不能例外。从唐律对"八议"的规定中,我们可以了解,通过这一特别程序的保护,绝大多数贵族和官僚犯罪,最后都能得到相应的宽宥和优待。如唐高宗年间的一例案件,《通典》记载:"永徽二年(652年)七月,华州刺史肖令之前任广州都督,受左智远及冯盎妻等金银奴婢。诏付群臣议奏,上怒,令于朝堂处尽。御史大夫唐临奏曰:'……以令之受委大

---

[1] 唐律疏议[M].岳纯之,点校.上海:上海古籍出版社,2013.
[2] 唐律疏议[M].岳纯之,点校.上海:上海古籍出版社,2013.

藩,赃罚狼藉,原情取事,死有余辜。然既遣详议,终须近法。臣窃以律有八议,并依《周礼》旧文,务其异于众臣,所以特制议法。礼,王族刑于僻处,所以议亲;刑不上大夫,所以议贵;明知重其亲贵,议欲缓刑;非嫉其贤能,谋致深法。今议官必于常法之外,议令之重,正与尧舜相反,不可为历代法……'诏遂配流岭南"①。

以上案例正是"八议"中"议亲""议贵"的典型,除此之外,司法实践中对于"议功"者予以特权保护的案例也不少。如《后汉书》中记载了一件案例,伏波将军马援死后,被梁松等人陷害,蒙受冤屈。朱勃曾上疏以"以功覆过"为由,请求为马援平反:"臣闻《春秋》之义,罪以功除,圣王之祀,臣有五义。若援,所谓以死勤事者也。愿下公卿平援功罪,宜绝宜续,以厌海内之望。"②还有汉宣帝时期的田延年案,其因为"主守盗三千万,不道"而被弹劾,御史大夫田广明则提出,田延年在当初废昌邑王时有功,因此可以"以功覆过",皇帝最终应允了其请求。

通过以上几则案例,我们看到,"八议"者犯罪,不受司法机构的拘束,更不适用普通的司法程序,这些贵族及官员只受最高司法官皇帝的裁决,其他机构无权擅自对其决断。因此,通过"八议"这一特别的程序,形成了一个区别于普通平民的特殊团体,其结果,正如美国学者在书中所表述的那样:"这样,在广大未受过教育的平民和少数受过教育、从理论上说非世袭的文人官僚之间,法律以另一方式正式划定了一条区别其地位的鸿沟。"③此外,"八议"之中,除"议亲""议贵""议宾"三项在形式上有一定标准外,其余"五议"皆"简在帝心",即取决于皇帝的个人意志。因此,"犯法则在八议,轻重不在刑书也"④。

在实际的司法实践中,享受司法特权的人远远不限于"八议"的范围,统治阶级中还有很多人可以通过"请""减""赎""官当"等方式,得到减免刑。如"请"的适用范围,主要包括皇太子妃大功以上亲、应议者期以上亲及官爵五品以上的官吏这三类人。这些人若犯"十恶"之外的死罪,则由相关司法机

① 通典 [M].北京:中华书局,2016.
② 范晔.后汉书 [M].北京:中华书局,1965.
③ D.布迪,C.莫里斯.中华帝国的法律 [M].朱勇,译.南京:江苏人民出版社,1995.
④ 胡旭晟.狱与讼:中国传统诉讼文化研究 [M].北京:中国人民大学出版社,2012.

关条录其所犯罪行及应请罪状,并奏请皇帝裁决。"减"的适用范围主要包括七品以上官吏以及官爵得请者的祖父母、父母、妻、子孙等,若所犯为流罪以下,得减一等科处刑罚。"赎"主要适用于享有"议""请""减"等特权之人,九品以上官吏、官员应减者的祖父母、父母及妻、子孙等人,犯流罪以下,可以钱赎罪。相对于前几种方式而言,"官当"的适用范围较广,一般官吏均可适用,这一内容在第一章"等级社会与等级法律"中亦有阐述,在此不再展开介绍。

(二)"尊卑"原则

中国古代社会,在儒家思想、礼制观念的支配下,不仅主奴之间存在着森严的尊卑等级划分,即便在家族内部也有着男女有别、长幼有序的严格规定。这些等级上的差异,反映在诉讼中,就是各种维护尊亲属和主人的特权政策,如历朝历代对卑幼控告尊长、奴仆告主人都进行严格的限制。这一内容在前文多有提及,在此进行简述。

首先,在中国古代社会,主奴间的地位极不平等。奴隶被主人占有后,即完全丧失自由,且不具备法律上的人格,因此奴婢根本算不上司法诉讼的主体。所以,奴婢控告主人不仅不会得到受理,而且还会受到相应的处罚。秦律中即有规定:"臣妾告主,非公室告,勿听……而行告,告者罪。"[1] 唐以后各代甚至规定,奴婢不仅不能告发主人,其亲属犯罪亦不准告发。如《唐律疏议》载:"诸部曲、奴婢告主,非谋反、逆、叛者,皆绞;告主之期亲及外祖父母者,流;大功以下亲,徒一年。诬告重者,缌麻,加凡人一等,小功、大功,递加一等。"[2] 此外,明清时期出现了一种特殊的主奴关系,即雇主与雇工的关系。雇工与奴婢在身份上并不一样,雇工有着相对的自由与权利。但法律上却将雇工告主与奴婢告主列在了一起,只是刑罚减轻一等。如《大明律例》规定:"若雇工人告家长及家长之亲者,各减奴婢罪一等。"[3] 其实,在实践中,雇工的地位是介于奴婢和常人之间的。

其次,家族内由于身份尊卑的不同,在诉讼权责上亦差异悬殊。正如美

---

① 睡虎地秦墓竹简 [M].北京:文物出版社, 1978.
② 唐律疏议 [M].岳纯之,点校.上海:上海古籍出版社, 2013.
③ 大明律例 [M].北京:北京大学出版社, 1993.

国学者所言："中国古代的各朝法律都确认家族内部这种基于性别、辈分、亲疏程度的不同身份,而这种家族内部的身份差别甚至比一般的社会地位差别更为复杂。"① 可以说,尊长对卑幼的控告几乎没有任何限制,最主要的限制在卑幼控告尊长方面,一般的原则为关系越亲,刑罚越重。《唐律疏议》规定:"诸告祖父母、父母者,绞。""诸告期亲尊长、外祖父母、夫、夫之祖父母,虽得实,徒二年。其告事重者,减所告罪一等……告大功尊长,各减一等;小功、缌麻,减二等。""诸告缌麻,小功卑幼,虽得实,杖八十;大功以上,递减一等。"② 如果是诬告,对卑幼的处罚就更重了。

(三)贵族官僚的诉讼代理制

诉讼代理制是古代社会对贵族官僚在诉讼上的一种特权,这一制度也是中国传统诉讼文化中一大特色。《周礼》曰:"凡命夫、命妇不躬坐狱讼。"③ 这一制度是对贵族官僚尊严的维护,为存其体面,法律特别规定保护这种不平等的特权,贵族官僚涉诉不必亲自到公堂应诉,必要时可以派下属代替参加。诉讼代理制正式规定于法典之中,始于元代。如"诸职官得代及休致,凡有追会,并同见任,其婚姻、田、债诸事,止令子孙、弟、侄陈讼,有司辄相侵陵者究之。"④ 另外,"诸致仕得代官,不得已与齐民讼,许其亲属家人代诉,所司毋侵扰之。"⑤ 明清法律中均有类似规定。此种做法主要用意即为保全贵族阶级的颜面。

二、宗法伦理原则

宗法伦理原则源于中国传统社会的"宗法制",这一原则深深影响着中国的法律传统,也决定着中国传统法律的性格与特征。可以说,在中国传统诉讼文化中,宗法伦理原则始终贯穿其中,对司法活动的运行起着重要的指导作用。

---

① D. 布迪,C. 莫里斯. 中华帝国的法律 [M]. 朱勇,译. 南京:江苏人民出版社, 1995.
② 唐律疏议 [M]. 岳纯之,点校. 上海:上海古籍出版社, 2013.
③ 周礼 [M]. 徐正英,常佩雨,译注. 北京:中华书局, 2014.
④ 元史 [M]. 北京:中华书局, 1976.
⑤ 元史 [M]. 北京:中华书局, 1976.

1. "亲亲相为隐"原则

"亲亲相为隐"指的是一定范围内的亲属犯罪,应当相互隐瞒犯罪事实,不予告发或作证,而法律不予追究的情形。这一原则源于孔子的"父为子隐,子为父隐"①的思想主张。在孔子看来,父子之间相互隐瞒是一种正直的行为,尤其"子为父隐"更是孝道的表现,而孝是符合道德要求的,因此自然是合法的行为。孔子对这一问题的逻辑推理是典型的以礼率法,认为只有顺应伦理道德才是合法的。汉代独尊儒术后,"父子相隐"的原则开始被运用到司法实践领域,并不断得以推广,最终确立了"亲亲得相首匿"的法律原则。

董仲舒提出"亲亲得相首匿"后,至汉宣帝时始定为法律。汉宣帝下诏曰:"父子之道,天性也。虽有患祸,犹蒙死而存之。诚爱结于心,仁厚之至也,岂能违之哉!自今子首匿父母,妻匿夫,孙匿大父母,皆勿坐。其父母匿子,夫匿妻,大父母匿孙,罪殊死,皆上请廷尉以闻。"②可见,当时的相隐范围仅为三代,其他亲属间仍不得首匿。至魏晋南北朝时期,亲属相隐的原则得到进一步的发展,且相隐的范围也得以扩大,从原来的三代扩大到平辈的兄弟姐妹之间。到了唐代,亲属相隐的范围更加广泛,扩大为"同居",《唐律疏议》规定:"诸同居,若大功以上亲及外祖父母、外孙,若孙之妇、夫之兄弟及兄弟妻,有罪相为隐;部曲、奴婢为主隐,皆勿论。即泄漏其事及语消息,亦不坐。其小功以下相隐,减凡人三等。"所谓同居,疏文曰:"谓同财共居,不限籍之同居。虽无服者,并是。"③可见,唐朝将亲属相隐的范围甚至已经扩大到了毫无血缘关系的部典、奴婢等人。唐朝对这一原则的规定规范且翔实,较之前各代有了巨大的超越,因此宋、元、明、清等后世各代基本继承了唐朝的规定。

"亲亲相为隐"原则的运用,更加彰显出家庭伦理在法律诉讼中的重要地位,因此在一定程度上限制了国家权力的无限行使,使国家权力在家庭伦理面前亦不得不做出让步。但是,这一原则的运用并非无条件制约,"亲亲相为隐"原则的运用必须以不危及国家政权安全、不损害国家根本利益为前提。如果超出这一限度,就不准相隐,隐则有罪。④因此,历代法律对于"亲亲

---

① 孔丘.论语[M].张燕婴,译注.北京:中华书局,2006.
② 班固.汉书[M].张永雷,刘丛,译注.北京:中华书局,2016.
③ 唐律疏议[M].岳纯之,点校.上海:上海古籍出版社,2013.
④ 范忠信,郑定,詹学农.情理法与中国人[M].北京:中国人民大学出版社,1992.

相隐"原则都制定了相应的限制规定。首先,自汉始至明清时期,"亲亲相为隐"原则绝对禁止"谋反""谋大逆""谋叛"等严重危及国家政权安全的政治性犯罪相隐。"亲亲得相首匿"原则建立的初衷就是为了维护宗法伦理,为了社会秩序的稳定,为了国家政权统治基础的稳固,而严重危害皇权统治和国家利益的政治性犯罪已经严重背离了这一初心,因此不得适用。由此也可以看出,在家与国之间,国重于家;在忠与孝之间,忠胜于孝。两者冲突之时,必以国为重、以忠为重。而这也恰是中国古代社会宗法伦理所倡导的价值追求。其次,"亲亲相为隐"原则不适用亲属间相犯的行为。如《唐律疏议》规定:"即嫡、继、慈母杀其父,及所养者杀其本生,并听告。"[①]明律在唐律基础上,进一步明确规定:"及嫡母、继母、慈母、所生母,杀其父,若所养父母杀其所生父母,及被期亲以下尊长侵夺财产,或殴伤其身,应自理诉者,并听告。不在干名犯义之限。"[②]"亲亲相为隐"原则本是为了弘扬孝道,为了维护家庭关系的和睦与团结。但亲属间相犯,严重违背了传统道德的精神宗旨,有悖于宗法伦理,因此对这些犯罪行为不得相隐,必须告发。

"亲亲相为隐"可以说是我国传统社会独具特色的一项诉讼原则。随着社会伦理观念的变化,司法诉讼中的容隐原则也在不断调整、不断适应、不断完善,容隐的范围也在不断扩大、规定逐步健全、体系日趋完备。

2. 依服制审判原则

五服制度,即中国古代社会根据亲属间亲疏远近关系来确定丧服等级的一种制度,这种制度清晰地表明了以男性为中心的封建大家庭成员间的尊卑远近关系。五服依次为斩衰、齐衰、大功、小功、缌麻。五服制度源于古代的哀悼和祭祀活动,根据服制的不同,其丧服质地和守丧时间各不相同。一般来说,亲等越近,守丧时间越长、丧服质地越粗糙;相反,亲等越远,守丧时间则越短,丧服质地越精细。准五服以制罪,不仅是一项重要的刑法原则,也是维护封建宗法伦常的一项重要诉讼原则。

准五服以治罪的原则,从立法角度看,直接关系着亲属间相犯行为的定罪与量刑,亲属关系的亲疏、尊卑不同,法律规定必然也不同。从司法角度看,

---

① 唐律疏议 [M].岳纯之,点校.上海:上海古籍出版社,2013.
② 大明律例 [M].北京:北京大学出版社,1993.

依服制审判常常表现为司法官在审判时以伦理的是非取代案件事实的是非,伦理纲常往往胜于客观事实。早在魏晋时期,司法实践中便有了依五服定罪量刑的案例。在之后的历朝历代,依据服制定罪量刑便成为亲属相犯案件中的重要司法依据。正如本章第二节"维护伦理纲常"提到的"依服制裁判",即便再精干的法官,只懂律文而不懂服制,也是根本无法办案的。

五服制对亲属间相犯行为的量刑原则,通常表现双向加减的特点:即根据亲属间的亲疏而递增或递减,卑幼犯尊长则加重,尊长犯卑幼则减轻。如亲属相殴,根据唐律规定,一般原则为尊长殴伤卑幼处罚较凡人为轻,卑幼殴伤尊长处罚较凡人为重。具体而言,依亲属相殴的轻重程度,如伤重致死、相殴重伤以及轻微殴伤,根据不同情形法律仍依据递加或递减的原则进行处罚。尤其对于卑幼殴伤尊长的行为,司法机关甚至不问有伤无伤、伤轻伤重,更不分故伤或误伤,总之,只要有殴的行为便可定罪甚至处斩。《刑案汇览》中这类的案例极多,如"白鹏鹤因向嫂白葛氏借灯油不遂,出街嚷骂,白葛氏赶出门首理论,白鹏鹤拾起土块向嫂掷击,适母白王氏出劝,误伤殒命。刑部按子杀父母凌迟处死律问斩。奉旨以遥掷土坯误伤其母,非其思虑所及,与斗殴误杀者究属有间,着改为斩立决。"[①] 本案即属于子误杀其母的行为,但按当时律法并不考虑其主观心态,仍按诉讼中依服制殴死父母一概处斩裁决。唐代以后,关于亲属相殴的处罚原则,各代几乎均承袭唐律。再如,依服制量刑较常见的就是亲属间相奸的规定。司法实践中,历代法律对这种破坏人伦、败坏礼教的行为,称之为"禽兽行为"。仍以唐律为例,亲属相奸的刑罚,因等级名分不同而有差异:奸父祖之妾、伯叔母、姑、姊妹、儿媳、孙媳、兄弟之女者,处绞,即使奸父祖所幸之婢女,也要处徒刑三年;奸堂祖母、堂姑、堂伯叔母、姑、堂姊妹、姨母、兄弟之妻者,流二千里,强奸得处绞刑;奸其他有服亲及有服亲之妻妾、妻前夫之女、同母异父姊妹者徒三年。[②]明清两代在量刑上比唐代更重,而且还扩大了亲属相奸从重处罚的范围,无服亲属相奸也要从重处罚。如嘉庆年间的一则"亲属相奸案":山西人李张氏孀居多年,后竟与其前夫之子李

---

① 刑案汇览 [M]. 北京:法律出版社,2008.
② 胡旭晟,等. 狱与讼:中国传统诉讼文化研究 [M]. 北京:中国人民大学出版社,2012.

明则通奸。案发后，晋省督抚比照"奸伯叔母"条，将二人处以斩立决。[①]

通过以上案例可见，无论是亲属相殴还是亲属相奸，都是以身份的尊卑及服制的亲疏作为处罚轻重的准绳。故"欲正刑名，先明服纪。服纪正，则刑罚正，服纪不正，则刑罚不中矣"[②]。明朝著名清官海瑞的做法就是典型："凡讼之可疑者，与其屈兄，宁屈其弟；与其屈叔伯，宁屈其侄……以存体也。上官意向在此，民俗趋之。与风俗计，不可不慎也。"[③] 此之"体"值得就是宗法伦理秩序。因此，在这样的诉讼文化背景下，但凡亲属间的诉讼，司法官员首先关注的是其尊卑亲疏关系。

三、仁道矜恤原则

"仁"是儒家最基本的社会伦理范畴，也是儒家思想的核心。儒家思想的代表孔子终其一生、不遗余力地进行"仁义""道德"的说教，提倡仁者"爱人"，要求"克己复礼"。在仁道的基础上，儒家重视人情、强调德治，主张慎刑和恤狱。中国古代的诉讼文化中，处处可见仁道原则。

1. 以德司法

无论是古代还是现代社会，"德"这个字总被人们赋予无限美好之意。在古代社会，无论是稳固国家政权、稳定社会秩序，还是维护家族伦常，"德"一直是历代统治者们反复弹奏的主旋律。

将"德"运用于诉讼活动应始于西周。在西周建立之初发生的"德威之争"中，周公以其"贵德"理论确立为西周法制建设的指导思想。而周公"贵德"的理论又集中体现在周公制礼和吕侯制刑等一系列法律活动中，特别体现在西周的诉讼活动中。[④] 首先，周公提出"以德配天""明德慎罚"的法律思想。吕侯在这一思想的指导下，制定了《吕刑》，《吕刑》充分体现了"以德配天"思想下的诉讼活动特征。其一，倡导德化，反对滥刑。《尚书·吕刑》指出："德威惟畏，德明惟明"，即严厉的政令只会使人畏惧，唯有道德教化才能令人信服。其二，规定了刑罚的种类和适用原则。刑罚的种类主要有"五刑"（墨、

---

① 刑案汇览 [M]. 北京：法律出版社，2008.
② 龚端礼. 五服图解 [M]. 京都：中文出版社，1969.
③ 海瑞集 [M]. 北京：中华书局，2018.
④ 李交发. 法律文化散论 [M]. 北京：人民法院出版社，2004：119.

劓、剕、宫、大辟)、"五罚"(五种赎金刑)和"五过"(五种过失刑),并实行"五刑不简,正于五罚;五罚不服,正于五过"①的原则。其中充分体现了刑罚适用中的"慎罚"精神。其三,实行证据定罪。"无简不听"②的制度证明了对客观事实的重视,一定意义上防止了司法的独断专横,冤假错案的形成。其次,周公提出了诉讼"中罚"观,以保证"明德慎罚"宗旨的实现。周公告诫司法官"式敬尔由狱,以长我王国,兹式有慎,以列用中罚"③。《尚书》解释:"列用中罚"为"列用中常之罚,不轻不重。"④对此,周公强调:其一,司法官的选择,应选择"庸庸",即可用之人,应当受到重用的有德之人。其二,依法断罪,不杀无辜。《尚书》曾说:"不永念厥辟,不宽绰厥心,乱罚无辜,杀无辜,怨有同,是丛于厥身。"⑤其三,慎察犯人供词,防止冤错。《尚书》规定:"要囚,服念五六日至于旬时,丕蔽要囚。"⑥也就是说对于犯人的供词,要反复考察几日,在确定无疑义时,再用刑。

春秋战国时期,孔子继承并发展了周公"明德慎罚"的思想,第一次明确提出了"德主刑辅"的思想主张。孔子认为:其一,"德主刑辅"应当为政以德,实行德治。如孔子曰:"道之以政,齐之以刑,民免而无耻;道之以德,齐之以礼,有耻且格。"⑦只有用道德教化,才能使民心为善,才能从根本上杜绝犯罪。其二,以德为主,但刑罚措施亦不能偏废。孔子认为"政宽则民慢,慢则纠之以猛"⑧。其三,先教而后刑。孔子虽然不完全否认刑罚的作用,但仍反对滥刑酷杀的做法,主张先进行教化,然后再用刑。其四,德刑并用、宽严并济。孔子认为无论是德还是法,都不应当孤立地存在并发挥其功能,而应当将法治与德治共同用于国家的治理,才能发挥出最大的作用。在"德主刑辅"思想基础上,孔子还继承了周公的"中罚"主张,认为在司法过程中必须任用足够优秀的人,并且也主张司法审判必须察明事实、用刑适中。

① 尚书 [M].王世舜,王翠叶,译注.北京:中华书局,2012.
② 尚书 [M].王世舜,王翠叶,译注.北京:中华书局,2012.
③ 尚书 [M].王世舜,王翠叶,译注.北京:中华书局,2012.
④ 尚书 [M].王世舜,王翠叶,译注.北京:中华书局,2012.
⑤ 尚书 [M].王世舜,王翠叶,译注.北京:中华书局,2012.
⑥ 尚书 [M].王世舜,王翠叶,译注.北京:中华书局,2012.
⑦ 孔丘.论语 [M].张燕婴,译注.北京:中华书局,2006.
⑧ 左丘明.左传 [M].郭丹,程小青,等译注.北京:中华书局,2016.

秦建立以后，以商鞅、韩非子为主的法家崛起，秦朝由弱变强，证明法家思想的巨大能量。但随着秦朝的灭亡，儒家思想再次被重新发掘，并形成了自汉始至清末两千多年经久未衰的主旋律：即"德主刑辅"。在中国古代司法实践中，无论在立法、司法还是执法的过程中，"德"始终是最主要的指导思想。

2. 以情断案

"血缘关系基础上的家国一体，孝忠基础上的社会文化，农耕经济基础上的等级特权，决定了古代司法官在审案中认识情理的法律渊源上，颇显偏颇，在渗入法律的情理因素外，更关心的是法外情，特别是在人情、天理与法律发生冲突时，尤其如此。加之，受儒家思想影响至深的司法官，就不可避免地钟爱于情理，谙熟于情审术，不惜以情干律，以情破律。"①

正如本章第一节中提到的，中国古代的诉讼具有人情化的特征，因此在中国古代的司法实践中以情断案的例子不胜枚举。前文提到的赵娥为父报仇案以及年轻和尚与尼姑通奸案，两案的审理及最终裁断，均是以情断案的典型。古人在断案中，除了引经据典，无不大量使用义、礼、德、天理、人情等字眼，这些甚至可以直接作为定案的依据。清人汪辉祖曾说："幕之为学，读律而已，其运用之妙，尤在善体人情。盖各处风俗往往不同，必须虚心体问，就其俗尚所宜随时调剂，然后傅以律令，则上下相协，官声得著，幕望自隆。若一味我行我法，或且怨集谤生。古云，利不百不兴，弊不百不除，真阅历语，不可不念也。"② 可见，古人十分重视"情理"在审判中的重要作用。

无论是亲情、友情还是爱情，只一个"情"字饱含了人性中最珍贵、也最复杂的情感。因此，以情断案的大量案例无不令人慨叹古代司法官在法与情抉择上的巧妙融通。"他们依据法律，却不拘泥于条文与字句；明于是非，但也不是呆板不近人情。他们的裁判常常是变通的，但是都建立在人情之上，这正是对于法律精神的最深刻的理解。"③ 古人以情断案中的"人情"其实恰是"亲亲""尊尊"的血缘伦理之情，不过是德主刑辅、明刑弼教在司法实践中的具体体现而已。

① 李交发. 法律文化散论 [M]. 北京：人民法院出版社，2004：272.
② 汪辉祖. 佐治药言 [M]. 北京：商务印书馆，1937.
③ 梁治平. 法意与人情 [M]. 北京：中国法制出版社，2004.

3.慎刑恤狱制度的司法适用

雍正皇帝在论及秋审时,曾自豪地说:"朕惟明刑所以弼教,君德期于好生,从来帝王于用刑之际,法虽一定,而心本宽仁。"① 乾隆皇帝也有过类似的论述。这些论述充分体现了恤刑思想对统治者决狱断讼的深刻影响。其实,中国古代的慎刑恤狱制度还有很多,如矜老恤幼、留养承祀、赦免、悯囚、录囚、复审、会审以及死刑复核等制度。

矜老恤幼是古代社会"仁者司法"的一项重要内容,一般指的是对老、幼、残疾以及妇女等人在刑罚上予以减免,并在拘禁上给予相应优待的一种制度。早在西周就有"三赦之法":"一赦曰幼弱,再赦曰老耄,三赦曰蠢愚。"② 西周的这一制度被后世所继承并发扬光大,几乎各朝的法律都有宽减老、幼刑罚之规定。汉代,法律规定更为详细:"年八十以上,八岁以下,及孕者未乳,师、侏儒,当鞫系,颂系之。""年未满七岁,贼斗杀人及犯殊死者,上请廷尉以闻,得减死。"③ 对妇人犯罪从轻处罚:"及妇人从坐者,自非不道,诏所名捕,皆不得系。当验问及就验,女徒顾山归家。"④ 唐代则将这类规定直接纳入法典,以"老幼及疾有犯"条列入唐律,法律适用上仍以从轻为原则。唐代的这一规定被沿用至明末,虽个别朝代稍有变化,但慎刑恤狱的原则始终未变。

复审制度包括申报复审和申诉复审两种。申报复审指的是上级审判机关对下级审判机关的工作进行审查并纠错的一种制度,这种制度反映了统治者们慎刑理冤的出发点。其实早在西周时期就已存在逐级复审的制度。《礼记》云:"成狱辞,史以狱成告于王,王听之;正以狱成告于大司寇,大司寇听之棘木之下;大司寇以之成告于王,王命三公参听之;三公以狱之成告于王,王又三,然后制刑。"⑤ 可见,西周时期,案件的审结必须经过逐级复审,历经史、正、大司寇至王,层层复核,确保无误才确定刑罚。汉代也有类似的逐级复审规定,至隋、唐以后,申报复审的制度逐渐完备。申诉复审是指若对判决不服,犯人及家属可以提起申诉,由审判机关重新审理。这种制度在秦朝称为"乞

① 钦定大清会典事例 [M].北京:商务印书馆,1912.
② 周礼 [M].徐正英,常佩雨,译注.北京:中华书局,2014.
③ 班固.汉书 [M].张永雷,刘丛,译注.北京:中华书局,2016.
④ 范晔.后汉书 [M].北京:中华书局,1965.
⑤ 礼记 [M].胡平生,张萌,译注.北京:中华书局,1985.

鞠",《睡虎地秦墓竹简》记载:"以乞鞠及为人鞠者,狱已断乃听,且未断犹听也?狱断乃听之。"① 可见,对于审结的案件,秦朝是允许当事人提起申诉,请求重新审理的。汉承秦制,但唐代对申诉制度规定得更为明确,《唐律疏议》规定:"诸狱结竟,徒以上,各呼囚及其家属,具告罪名,仍取囚服辩。若不服者,听其自理,更为详审。"② 唐以后,各代基本沿用这一规定,至多对提起申诉的条件进行稍许限制。

死刑复核制度,是指由皇帝或中央司法机关对拟判处死刑的案件进行审查复核,以确定是否交付执行的一项诉讼制度。死刑复核制度始见于北魏,《魏书》记载:凡死刑"皆由皇帝临问,无异辞怨言,乃绝之。诸州国之大避,皆先谳报,乃施行"③。隋唐时期是中国文化的繁荣时期,也是各种典章制度确立的时期。死刑三复奏制度正式确立,即执行死刑前,不仅要上报皇帝,还要上报三次复核,称为"三复奏"。《隋书》记载:"开皇十五制:死罪者,三奏而后决。"④ 唐代不仅有"三复奏",还有"五复奏",《唐六典》载:"在京者,行决之司五复奏;在外者,刑部三复奏。"⑤ 对于执行死刑的囚犯,临刑前一天,允许复奏两次,执行死刑当日,要最后复奏一次。这些都是为了避免造成冤案错案,是慎刑的重要表现。明清时期,死刑复核制度更加完善,死刑分为立决和秋后决两种。皇帝掌握死刑的决定权,有利于慎刑方针的贯彻,防止滥杀现象的出现。

四、有罪推定原则

有罪推定通常指未经司法机关依法判决,将刑事诉讼中的被告人推定为实际犯罪人,并将其以罪犯对待。可以说,有罪推定是中国传统法律对犯罪行为的普遍心理认知。无论是专业的司法官员,还是普通百姓,认为被官府问话就一定"有问题",但凡被官府扣押必定"有罪",认为"好人不会无故上公堂"。这些心理的形成固然受到中国传统诉讼文化中"无讼"以及"息讼"的

① 睡虎地秦墓竹简 [M]. 北京:文物出版社, 1978.
② 唐律疏议 [M].岳纯之,点校 . 上海:上海古籍出版社, 2013.
③ 魏书 [M].唐长儒,点校 . 北京:中华书局, 2018.
④ 隋书 [M]. 北京:中华书局, 2020.
⑤ 唐六典 [M].陈仲夫,点校 . 北京:中华书局, 2014.

影响,但有罪推定确实也是造成中国古代刑律残酷、司法专横的客观事实。

有罪推定原则最早可以追溯到奴隶社会,在《尚书》中即有"罪疑惟轻"①的记载,即当无法证明嫌疑人有罪时,并非作为无罪处理,而是从轻定罪。这属于确定为"有罪"的情形。秦律对这一原则进行了继承与贯彻,具体来说,首先将未判决的刑事被告人以罪犯对待。如对于父母控告儿子的案件,一经控告官府便可以对被告人采取强制措施,逮捕入狱。而这样的司法行为实际上已将被告人视为罪犯对待。《法律问答》载:"免老告人以为不孝,谒杀,当三环之下? 不当环,亟执勿失。"② 这就是针对父母控告儿子不孝请求处死的案件,官府对此可以直接省去相关程序,亦无须调查证实,直接定其子有罪并逮捕入狱。其次,在有罪推定原则的主导下,刑事被告人还要对诉讼负举证责任。一经告发,刑事被告人便被默认为有罪,因此也就丧失了自我辩护的权利,唯有证明自己有罪的举证责任。《法律问答》载:"把其假(借)以亡,得及自出,当为盗不当? 自出,出亡论。其得,坐赃为盗;盗罪轻于亡,以亡论。"③ 最后,对刑事被告人,司法官吏有权对其刑讯。刑讯可以说是有罪推定和无罪推定原则的根本区别,无罪推定原则下对犯罪嫌疑人不能使用强制措施,更不得对其刑讯,应直接视为无罪。但有罪推定原则本身直接视为被告人有罪,因此便可对其刑讯获得口供。秦二世时,李斯被赵高诬陷谋反,陷于囹圄。"赵高治斯,榜掠千余,不胜痛,自诬服。"④ 这是有罪推定便于统治阶级制造冤、假、错案最恶劣的表现。⑤ 秦律中的这种有罪推定原则几乎被后世各代吸收与继承。

五、刑讯逼供原则

在中国古代的诉讼程序中,纠问式诉讼是君主专制时期普遍盛行的诉讼方式。在这种诉讼方式中,法官是唯一的主体,承担着起诉及审判的职能,而被告只能充当被追究和审讯的客体,没有反驳与辩护的权利,只有认罪招供

① 尚书 [M].王世舜,王翠叶,译注.北京:中华书局,2012.
② 睡虎地秦墓竹简 [M].北京:文物出版社,1978.
③ 睡虎地秦墓竹简 [M].北京:文物出版社,1978.
④ 司马迁.史记 [M].北京:中华书局,2008.
⑤ 栗劲.秦律通论 [M].济南:山东人民出版社,1985.

的义务。因此，为了实现被告服罪的目的，审判过程中往往使用刑讯手段。在中国古代纠问式的审判中，刑讯可以加快证据的获得，因此对案件的审理起着举足轻重的作用。

中国古代的刑讯制度起源于西周时期，《礼记》载："仲春之月……命有司，省囹圄，去桎梏，止狱讼。"① 可见，西周已有刑讯逼供的做法。但刑讯最早入律则始于秦朝，《睡虎地秦墓竹简》记载："治狱，能以书从迹其言，毋笞掠而得人情为上；笞掠为下；有恐为败。"② 大意是说，法官在审理案件时，最好能察得犯人的真实口供。不用实施拷打便能察得实情的是上策，通过拷打而察得实情的是下策，这是害怕屈打成招造成冤假错案。汉承秦制，当然也包括刑讯制度。汉代虽然受儒家思想的影响，对刑讯制度进行了一定的限制，但仍然"掠拷多酷，惨苦无极"。唐代的刑讯制度更为具体，并对刑讯的实施进行了限制性规定，对官吏非法刑讯的行为予以严厉打击。如《唐律疏议》规定："诸应讯囚者，必先以情，审察辞理，反复参验。犹未能决，事须讯问者，立案同判，然后拷训。违者杖六十。若赃状露验，理不可疑，虽不承引，即据状断之。"③ 但事实是，这些规定都未能得到真正的遵守，非法刑讯的现象仍层出不穷。唐代察狱之官可以对"事状疑似，犹不首实者，然后拷掠"④。明代法外施刑的现象极为严重，清朝的刑讯行为仍很盛行。《大清律例》规定："强、窃盗、人命，及情罪重大案件正犯，及干连有罪人犯，或证据已明，再三详究，不吐实情，或先已招认明白，后竟改供，准夹讯。"⑤ 正因为立法允许刑讯，故司法实践中，刑讯就如一匹脱缰之马，无可制约。⑥

刑讯的主要目的就是获得口供，因为在中国传统诉讼文化中，口供被认为是定案最主要、最权威的证据。因此，没有被告人的口供，是不能定罪的。唐律规定：拷讯被告人，"拷满不承，取保放之"。⑦ 不仅要拷讯被告，唐律规定

①　礼记 [M]. 胡平生, 张萌, 译注. 北京：中华书局, 1985.
②　睡虎地秦墓竹简 [M]. 北京：文物出版社, 1978.
③　唐律疏议 [M]. 岳纯之, 点校. 上海：上海古籍出版社, 2013.
④　唐律疏议 [M]. 岳纯之, 点校. 上海：上海古籍出版社, 2013.
⑤　大清律例 [M]. 北京：中华书局, 2015.
⑥　胡旭晟. 狱与讼：中国传统诉讼文化研究 [M]. 北京：中国人民大学出版社, 2012.
⑦　唐律疏议 [M]. 岳纯之, 点校. 上海：上海古籍出版社, 2013.

还要对告诉人进行拷讯，即"诸拷囚，限满而不首者，反拷告人"①。因此，对被告人依法进行拷讯，但期限已至仍不认罪的，只能将其取保放走。清朝史籍中亦有记载："断罪必取输服供词。"② 可见，在古代社会的证据材料中，口供的法律效力最高，其他物证、人证等只能作为口供的辅助证据。没有口供，仅有其他证据不能定案。但是，仅有口供，即使没有其他证据材料佐证依然可以定案。因此，既然口供在古代诉讼中具有无可取代的重大意义，那么利用刑讯的手段来获取口供便不足为怪了。在中国古代，拷讯不仅被法官当成最有效的惩罚手段，而且也被视为极其正当的方法。

① 唐律疏议 [M]. 岳纯之，点校. 上海：上海古籍出版社，2013.
② 赵尔巽. 清史稿 [M]. 北京：中华书局，1977.

第六章

中国古代法律文化的现代价值

　　法律文化绝非一蹴而就，其恰恰是由无数的经验、智慧、观念、制度以及人物、事件等经年累积而成。没有古希腊、古罗马时期的法律文化基础，就不可能呈现当代西方法律文化的发达；没有诸子百家的争鸣与论战，也不可能呈现汉唐盛世的法律文明。所有的发展与创新都离不开起点的点滴积淀。因此有人说，法律文化是一种"集历史与现实、静态与动态、主观与客观、故去与现在在内的人类法律实践和活动的文化形态"①。所以，法律文化中律动着的活的灵魂及不断演化的法律精神，是法律文化在现代性转换中的永恒动力。

　　中国传统法律文化以历史的深长、体系的庞大、组织的精密、精神的卓越，凝聚了中华民族的高度智慧、理性思维与创造精神，记载了历代王朝的法律思想与实践，促进了中国古代文明的构建与社会的发展，并且流播海外，泽被世人，在世界法律文化体系乃至整个文化体系中树立了无法撼动的地位。②中国传统法律文化中蕴含着许多优秀因子，它们跨越时空、历久弥新，不仅让传统法律文化大放异彩，更滋润着中国现代社会的法律与文化。传统法律文化中和谐大同的理想追求、人本主义的法律理念、德礼为本的道德支撑、垂法而治的思想体系以及公平正义的价值取向等，都是传统法律文化中的优秀因子，它们以其视野的广阔、内涵的丰富，显示出先进性与积极的现代价值。这些珍贵的传统与经验，值得我们总结与传承。

---

① 刘作翔.法律文化理论［M］.北京:商务印书馆，1999.
② 夏锦文.传承与创新:中国传统法律文化的现代价值［M］.北京:中国人民大学出版社，2012.

第一节　和谐大同理想的现代转化

一、传统和谐大同理想的演进与发展

和谐一般指世间万物能够协调共生、共同发展的最佳状态,这是人们充满向往并孜孜以求的理想目标。传统和谐思想在维护家庭和睦、社会稳定以及国家有序发展的过程中发挥了重要的作用,并为世代和谐社会的构建提供了宝贵的思想源泉。和谐思想的社会建构目标,就是大同社会,即一个高度和谐、协同的理想社会。

(一)和谐思想的历史演进

"和谐"本就是一个古已有之并不断传承和发展的概念。在中国传统文化的概念中,"和"与"谐"本身就是同一个含义,二者可以通用。古词典曰:"和,谐也。"① "和"就是"和谐"的意思。中国的和谐思想有着深厚的文化传统与历史渊源,历史上众多思想家都对其进行过认真的探索并做出了深刻的论述。

最早在理论范畴上对"和"做出解释的是西周太史史伯。在与郑桓公谈及"周其弊乎"这一问题时,史伯切中时弊,指出周朝灭亡就是因为周幽王"去和而取同"。在对"和"与"同"的辨析中,他提出:"夫和实生物,同则不继。以他平他谓之和,故能丰长而物归之;若以同裨同,尽乃弃矣。故先王以土与金、木、水、火杂,以成百物。"② 史伯认为,和即"以他平他",即不同元素的结合,这样方能相互补充、共同发展。存在差异才是"和"存在的首要前提,而只有这样的"和"才能长久。而"同"则不然,"同"否认差异,追求绝对同一性,以此治国必然会排斥异己、独断专行,因此必然导致灭亡。所以,"同"不仅不能促进事物的发展,反而会导致事物的退化和灭亡。史伯的论述可谓"和谐"思想在中国古代发展的起点,同时也为后代"和谐"思想的发展奠定了基础。

矛盾激化、社会动荡、礼崩乐坏的春秋战国时代思想创新、百家争鸣,是一个在混乱中不断探索的特别时代。这一阶段的儒家、墨家、道家以及法家

---

① 王念孙. 广雅疏证 [M]. 北京:中华书局, 2004.
② 国语 [M]. 陈桐生,译注. 北京:中华书局, 2013.

等学派纷纷著书立说,争相发表各自对秩序与和谐的见解与观点,为和谐思想注入了丰富的内涵。其一,儒家主张"和为贵",提倡仁义宽和的处世原则,从而创造和谐的人际环境。孔子说:"君子和而不同,小人同而不和。"① 其弟子亦提出:"礼之用、和为贵。先王之道斯为美,小大由之。"② 孟子也认为:"天时不如地利,地利不如人和。"③ 更进一步提出"人和"观,即"老吾老以及人之老,幼吾幼以及人之幼"④。在以上思想的基础上,先秦儒家学派还提出了"中庸"的思想行为准则,也成为和谐思想的重要渊源,对后世产生了深远影响。其二,道家主张"无为而治""道法自然",在强调人应当顺应自然、尊重自然,应当与自然和谐共生的基础上,也主张人与人应当"无欲""无为""无争",应当和平共处。道家创始人老子说:"人法地,地法天,天法道,道法自然"⑤,提倡人必须尊重自然规律。此外老子还提出:"天之道,损有余而补不足。人之道则不然,损不足以奉有余。孰能以有余以奉天下,唯有道者。"⑥ 老子主张人们应当效法天道,世间万物应均衡发展,人与人之间应和谐共处。庄子也特别强调人应当与自然和谐相处,以求达到"天地与我并生,而万物与我为一"⑦的境界。其三,墨家的代表人物墨子提出"兼相爱、交相利"的和谐观,主张"有力者疾以助人,有财者勉以分人,有道者劝以教人。若此,则饥者得食,寒者得衣,乱者得治"⑧,这样才能建立一个冲破等级阻碍、团结友爱、互帮互助的和谐家园。其四,法家虽然崇尚法治、主张人性贪恶,但也有着一定的和谐价值观,如"大君任法而弗躬,则事断于法矣。法之所加,各以其分,蒙其赏罚而无望于君也,是以怨不生而上下和矣"⑨。慎子认为只要依法行事便可以赏罚分明、上下和谐。又如"圣王之治人也,不贵其人博学也,欲其人之和同以听

① 孔丘. 论语 [M]. 张燕婴,译注. 北京:中华书局,2006.
② 孔丘. 论语 [M]. 张燕婴,译注. 北京:中华书局,2006.
③ 孟子 [M]. 方勇,译注. 北京:中华书局,2017.
④ 孟子 [M]. 方勇,译注. 北京:中华书局,2017.
⑤ 老子 [M]. 汤漳平,王朝华,译注. 北京:中华书局,2014.
⑥ 老子 [M]. 汤漳平,王朝华,译注. 北京:中华书局,2014.
⑦ 庄子 [M]. 方勇,译注. 北京:中华书局,2015.
⑧ 墨子 [M]. 方勇,李波,译注. 北京:中华书局,2015
⑨ 慎到. 慎子 [M]. 上海:华东师范大学出版社,2010.

令也"①,也说明了治理国家,君臣一心、和谐共处是非常重要的。

到了汉唐时期,中国社会进入了罢黜百家、独尊儒术的文化专制时代,关于和谐的思想,儒家、道家、佛家都从各自的角度做了进一步的深入探索。首先,儒家董仲舒进一步强调了"天人合一"的实质在于"和",即人与自然的和谐共生。他不仅将"和"作为万物生存和发展的原则:"和者,天之正也,阴阳之平也,其气最良,物之所生也。"② 还进一步论证了人际间的和谐相处:"仁之法,在爱人,不在爱我","不爱,奚足谓仁"③。其次,道家思想的核心仍为"道",其重要特征即为"和"。汉初的黄老之学,主张以道为基础实行依法治国:"道生法。法者,引得失以绳而明曲直者也。"④ 这一观点在继承传统老庄思想的基础上,进行了积极的完善,克服了过分消极悲观的倾向,吸收了儒家与法家思想中的积极因素,形成了当时比较全面的社会和谐思想。再次,佛家的和谐观,其实主要是中国化了的禅宗。佛家注重人内心世界的平和,鼓励人们追求"安静闲恬、虚融淡泊"⑤的精神境界,通过节制欲望、刻苦修行,实现人自身的和谐。中国封建社会后期,作为官方的统治思想宋明理学,将儒、道、佛三家的思想进行整合,建构了一个以儒治世、以道治身、以佛治心的和谐思想理论体系。这种和谐论显然是中国传统文化阐述和谐理念的最高综合,也是中国传统和谐型文化的缩影。⑥

(二)大同社会的憧憬

在中国古代的思想领域,一直存在着对大同社会的美好憧憬。《礼记》曰:"大道之行也,天下为公,选贤与能,讲信修睦。故人不独亲其亲,不独子其子,使老有所终,壮有所用,幼有所长,矜寡孤独废疾者皆有所养,男有分,女有归。货恶其弃于地也,不必藏于己;力恶其不出于身也,不必为己。是故谋闭而不兴,盗窃乱贼而不作,故外户而不闭,是谓大同。"⑦ 这一经典的描述,为人

---

① 管仲.管子 [M].刘晓艺,校.上海:上海古籍出版社,2015.
② 董仲舒.春秋繁露 [M].周桂钿,译注.北京:中华书局,2011.
③ 董仲舒.春秋繁露 [M].周桂钿,译注.北京:中华书局,2011.
④ 马王堆汉墓帛书整理小组.经法 [M].北京:文物出版社,1976.
⑤ 释道元.景德传灯录 [M].成都:成都古籍书店,2000.
⑥ 夏锦文.传承与创新:中国传统法律文化的现代价值 [M].北京:中国人民大学出版社,2012.
⑦ 礼记 [M].胡平生,张萌,译注.北京:中华书局,1985.

们描绘了一幅处处彰显着公平、正义与诚信，充满着温情与关爱的美好画面，可谓将理想国的设计推向了极致。《礼记》中对大同社会的憧憬，集齐了先秦各家社会思想的精髓，可谓中国古代社会理想之大成。首先，大同社会描绘的诚信和睦、互助友爱的美好景象，正是孔子所提倡的"老者安之，朋友信之，少者怀之"①思想的体现。其次，大同社会中提出的"大道之行"，其中"大道"正是道家的术语，如老子的"大道氾兮，其可左右。万物恃之而生而不辞，功成不名有"②，"大道废，有仁义。慧智出，有大伪"③。可见大同社会的美好设想也饱含着道家的思想。再次，"选贤与能"应当出自墨家之说。墨子言："故古者圣王之为政，列德而尚贤，虽在农与工肆之人，有能则举之，高予之爵，重予之禄，任之以事，断予以令"④，"夫尚贤者，政之本也"⑤。如此可见，《礼记》中所描绘的"大同"的理想社会画面，既汲取了儒家仁爱和睦的思想，又注入了道家无为而治的主张，还继承了墨家尚贤论的诸多观点。总之，这一大同美好社会的描绘可谓各家学派思想精髓的荟萃，饱含着古人对理想社会的向往与追求。

　　《礼记》之后，历代思想家根据自己的境遇与想象，也对大同社会进行了各种设想，绘制了一幅幅理想社会的画卷。如魏晋之际的鲍敬言从道家"道法自然"的哲学观点出发，表达了对"君权神授"论的质疑，并颂扬远古时代"无君无臣"的大同世界，如"曩古之世，无君无臣。穿井而饮，耕田而食，日出而作，日入而息。汎然不系，恢尔自得。不竞不营，无荣无辱"⑥，在没有君臣之分的社会里，人们安心劳作、恬淡生活，不争不抢、无谓荣辱，因此便可"身无在公之役，家无输调之费，安土乐业，顺天分地，内足衣食之用，外无势力之争"⑦，这种无忧无虑、安居乐业的平静生活既表达了人们对当时动荡不安社会局面的不满，也表达了人们对稳定祥和生活的热切向往。其后，东晋

---

①　孔丘 . 论语［M］. 张燕婴，译注 . 北京：中华书局，2006.
②　老子［M］. 汤漳平，王朝华，译注 . 北京：中华书局，2014.
③　老子［M］. 汤漳平，王朝华，译注 . 北京：中华书局，2014.
④　墨子［M］. 方勇，李波，译注 . 北京：中华书局，2015.
⑤　墨子［M］. 方勇，李波，译注 . 北京：中华书局，2015.
⑥　葛洪 . 抱朴子［M］. 上海：上海书店 .1992.
⑦　葛洪 . 抱朴子［M］. 上海：上海书店 .1992.

文学家陶渊明借武陵渔人之口,描绘了一个"土地平旷,屋舍俨然,有良田美池桑竹之属,阡陌交通,鸡犬相闻。其中往来种作,男女衣着,悉如外人,黄发垂髫并怡然自乐"[①] 的梦幻仙境,表达了对美好世界的无限向往。北宋的张载、宋元之际的邓牧以及明清之际的黄宗羲等人,也都从不同角度,对大同的和谐社会提出了自己的美好设想。大同理想是历代思想家、哲学家们对理想世界的一种美好憧憬,具有空想的性质。但这种美好的愿望却带给社会最下层的劳动人民巨大的生活动力,激励着一代代的中华儿女为了自由、平等、正义的美好生活不断前进。

综上,在和谐大同思想的指引下,中国传统社会的政治、经济、文化与法律制度的建构,都表现出强烈的和谐价值取向。在法律制度的构建方面,和谐大同思想不仅在德主刑辅的法制模式方面表现得淋漓尽致,将重人伦、尚德性贯彻于法制的每一领域;还表现在司法诉讼领域对"无讼"的价值追求上,为了达到"无讼"的目的,各种"息讼"手段在司法中被大力提倡;同时,和谐大同的思想还体现在宽仁慎刑的人道主义司法精神中,宽仁慎刑在司法中的有效运用对于缓和社会矛盾、稳定专制政治、促进社会和谐起着举足轻重的作用。

二、传统和谐大同理想的传承方式

几千年来,中国无数的思想家和仁人志士为了梦想中的乌托邦而辛勤探索,进行了各种各样的制度构想及实践挑战,和谐大同思想始终是人们不懈努力的目标。19 世纪中叶以来,中国处于内忧外患、动荡不安的转折期,整个社会处于极不稳定、极不和谐的阶段。"救国图存"成为时代的主题,"中国该何去何从"也成为仁人志士们苦苦追寻的问题。这一时期,从洪秀全、康有为到孙中山,他们将中国传统的和谐大同思想与西方社会理论相结合,进行了积极的探索实践,具有一定的进步意义。

(一)洪秀全的地上"天国"

洪秀全是中国近代史上第一个以大同作为社会理想的人,在他的《天朝田亩制度》中,描绘了一幅天下为公的大同画面:"凡天下田,天下人同耕。此

---

① 陶渊明. 桃花源记 [M]. 马炜,编著. 重庆:重庆出版社,2009.

处不足,则迁彼处;彼处不足,则迁此处。……务使天下共享天父上主皇帝大福,有田同耕,有饭同食,有衣同穿,有钱同使,无处不均匀,无人不饱暖也。"[①]以洪秀全为代表的太平天国的领导者们,以解决农民土地问题为核心,同时对政治、经济、军事、文教及社会改革等方面进行了全面的制度改革,以期实现财产共有、土地均分、共生产共享乐的地上"天国"。洪秀全的这一"天下一家,共享太平"的理想,虽仍然显得过于简单且粗糙,但和传统大同设想相比,仍具有明显的进步。首先,洪秀全将平等的理念渗透到了"大同"社会的制度构建中,这对当时来说确属不小的进步。其次,通过太平天国的制度设计,试图将"大同"的社会理想转化为改变现实的革命方略,《天朝田亩制度》中的土地平均分配原则、圣库制度的规定以及妇女地位的改善措施等,都是对封建专制集权的有力对抗。因此可以说,洪秀全的"天国"制度构想是近代大同社会的先驱。

(二)康有为的《大同书》

康有为极为推崇《礼记·礼运》中的大同社会,并在此基础上写下了《大同书》。在这部书中,康有为将《礼记》中传统的大同理想与西方宗教的博爱、平等价值及资产阶级的民主人权社会理论进行整合,设计了一个至公、至平、至仁、至治的极乐世界,它无邦国、无帝王、人人相亲、人人平等,表达了人们对大同社会最美好的憧憬。《大同书》的开篇甲部"入世界观众苦"里,康有为从仁爱观出发,历数了人们遭受的种种苦难,指出"诸苦之根源,皆因九界而已",提出要除去人们的苦痛,"即在破除九界而已",并在《大同书》甲部后的九部里,详细论述了如何去除九界的问题,还勾画了未来"大同"社会的理想蓝图。在康有为设计的"大同"社会中,没有阶级、没有国家,所有人都是平等的;没有家庭、没有亲属,每一个人都是独立的、自由的;政治实行高度的民主化,经济实行社会化的大生产,生产力高度发达,产品极大丰富;"每个人都能充分获得所需、所欲,而无痛苦或不安,生命乃是一连串的乐事。衣、食、住、行不仅提供高度的舒适,而且给予十分美感"。[②]每一个人都能在大同世界过

---

① 中国近代史资料丛刊:第1册 [M].上海:上海人民出版社,1959.
② 萧公权.近代中国与世界:康有为变法与大同思想研究 [M].南京:江苏人民出版社,1997.

上"其乐陶陶、不知忧患"①的生活。不得不说,康有为的《大同书》比洪秀全的地上"天国"更具有进步意义:其一,《大同书》中构建的大同社会更加健全完善,不仅有系统的进化史观作支撑,还提出了具体的政治上的大同、人类自身的大同等更高级的要求。其二,《大同书》中始终贯穿着平等的原则,但康有为所倡导的平等与洪秀全农民起义性质的"平等"观不同,具有更加进步的理性形态。康有为受西方"天赋人权"理念的影响,希望根据人类普遍平等的原则建立理想的社会制度。为此,康有为提出了大量社会改革方案,如"去国界合大地"②,"人类之苦不平者,莫若无端立级哉"③,"去家界为天民"④,以消除国家之间、男女之间、家庭之间各种不平等,实现人类大同。康有为的设想及改良方案,在近代史上大放异彩,但由于受社会条件的制约只能沦为资产阶级改良派的空想。

(三)孙中山的民生主义

孙中山是近代中国最著名的大同主义者,他提出的三民主义,即民族主义、民权主义和民生主义,是其民主思想的精髓和高度概括,也是中国国民党信奉的基本纲领。其中,民生主义就是他的大同主义。孙中山曾说:"民生主义就是社会主义,又名共产主义,即是大同主义"⑤,对于民生主义,"其最要之原则不外两者:一曰平均地权,二曰节制资本"⑥。孙中山幻想着通过这两项措施,可以达到心中的大同社会,他曾满怀信心地说:"本社会之真理,集种种生产之物,归为公有而收其利,实行社会主义之日,即或民有所教,老有所养,分业操作,各得其所……予言至此,极抱乐观。"⑦孙中山心中的大同理想,即"人民平等,虽有劳心劳力之不同,然其为劳动则同也。即官吏与工人,不过分业之关系,各执一业,并无尊卑贵贱之差也。社会主义之国家人民既不存尊卑贵贱之见,则尊卑贵贱之阶级,自无形而归于消灭。农以生之,工以成之,商

---

① 康有为.大同书[M].上海:上海古籍出版社,2014.
② 康有为.大同书[M].上海:上海古籍出版社,2014.
③ 康有为.大同书[M].上海:上海古籍出版社,2014.
④ 康有为.大同书[M].上海:上海古籍出版社,2014.
⑤ 孙中山全集:第九卷[M].北京:中华书局,1982.
⑥ 孙中山全集:第九卷[M].北京:中华书局,1982.
⑦ 孙中山全集:第二卷[M].北京:中华书局,1982.

以通之,士以治之。各尽其事,各执其业。幸福不平而自平,权利不等而自等。自此演进,不难至大同之世"①。孙中山认为,人无等差、各执其业,生产发展、生活改善、国家进步,如此,大同社会便到来了。

综上所述,中国近代的大同理想与传统大同理想已经有了根本的不同,他们是近代思想家、政治家们在中国内外交困的危急形势下,对国家未来之路的深刻思考与积极探索。这些探索自身存在着一定的合理性与社会价值,但由于各种原因最终都没有实现。但是,无论是洪秀全的地上"天国"、康有为的"大同世界",还是孙中山的"民生主义",这些大同社会的构想都是建立在中国古代大同理想的基础之上,都是对传统和谐大同思想的继承和发展。

三、现代和谐社会的制度构建

在几千年的历史长河中,和谐大同理想对中华民族的文化、习俗、风貌、制度、价值等诸多方面产生了巨大的影响,至今仍是中华民族极为宝贵的文化遗产。随着社会主义和谐社会的提出,如何有效吸收古代和谐思想中的精华,为构建现代和谐社会提供可靠借鉴成为一个重要的问题。因此,可以从法律文化角度,挖掘传统和谐思想的精髓,进行弘扬与创新,进而构建一套具有中国特色的现代和谐社会制度。

(一)以人为本——构建现代和谐社会的思想创新

中国古代的和谐思想是以国家为中心的等级社会的产物,其最重要的目标就是维护国家政权安全、社会秩序稳定。因此,传统和谐思想过分强调个人对国家、对家族的绝对服从,禁止个性的自由发展。有专家曾指出:"中国传统法律文化是以义务本位为特点的自然经济型的法律文化体系……在中国传统法律文化中,义务是首要的、神圣的、绝对的;权利则随着社会境遇的改变而不断变化,它缺乏应有的独立性。"②中国传统和谐思想,无论是主张人与人的和谐相处,还是人与社会、人与国家的和谐共生,都始终强调个人对家庭、宗族和国家的义务,不仅漠视个人的基本权利,还否定、压制甚至剥夺人们的各项权利。所以,中国传统和谐思想所注重的就是使人们能够安于现状,安分守己。

---

① 孙中山全集:第九卷 [M].北京:中华书局,1982.
② 公丕祥.中国传统法律文化与义务本位 [J].法律科学,1991(6):31.

与中国古代的和谐思想相反,现代和谐社会要求法律必须以权利为本位,和谐思想必须建立在尊重人权、保障人权的基础之上。梁治平曾指出:"希腊人的正义理论,罗马人的契约观念和权利意识,构成了西方法律传统中最重要的部分。而这些东西恰恰是中国文化中所欠缺的。"① 现代和谐社会尊重人的个性发展,主张以人为本,充分发挥人的积极性与主观能动性,以达到人的全面和谐健康发展。实现以人为核心的全面发展和进步是现代和谐发展观的最终目标,离开人权谈和谐是不可能构建和谐社会的。

"以人为本"概念中的"人"指任何一个具有公民资格的人。作为现代公民,任何人都应当被平等对待,享有公平和正义的权利。任何人都有权要求最大限度地发挥自己的才能,并获得相应的报酬。每个人的起点、机会以及享有的外部制度应是公平的,由此而得到的结果才会是正义的。社会主义国家尤其应该重视每个人在人格、权利、机会等方面的平等,在政治、经济、文化等制度安排上使每个人都能各司其职、各享其成②。

社会主义和谐社会中的"以人为本",其内涵是非常丰富的,主要包括人人平等、和而不同以及互惠互利等方面。构建现代和谐社会必须坚持以人为本,首先最主要的便是实现人人平等,这也是与传统和谐思想最大的不同。人人平等是指人与人之间在人格、权利、机会、规则等各方面的平等。在现代社会,法律面前人人平等是公民的一项基本权利,我国宪法第三十二条规定:"中华人民共和国公民在法律面前一律平等","法律面前人人平等就表现在:对于一切公民,不分民族、种族、性别、职业、社会出身、宗教信仰、教育程度、财产状况、居住期限,一律按法律的同一尺度一体对待;所有公民的各项权利遇到侵犯时,一律平等地受到保护;任何公民的违法犯罪行为都必须同等地追究法律责任,依法给予同等的法律制裁,不允许任何人有超越于法律之上的特权。"其次,"和谐"并不意味着"一致",所以还应当坚持以人为本,充分尊重个人,包容个体差异,努力在多样化之间达到协调共赢。现代和谐社会的重要特征之一就是多样性与差异性的统一,和而不同的前提就是承认并尊重个体的差异,即承认多样性的存在。社会主义和谐社会的构建必须既尊重多

---

① 梁治平.新波斯人信札[M].北京:中国政法大学出版社,1988.
② 白小瑜.坚持以人为本,构建社会和谐社会[J].宜宾学院学报,2005(10):11.

样性及个体差异，又能在多元中寻求统一性和互补性。最后，坚持以人为本还应当表现在不同阶层、不同成员之间的合作友爱关系，社会成员之间应和睦相处、友爱互助，这样才能保证社会的安全运行，实现社会的安定和谐。

（二）法治主义——构建现代和谐社会的制度创新

中国古代的和谐社会往往依靠的是"贤君""圣主"，甚至"时运"等极不可靠的因素，这些与传统社会封闭、集权、专断及人治的社会背景密不可分。与古代的和谐社会不同，现代和谐社会是一个开放、多元、包容、民主、法治的全新社会，因此，弘扬、创新传统和谐理念，建设社会主义和谐社会必须依靠体系健全的法律制度。构建社会主义和谐社会，实现新时代社会主义国家长治久安、协调发展，必须依靠法治。

法治是人类解决社会矛盾发展史上的巨大进步，改变了暴力野蛮非理性的解决方式，使人类走上了文明、和平与理性。法治具有丰富的内涵：其一，法律至上。法治并非法律、法规的简单累积，而是有着特定价值追求的社会组织模式。[①] 这种价值追求，有赖于法律至上观念的确立。潘恩指出："在专制政府中国王便是法律，同样地，在自由国家中，法律便成为国王。"[②] 孟德斯鸠也曾说："专制政体是既无法律又无规章，由单独一个人按照一己的意志与反复无常领导一切。"[③] 法律至上意味着，法律规则具有权威性，任何个人、任何组织都不得凌驾于法律规则之上，不享有法外特权。国家的治理、国家权力的运作都要服从法律。法律至上还意味着法律应该是其他社会系统的价值标准；意味着政府应对法律负责，法律应该成为权力的控制器；意味着法律应当是解决社会冲突的首要渠道。[④] 其二，有限政府。真正的法治要求政府必须在宪法和法律规定的范围内运行，政府权力应受到法律的监督和制约，这样才能切实保护公民的权利。其三，法律面前一律平等。法律面前人人平等是所有法治社会高唱的圣歌，我国目前对此比较一致的认识是：任何人都必须平等地守法，任何人都没有法律之外的特权，任何人违法时都必须受到法律

---

① 夏锦文．论中国法治化的观念基础［J］．中国法学，1997（5）：48.
② 汉密尔顿，杰伊，麦迪逊．联邦党人文集［M］．程逢如，在汉，舒逊，译．北京：商务印书馆，1995.
③ 孟德斯鸠．论法的精神：（上）［M］．张雁深，译．北京：商务印书馆，1961.
④ 夏锦文．论中国法治化的观念基础［J］．中国法学，1997（5）：48.

制裁。法治意味着对法律规则的服从。①

  社会主义和谐社会必然是法治社会,法治国家的制度构造具有一定的标准和要求:第一,法治国家的政治统治模式应该是民主政体。民主政体的特征就是遵循预定程序,服从多数决策,容许少数意见。社会主义国家的现行体制属于民主共和政体,这为社会主义国家实现法治提供了坚实的政治基础。第二,法治国家的权力机构应该是分工合作、监督制约的关系。"从法治国家的要求看,一国立法权是国家的最高权力……行政权是执行法律、管理国家行政事务的权力……司法权是解决纠纷、处罚犯罪的审判权,它应当独立于行政权并对行政有合宪性和合法性的审查权。"第三,法治国家的经济条件应该是市场经济体制。"法治总是与商品经济相关,而与自给自足的自然经济和以国家垄断为内容的产品经济无缘。"②法治是以商品经济为基础的,而商品经济中形成的契约关系与契约观念正是法治形成的最重要的因素。第四,法治国家的文化应该是理性的文化基础。就厉行法治的文化需要来说,科学精神、政治道德、人权思想、公民意识、权利观念等理性文化要素具有特殊的作用。只有当这些文化要素成为根深叶茂的社会意识时,法治国家的理想才能变成现实。③

第二节　中国传统民本思想的传承与创新

  产生于中国早期文明中的"民本主义"思想,是中国古代政治思想史上的一颗璀璨明珠,在中国古代历史上散发出耀眼的光芒。认真研究与挖掘传统民本思想的现代价值,可为构建以人为本的新时代中国特色社会主义国家提供思路与借鉴,因此中国传统民本主义思想在现代依然具有重要的现实意义。

一、传统民本思想的起源与发展

(一)民本思想的起源

中国古代早期的民本思想,应该发端于西周时期。《史记》记载:武王孟

---

① 夏锦文,刘志峰.行政诉讼司法变更的理论基础 [J].法制与社会发展,2004(6):74.
② 张文显.马克思主义法理学——理论和方法论 [M].长春:吉林大学出版社,1993.
③ 公丕祥.法理学 [M].上海:复旦大学出版社,2002.

津观兵，"诸侯不期而会盟津者八百诸侯"①。在对殷商的战争中，周统治者充分认识到了"民"的力量，称"人无于水监，当于民监"②，"皇矣上帝，临下有赫，监观四方，求民之莫（瘼）"③，"天矜于民，民之所欲，天必从之"④，"天视自我民视，天听自我民听"⑤。这些言语在一定程度上表达了他们对"民"的深刻认识，也表达了对"民"的敬畏之心，这种敬畏正是中国古代"民本主义"思想产生的实践根源。

　　周初统治者从推翻商朝的经历中，开始意识到"民"的巨大能量，同时也开始担忧自己建立起来的政权能否永远存在的问题。周初统治者明白，如果对"八百诸侯"没有长治久安的政策，自己终有一天有殷商的下场。因此，周朝统治者开始殚精竭虑地思索"君"与"民"的关系问题。最终，周初的统治者在秉承了夏商"天命观"的基础上，进行了伟大的理论创建。周统治者认为，"王权"是由"天命"决定的，但是上天并不是任意地将"天命"赐予某一个人，而是这个人基于个人的道德成就而被赋予"天命"，即"以德配天"。因此，天命也不是永恒不变的，要想"永享天命"就必须勤修道德，而其中最重要的修行之一就是"敬天保民"。"保民"思想的提出证明了周统治者对"民"重要性的认识，如"天聪明自我民聪明。天明畏自我民明畏。"⑥"往敷求于殷先哲王用保乂民……别求闻由古先哲王用康保民。宏于天，若德，裕乃身不废在王命！"⑦这些言论都表明了周人对"民"的新认识。他们认为必须要广泛施德于民，因为唯有此才能证明自己有德，同时才能俘获民心，获得百姓支持，也只有这样才能稳固政权，永续天命，即"无念尔祖，聿修厥德。永言配命，自求多福"⑧。在此基础上，周公还制定了具体的保民措施等。正是在"德"的内涵中，周初的统治者们提出了中国最早的"民本"主义思想，并将其与"天"联系起来，使其从一开始就获得了超越世俗的神圣性。

---

① 司马迁．史记［M］．北京：中华书局，2008.
② 尚书［M］．王世舜，王翠叶，译注．北京：中华书局，2012.
③ 诗经［M］．王秀梅，译注．北京：中华书局，2015.
④ 尚书［M］．王世舜，王翠叶，译注．北京：中华书局，2012.
⑤ 尚书［M］．王世舜，王翠叶，译注．北京：中华书局，2012.
⑥ 尚书［M］．王世舜，王翠叶，译注．北京：中华书局，2012.
⑦ 尚书［M］．王世舜，王翠叶，译注．北京：中华书局，2012.
⑧ 诗经［M］．王秀梅，译注．北京：中华书局，2015.

（二）民本思想的发展

春秋战国时期是历史上大动荡、大变革的重要时期，但也是中国古代思想的高速发展、空前繁荣的时期。这一时期产生了许多对后世影响深远的著名的思想家，他们的思想中都包含了民本主义的相关内容。尤其是儒家对民本思想做了全面的总结，并将其纳入儒家"仁"学的体系，完成了民本思想的理论化。民本主义在春秋战国时期能够得到如此的发展并非偶然，其实有着深刻的历史根源。

其一，频繁的战争促使诸侯国更加重民。春秋战国时期战争频仍，春秋五霸、战国七雄，诸侯征战不休，这是促使诸侯们形成民本意识的最直接因素。战争不仅使"民"成为主要的依赖对象，而且也使"民"的力量更加凸显出来。如楚与众小国监于蜀，晋闻而避之，"畏其众也"，当时有人评论说："众之不可以已也。大夫为政，犹以众克。况明君善用其众乎！《泰誓》所谓商兆民离，周十人同者，众也。"① 由此可见，春秋时期的诸侯们已经充分认识到了民众对战争的重要性。其二，"民"直接关乎小诸侯国的生存问题。在动荡的社会中，小国面临的生存危机远大于大国。列强环绕、尔虞我诈，稍有闪失就有亡国的风险。如随大夫季梁为随侯论证时曾说："夫民，神之主也，是以圣王先成民而后致力于神。"② 其三，乱世中更凸显"民"的重要性。生逢乱世，春秋战国时期的统治者们，更加懂得获取民心的重要性。如齐大夫崔杼杀死齐庄公，晏子前来吊丧，有人劝崔杼杀掉晏子，崔杼说："民之望也，舍之，得民。"③ 再如齐襄公初立，言行无常，醉杀鲁桓公，通其夫人，欺凌大臣，诛杀无辜，鲍叔牙便预言："君使民慢，乱将作矣。"④ 其四，为争霸而重民。春秋战国时期的诸侯国都把争得霸主地位作为目标，为了实现这一目标必须拥有强大的国力，而国力的强大关键在于得民。襄公九年之盟，便有"惟有礼与强可以庇民者是从"⑤的言语。可见，盟主之国必须以德和民，民从而强，强而能霸。

① 左丘明.左传［M］.郭丹，程小青，李彬源，译注.北京：中华书局，2016.
② 左丘明.左传［M］.郭丹，程小青，李彬源，译注.北京：中华书局，2016.
③ 左丘明.左传［M］.郭丹，程小青，李彬源，译注.北京：中华书局，2016.
④ 左丘明.左传［M］.郭丹，程小青，李彬源，译注.北京：中华书局，2016.
⑤ 左丘明.左传［M］.郭丹，程小青，李彬源，译注.北京：中华书局，2016.

（三）民本主义的完善

秦始皇消灭六国，一统天下，中国自此进入了大一统的时代。自秦汉至唐宋，民本思想越来越受到统治者们的重视，并逐步系统化、理论化，不断丰富和完善。

秦始皇统一六国后，实行一系列措施强力治民。《汉书》记载："秦王贪狼暴虐，残贼天下，穷困万民以适其欲也……劳罢者不得休息，饥寒者不得衣食。"[①]"秦始皇设刑罚，为车裂之诛，以敛奸邪。筑长城于戎境，以备胡越。征大吞小，威震天下。将帅横行，以服外国。蒙恬讨乱于外，李斯治法于内。事逾烦天下逾乱。法逾滋而奸逾炽。兵马益设而敌人逾多。秦非不欲治也，然失之者，乃举措太众、刑罚太极故也。"[②]而至"天下四面而攻之，宗庙灭绝矣。"[③]可见，秦朝根本没有重视民本思想的重要性。

汉初的统治者们从自身的经历中更加深切认识到了"民"的重要性。他们大都经历过秦之暴政，目睹过民众之疾苦，同时也深感民众之威力。因此，汉初的统治者们特别重视民生，并采取各种措施休养生息。"萧、曹为相，填以无为，从民之欲，而不扰乱，是以衣食滋殖，刑罚用稀。"[④]"汉兴，接秦之敝，诸侯并起，民失作业而大饥馑，凡米石五千，人相食，死者过半。……上以是约法省禁，轻田赋，十五而税一。"[⑤]汉文帝、汉景帝以及汉武帝也都颁行了不同的民生政策。从这些内容中可以看出，"民本主义"思想对汉初社会经济的复苏具有积极的意义。至汉武帝时，董仲舒完整、系统地提出了"天、地、人"的治国思想，"民本"思想是其中的重要内容。他说："天之生民，非为王也；而天之立王，以为民也。故其德足以安乐民者，天与之；其恶足以贼害民者，天夺之。"[⑥]其再度重申了儒家民本主义思想的核心精华。随着儒家思想逐渐成为正统思想，民本主义思想自然成为其中重要的内容之一，也成了中国古代重要的治国方略。

---

① 班固．汉书［M］．张永雷，刘丛，译注．北京：中华书局，2016.
② 陆贾．新语［M］．上海：上海中华书局，1912.
③ 班固．汉书［M］．张永雷，刘丛，译注．北京：中华书局，2016.
④ 班固．汉书［M］．张永雷，刘丛，译注．北京：中华书局，2016.
⑤ 班固．汉书［M］．张永雷，刘丛，译注．北京：中华书局，2016.
⑥ 董仲舒．春秋繁露［M］．周桂钿，译注．北京：中华书局，2011.

唐代统治者深谙民生的重要性。唐太宗曾引用荀子的话表达了君与民的关系:"君,舟也,民,水也。水所以载舟,亦所以覆舟。"并且进一步将君民关系以鱼水相比喻,他引用孔子的话说:"鱼失水则死,水失鱼犹为水也。"① 唐太宗本人也克勤克俭,用自己的言行表明了对民众的忧心与关爱,他说:"国以民为本,人以食为命。……朕为亿兆人父母,惟欲躬务俭约,必不辄为奢侈。朕不听管弦,不从畋猎,乐在其中矣。"② 可以说,唐代的统治者们将民本思想全面继承并发扬光大。

宋承唐制,宋代统治者们也极为重视民生、民本,都采取了一系列有利于国计民生的措施,鼓励生产、减轻赋役。如宋太宗年间,"凡州县旷土,许民请佃为永业,蠲三岁租,三岁外,输三分之一。官吏劝民垦田,悉书于印纸,以俟旌赏"③。宋神宗年间,"民种桑柘毋得增减赋""神宗元丰元年,诏开废田,水利,民力不能给役者,贷以常平钱谷,京西南路流民买耕牛者免征。"④ 这些经济政策的制定与贯彻,深刻反映了宋统治者们对"民本主义"思想的高度重视。此外,宋朝的思想家们对民本思想进行了更加深入的阐释。张载认为:"天无心,心都在人之心……故曰天曰帝者,皆民之情然也。"⑤ 他还强调了民的神圣地位:"大抵天道不可得而见,惟占之于民。"⑥ 张载在理论上更加强化了以民为本、仁政王道的重要意义。

(四)民本主义的极致

明清时期的民本主义思想已经发展得相当完备,两代都颁行、制定了相应的律令,减轻民众负担、体恤民众疾苦。明代的帝王们制定了一系列具体的利民举措,如"太祖设养济院收无告者,月给粮。设漏泽园葬贫民。天下府州县立义冢。又行养老之政,民年八十以上赐爵"⑦。再有,"太祖之训,凡四方水旱辄免税,丰岁无灾伤,亦择地瘠民贫者优免之。凡岁灾,尽蠲二税,且贷以

---

① 吴兢.贞观政要 [M].上海:上海古籍出版社,1978.
② 吴兢.贞观政要 [M].上海:上海古籍出版社,1978.
③ 宋史 [M].北京:中华书局,1985.
④ 宋史 [M].北京:中华书局,1985.
⑤ 张载.张载集 [M].北京:中华书局,1978.
⑥ 张载.张载集 [M].北京:中华书局,1978.
⑦ 明史 [M].北京:中华书局,1974.

米，甚者赐米布若钞。"① 明太祖在位期间，"三十余年，赐予布钞数百万，米百余万，所蠲租税无数。"②"世宗、神宗於民事略矣，而灾荒疏至，必赐蠲振，不敢违祖制也"③。除了制定积极的民生政策，还对破坏民生的行为予以严厉打击，明太祖时多次下诏，对破坏民生行为进行严惩，如"自今凡岁饥，先发仓庾以贷，然后闻，著为令。"④"旱伤州县，有司不奏，许耆民申诉，处以极刑。""成祖闻河南饥，有司寇不以闻，逮沼之。因命都御史陈瑛榜谕天下，有司水旱灾伤不以闻者，罪不宥。"⑤ 这些措施充分体现了明朝统治者对民生问题的重视。

清代基本沿袭明代的定制，不断加强制度建设，完善民生保障措施。康熙颁布了"滋生人丁永不加赋"的诏令，并在谕旨中说："朕览各省督抚奏，编审人丁数目，并未将加增之数尽行开报。今海宇承平已久，户口日繁，若按见在人丁加征钱粮，实有不可。人丁虽增，地亩并未加广，应令直省督抚，将见今钱粮册内有名丁数，勿增勿减，永为定额。其自后所生人丁，不必征收钱粮。"⑥雍正时，清政府实行"摊丁入亩"，规定："雍正初，令各省将丁口之赋，摊入地亩输纳征解，统谓之'地丁'。……自后丁徭与地赋合而为一，民纳地丁之外，别无徭役矣。"⑦ 这些措施的颁行，在一定程度上减轻了农民的负担，体现了清政府"恤民"的思想。

（五）民本主义的终结

鸦片战争以后，随着西方政治学说与文化思想的引入，一大批进步思想家开始对西方的政治制度产生兴趣，并开始大力宣传与倡导，企图以此寻找救国救民的良方。近代以来，取代"民本"概念的是"民权"一词，王韬、马建中、郑观应、严复、康有为、梁启超等人都是当时"民权"积极的倡导者，虽然当时的他们对"权利""民权""民主"等概念并不十分清晰，也没有进行过深的研究，但他们认为这些是能够拯救旧中国的一剂良药，并尝试努力学习与

① 明太祖实录 [M].上海：上海书店出版社，1982.
② 明史 [M].北京：中华书局，1974.
③ 明史 [M].北京：中华书局，1974.
④ 明史 [M].北京：中华书局，1974.
⑤ 明史 [M].北京：中华书局，1974.
⑥ 清圣祖实录 [M].台北：台湾华文书局，1963.
⑦ 赵尔巽.清史稿 [M].北京：中华书局，1977.

宣传。五四运动以后,"民主""自由""科学"等开始登上历史舞台,成为中国社会政治思想的新主角,与此同时,中国传统的政治思想也逐渐走向了终结。

二、传统民本思想的内容与意义

"民本"一词最早出自《尚书》,即"民惟邦本,本固邦宁"①。这一观念形成于中国原始的初民时代,在当时极端艰难残酷的生存环境下却催生了最原始的道德观念。为了生存,部落首领勇于牺牲、造福族人,这些最初的德行善举成了中国传统民本主义思想的先导。

(一)民本主义的主要内容

对于"民本"主义的内容,近年来不少专家学者开始进行深入的研究,如刘泽华现实将"民本"理论细化为九个分命题进行解读,最后概括为"保民、养民、富民"②三个方面。自西周以来的"民本"主义思想是一个庞大的体系,内容极为丰富,它包括了以儒家为主的多个学派的思想,下面主要从几个方面进行归纳整理。

1. 民心即天命

天命说一直以来是中国古代王权合法性的重要来源。如《尚书》载:"有夏服天命……有殷受天命。"③但是,天命到底是什么,此时的人们却无人能解答,因此夏商之际的天命说仅是一种简单的说辞。西周时期,周天子将天命定为于"德",将"德"的因素注入所谓天命之中,即"皇天无亲,惟德是辅"④。而"德"的重要表现之一就是"保民",故而"天聪明,自我民聪明。天明畏,自我民明威"⑤,"天畏棐忱,民情大可见"⑥。春秋战国时期,经过四百多年的动荡与征战,人们的思想发生了重大转变,渐渐发现"上天"似乎并不能完全主宰人事的变化,人们开始逐渐认识到自身的重要意义。因此,在传统的天命、天德中开始注入"民心"的内容。随国季梁说:"夫民,神之主也,是以圣王先成

---

① 尚书 [M]. 王世舜,王翠叶,译注 . 北京:中华书局,2012.
② 刘泽华 . 中国传统政治哲学与社会整合 [M]. 北京:中国社会科学出版社,2000.
③ 尚书 [M]. 王世舜,王翠叶,译注 . 北京:中华书局,2012.
④ 尚书 [M]. 王世舜,王翠叶,译注 . 北京:中华书局,2012.
⑤ 尚书 [M]. 王世舜,王翠叶,译注 . 北京:中华书局,2012.
⑥ 尚书 [M]. 王世舜,王翠叶,译注 . 北京:中华书局,2012.

民而致力于神……民和而神降之福……民各有心，而鬼神乏主。"① 宋国司法子鱼也说："民，神之主也。"② 人们逐渐认识到，"民之所欲，天必从之"③，再如"民，天之生也；知天，必知民矣"④。

2. 民为邦本

自西周开始，人们便认识到了"民"与"邦"的关系，认识到了"民"对邦固的重要意义。因此，春秋以后的社会现实便更加强化了人们"民为邦本"的观念。孟子明确地指出："天下之本在国，国之本在家，家之本在身。"⑤ 淮南王刘安在《淮南子·主术训》中进一步说："民者，国之本也。"自此。"民为邦本"成为中国传统民本主义的核心内容。

同时，中国古代的邦和君具有统一性，所以在一定意义上来说"民为邦本"与"民为君本"也是统一的。西周以后，历朝都有"民为邦本"或"民为君本"之说。管仲说："政之所兴，在顺民心；政之所废，在逆民心。"⑥ 孔子也指出："民以君为心，君以民为本"，"心以体全，亦以体伤。君以民存，亦以民亡"⑦。孟子说："得乎丘民而为天子。"⑧ 又言："桀纣之失天下也，失其民也；失其民者，失其心也。得天下有道：得其民，斯得天下矣；得其民有道：得其心，斯得民矣。"⑨《礼记》也说："得众则得国，失众则失国。"⑩ 西汉时，贾谊说："闻之于政也，民无不为本也。国以为本，君以为本，吏以为本。故国以民为安危，君以民为威侮，吏以民为贵贱。"⑪ 唐太宗李世民说："为君之道，必须先存百姓。"⑫ 中国古代的思想家们类似的论述还有很多，这些言论都充分体现了"民为君本"思想在当时的重要意义。

---

① 左丘明. 左传 [M]. 郭丹，程小青，李彬源，译注. 北京：中华书局，2016.
② 左丘明. 左传 [M]. 郭丹，程小青，李彬源，译注. 北京：中华书局，2016.
③ 国语 [M]. 陈桐生，译注. 北京：中华书局，2013.
④ 国语 [M]. 陈桐生，译注. 北京：中华书局，2013.
⑤ 孟子 [M]. 方勇，译注. 北京：中华书局，2017.
⑥ 管子 [M]. 刘晓艺，校. 上海：上海古籍出版社，2015.
⑦ 礼记 [M]. 胡平生，张萌，译注. 北京：中华书局，1985.
⑧ 孟子 [M]. 方勇，译注. 北京：中华书局，2017.
⑨ 孟子 [M]. 方勇，译注. 北京：中华书局，2017.
⑩ 礼记 [M]. 胡平生，张萌，译注. 北京：中华书局，1985.
⑪ 卢文弨. 贾谊新书 [M]. 北京：商务印书馆，1937.
⑫ 吴兢. 贞观政要 [M]. 上海：上海古籍出版社，1978.

3. 民贵君轻

"君"与"民"到底孰贵孰轻？到底谁为谁服务呢？这一问题可以说是在"民为邦本"等理论基础上进行的更深层次的探讨，也是中国古代民本思想中最先进的内容之一。

春秋以前，人们考虑更多的是君与天之间的关系，春秋以后，人们开始更多地思考君与民之间的关系问题。孟子在其"民为邦本"思想的基础上提出："民为贵，社稷次之，君为轻。"① 因此，孟子提倡"民贵君轻"。越来越多的人开始认识到，既然百姓才是国家的根本，那么"君"自然是为了"民"而存在，理所当然应当为民而服务，而非相反。邾国卜迁都之时，吏官说卦象显示迁都利于民，但是却不利于君。邾文公毫不犹豫地选择了迁都，说："天生民而树之君，以利之也。"并说君主"命在养民"②。晋国师旷曾说："天生民而立之君。……天之爱民甚矣，岂其使一人肆于民上，以纵其淫，而弃天地之性？"并说，良君应该"养民如子"③。鲁昭公想从季平子手中夺回政权，宋国大夫乐祁便预言："鲁君必出。政在季氏三世矣，鲁君丧政四公矣，无民而能逞其志者，未之有也，国君是以镇抚其民。……鲁君失民矣，焉得逞其志？"④ 老子也说："圣人无常心，以百姓心为心。"⑤ 这些观点在一定程度上正确认识了"君"与"民"的关系。

4. 养民、富民

"养民""富民"思想是中国古代民本思想最具生命力的内容，思想家和统治者们都认识到了"养民""富民"的重要性，并提出了许多具体的实施方案。墨子说："贤者之治邑也，蚤出莫入，耕稼、树艺、聚菽粟，是以菽粟多而民足乎食。"⑥《论语》中也记载了孔子的"富民"思想："子适卫，冉有仆。子曰：'庶矣哉！'冉有曰：'既庶矣，又何加焉？'曰：'富之。'曰：'既富矣，又何加

---

① 孟子 [M].方勇,译注.北京:中华书局，2017.
② 左丘明.左传 [M].郭丹,程小青,李彬源,译注.北京:中华书局，2016.
③ 左丘明.左传 [M].郭丹,程小青,李彬源,译注.北京:中华书局，2016.
④ 左丘明.左传 [M].郭丹,程小青,李彬源,译注.北京:中华书局，2016.
⑤ 老子 [M].汤漳平,王朝华,译注.北京:中华书局，2014.
⑥ 墨子 [M].方勇,李波,译注.北京:中华书局，2015.

焉？'曰：'教之。'"① 孔子还指出："百姓足，君孰与不足？百姓不足，君孰与足？"，还强调："足食，足兵，民信之矣。"② 孟子说："无恒产而有恒心者，惟士为能。若民，则无恒产，因无恒心。苟无恒心，放辟邪侈，无不为己。"③ "易其田畴，薄其税敛，民可使富也。"④ 孟子还提出了具体的富民方案，他说："是故明君制民之产，必使仰足以事父母，俯足以畜妻子，乐岁终身饱，凶年免于死亡。……五亩之宅，树之以桑，五十者可以衣帛矣。鸡豚狗彘之畜，无失其时，七十者可以食肉矣。百亩之田，勿夺其时，八口之家可以无饥矣。"⑤ 荀子则说："不富无以养民情……故家五亩宅，百亩田，务其业，而勿夺其时，所以富之也。"⑥ 还有，"轻田野之税，平关市之征，省商贾之数，罕兴力役，无夺农时，如是则国富矣，夫是之谓以政裕民。"⑦ 综上，"养民""富民"不仅是古代社会的一种美好愿景，同时也是传统社会民本思想的重要内容。

（二）民本思想的意义

"民本主义"思想是中国古代法律文化的重要精神内核，也是古代政治思想中最先进的内容之一，是中国古代人民智慧的结晶，体现了中华民族特有的民族精神。因此，系统梳理古代"民本主义"思想对政治、经济、文化以及法律等方面的重要作用，既是对古代"民本主义"思想的经验总结，也对新时代人的自由全面发展制度构建具有借鉴意义。

1. 政治指导思想方面

"民本主义"思想源于古代统治者对"君"与"民"关系的重要认识，因此注定其自诞生之日起就是一种治国的方略，这种政治属性是"民本主义"无论如何也摆脱不掉的本质属性。随着"民本主义"思想理论化和系统化的不断加强，其自然而然成了中国古代恒久不变的治国良方，对历代政治统治起着重要的指导作用。

---

① 孔丘 . 论语［M］. 张燕婴，译注 . 北京：中华书局，2006.
② 孔丘 . 论语［M］. 张燕婴，译注 . 北京：中华书局，2006.
③ 孟子［M］. 方勇，译注 . 北京：中华书局，2017.
④ 孟子［M］. 方勇，译注 . 北京：中华书局，2017.
⑤ 孟子［M］. 方勇，译注 . 北京：中华书局，2017.
⑥ 荀子［M］. 方勇，李波，译注 . 北京：中华书局，2011.
⑦ 荀子［M］. 方勇，李波，译注 . 北京：中华书局，2011.

从汉初的"休养生息"到清初的"摊丁入亩",这些政策的施行无不表明古代统治者对"民本主义"思想的恪守与践行。历史客观事实证明:统治者信奉并贯彻落实"民本主义",其王朝便繁荣兴盛;反之,则亡君亡国。这些都充分表明"民本主义"思想作为治国方略和政治指导思想的现实性。"民本主义"的治国方略不仅造就了古代史上的汉唐盛世,同时还反证了暴秦酷元的快速败亡。

"民本主义"对于中国古代政治建设而言,它不仅是一种治国方略,而且也是中国古代君权得以存续的合法性基础之一。[①] 中国古代社会君权的"合法性",即代表着民众对其统治的认同、服从与拥护,若作为一种系统的理论而言,就如"民本主义"理论。其实,"民本主义"作为权力合法性的理论对古代统治者具有巨大的约束力。如《尚书》对尧的评价:"克明俊德,以亲九族。九族既睦,平章百姓。百姓昭明,协和万邦,黎民于时变雍。"[②]《新唐书》对李世民评价道:"贞观初,户不及三百万,绢一匹易米一斗。至四年,米斗四五钱,外户不闭者数月,马牛被野,人行数千里不赍粮,民物蕃息,四夷降附者百二十万人。是岁,天下断狱,死罪者二十九人,号称太平。"[③] 这些记载都说明,帝王手中的王权无论是通过何种方式取得,最后都以强调民本、民生来保证自己统治的合法性。相反,"民本主义"也是评价暴君的重要标准。如对夏桀的评价:"桀不务德而武伤百姓,百姓弗堪"[④],商纣则是"百姓怨望而诸侯有畔者,于是纣乃重刑辟,有炮烙之法"[⑤],隋炀帝是"奸吏侵渔,内外虚竭,头会箕敛,人不聊生","频出朔方,三驾辽左,旌旗万里,征税百端,猾吏侵渔,人不堪命。……自是海内骚然,无聊生矣。"[⑥]

中国古代的历史,从正反两方面证明了"民本主义"是古代君王统治合法性的决定性因素,并且在很大程度上规范制约着君主的权利与行为。

---

① 夏锦文.传承与创新:中国传统法律文化的现代价值 [M].北京:中国人民大学出版社,2012.

② 尚书 [M].王世舜,王翠叶,译注.北京:中华书局,2012.

③ 新唐书 [M].北京:中华书局,1975.

④ 司马迁.史记 [M].北京:中华书局,2008.

⑤ 司马迁.史记 [M].北京:中华书局,2008.

⑥ 隋书 [M].北京:中华书局,2020.

2. 制度建设方面

在"民本主义"方面,中国古代尚没有形成系统化、体系化的制度规范,但是在一些具体的律令、条例规范方面,存有大量关于民本主义的制度内容,这些都是中国古代民本主义的重要体现。以下主要从行政制度、经济制度以及司法制度三个方面进行简要阐述。

第一,"民本主义"在行政制度方面主要体现在人才选拔及监察制度方面。首先,中国古代的人才选拔制度,无论是隋唐之前的察举、征诏制,还是唐朝以后的科举制度,其选拔的标准无不是"任人唯贤"。可以说,"贤人政治"思想是古代社会在人才选拔方面"民本主义"思想的重要体现。如秦朝官员的选拔标准为"五善":即"吏有五善:一曰中(忠)信敬上,二曰精(清)廉毋谤,三曰举事审当,四曰喜为善行,五曰龚(恭)敬多让。"[①] 唐代也有类似的规定,"四善"即为唐代官吏的考核标准:"一曰德义有闻,二曰清慎明著,三曰公平可称,四曰恪勤非懈。"[②] 这些官吏选拔以及考核制度,都体现了当时国家"任人唯贤"的人才选任标准,而这样的制度要求正是民本主义的重要体现之一。其次,监察制度可谓中国古代行政制度中最具特色的制度之一,历代的监察制度中都有对官员是否侵犯民生行为的监督规定。如《汉书·百官公卿表》记载汉武帝元封五年开始制定规定刺史职权的"掌奉诏条",专门监督地方强宗豪右、郡守及其子弟的行为。再如唐元宗时曾下达《令御史检察差科诏》称:"关中田苗,令正成熟,若不收刈,便恐飘零。缘顿差科,时日尚远。宜令并功收拾,不得妄有科唤,致妨农业。仍令左右御史,检察奏闻。"[③] 另外,唐代的殿中侍御史还有监察"赋敛违法"以及"和籴和市"的职责,"或物价逾于时价,或先敛而后给直"的,"并差御史分路访察"[④]。这些内容都体现了监察制度中对于民本及民生问题的关注。

第二,中国古代的"民本主义"思想在经济制度方面的体现最为集中,也最为典型。如上文所述,历朝历代都制定了丰富具体的保障民生的经济制度,或是减轻赋税,或是赈济灾民。如汉初的赋税制度,"汉兴,接秦之敝,诸侯并

---

① 睡虎地秦墓竹简 [M]. 北京:文物出版社,1978.
② 新唐书 [M]. 北京:中华书局,1975.
③ 董诰. 全唐文 [M]. 北京:中华书局,2013.
④ 唐会要 [M]. 北京:中华书局,2017.

起,而民失业,而大饥馑,凡米石五千,人相食,死者过半。……上于是约法省禁轻田租,十五而税一"①。汉文帝、汉景帝时均采取了"三十税一"的政策,这些减税免租的规定都体现了汉初统治者对民众的民生关怀。再如,唐代的统治者也制定了大量措施安顿民生,曾设义仓赈济灾民,《新唐书》载:"岁不登,则以赈民;或贷为种子,则至秋而偿。"② 对于赋税,唐代也有规定:"凡新附之户,春以三月免役,夏以六月免课,秋以九月课、役皆免。"③ 清朝康熙年间还发布了"滋生人丁永不加赋"的诏令,这些规定在一定程度上都改善和保障了民众的生活。虽然这些规定的终极目标仍是维护集权的封建统治,但是确实稳定了民众的生活,对民生的保障具有巨大的积极意义。

第三,中国古代"民本主义"在司法制度方面主要体现在慎刑、恤刑以及司法公正等几方面。首先,历代统治者在刑罚适用方面都坚持"慎刑"政策,如《尚书》记载:"惟乃丕显考文王,克明德慎罚;不敢侮鳏寡,庸庸,祗祗,威威,显民。"④ 这是"慎刑"思想的最早体现。唐律中明确规定:"诸断罪皆须具引律令格式正文,违者笞三十。"⑤ 还有规定:"诸制敕断罪,临时处分,不为永格者,不得引为后比。若辄引,致罪有出入者,以故失论。"⑥ 这些规定都体现了民本思想在刑罚方面的体现。其次,中国古代的恤刑制度可以说最能体现"民本主义"思想。《尚书》中的"惟刑之恤哉"⑦ 应该是中国古代关于"恤刑"的最早记录,秦汉以后历代王朝都建立了系列"恤刑"制度。《汉书》记载:"自今以来,诸年八十以上,非诬告、杀伤人,它皆勿坐。"⑧ 另有,"民年七十以上,若不满十岁,有罪当刑者,皆完之。"⑨ 至唐朝直接将"恤刑"制度化,规定于法律之中,唐律《名例律》明确规定:"诸犯罪时虽未老、疾,而事发时老、疾者,依老、疾论","诸犯死罪非十恶,而祖父母、父母老疾应侍,家无期亲成丁者,

---

① 班固.汉书 [M].张永雷,刘丛,译注.北京:中华书局,2016.
② 新唐书 [M].北京:中华书局,1975.
③ 新唐书 [M].北京:中华书局,1975.
④ 尚书 [M].王世舜,王翠叶,译注.北京:中华书局,2012.
⑤ 唐律疏议 [M].岳纯之,点校.上海:上海古籍出版社,2013.
⑥ 唐律疏议 [M].岳纯之,点校.上海:上海古籍出版社,2013.
⑦ 尚书 [M].王世舜,王翠叶,译注.北京:中华书局,2012.
⑧ 班固.汉书 [M].张永雷,刘丛,译注.北京:中华书局,2016.
⑨ 班固.汉书 [M].张永雷,刘丛,译注.北京:中华书局,2016.

上请。犯流罪者,权留养亲,不在赦例,课调依旧。"① 还有明清时期的秋审、朝审都体现了中国古代的恤刑思想。

3. 道德建设方面

"民本主义"在道德方面的要求,首先,对君主具有极强的约束力,要求帝王爱惜百姓、加强自律、开创善政。当出现水旱、饥馑、彗星、地震、瘟疫等天灾异象之时,君主免不得要及时反省自己,要罪己。正如梁启超所说:"惟中国则君主有责任。责任在何? ……日食彗星,水旱蝗螟,一切灾异,君主实尸其咎。"② 自夏商时期便有相关史料记载。《册府元龟》特设《罪己》一篇,记载了禹自责的情况:"夏禹见罪人,下车泣而问之。左右曰:'夫人罪,不顺效使然焉,君王何这痛之至于斯?' 禹曰:'尧舜之时,民皆用尧舜之心,而予为君,百姓各以其心为心,是以痛之。'"③《吕氏春秋》中也记载了商汤因旱灾而向上天罪己的事。《汉书》中多次记载了帝王的"罪己诏",汉宣帝时八次,汉元帝时十三次,汉成帝时十二次。④ 唐太宗李世民亲自制作了《帝范》,提出了君王的道德规范,他说:"夫圣世之君,存乎节俭。富贵广大,守之以约;睿智聪明,守之以愚。不以身尊而骄人,不以德厚而矜物。茅茨不剪,采椽不斫,舟车不饰,衣服无文,土阶不崇,大羹不和。非憎荣而恶味,乃处薄而行俭。"⑤ 并且唐太宗曾对大臣们表示:"水旱不调皆为人君失德,朕之不修,天当责朕。"⑥ 综上可见,古代的"民本主义"思想已经成为君王检视自我的重要道德标准,对帝王的言行起到了一定的约束作用。

其次,"民本主义"对古代的整个统治阶级都具有一定的道德约束作用,逐渐成为约束官僚队伍的道德规范。总体来说,古代官员的所谓"官德"包括廉洁自律、勤政爱民、忠实爱国、举贤任能、赏罚分明、直言敢谏等方面,这些内容都饱含了深深的爱国、爱民元素,也就是要求官吏在为官时要以民为本、关爱民生,"爱民如子"正是国家、社会及百姓对官员的深切希望。古代社

① 唐律疏议 [M].岳纯之,点校.上海:上海古籍出版社,2013.
② 梁启超.清代学术概论 [M] 北京:中国人民大学出版社,2004.
③ 王钦若.册府元龟 [M].北京:中华书局,1960.
④ 黄仁宇.赫逊河畔谈中国历史 [M].北京:生活•读书•新知三联书店,1992.
⑤ 帝范臣轨校释 [M].王双怀,梁克敏,田乙,译注.北京:中华书局,2021.
⑥ 王钦若.册府元龟 [M].北京:中华书局,1960.

会中的官箴、官德中也有相关内容,一代女皇武则天曾说:"人臣之公者,理官事则不营私家……忠于事君,仁于利下。"①宋代名臣范仲淹在《岳阳楼记》中写下了中国古代官德的最高境界,即"先天下之忧而忧,后天下之乐而乐",至今仍被世人传颂。明朝记述于谦的事迹说:"于少保尝为兵部侍郎,巡抚河南,其还京日,不持一物,人传其诗云:绢帕麻菇与线香,本资民用反为殃,清风两袖朝天去,免得闾阎话短长。"②清代画家郑板桥也曾说:"衙斋卧听萧萧竹,疑是民间疾苦声,些小吾曹州县吏,一枝一叶总关情。"综上,这些官箴及名臣的事迹,都表明了民本思想对古代官吏道德修养具有巨大的约束作用。

三、传统民本思想的传承与创新

中国的现代化,从实质意义上讲仍然是一种社会发展进程,而这一发展进程离不开传统基础作支撑,现代化的历程实际上就是中国传统文明的延续与发展过程。

(一)传统"民本主义"的现代价值

"民本主义"虽然产生于以血缘家族为核心的宗法等级社会,并在几千年的封建专制主义社会中不断发展完善。单纯地从其观念形态上来说,无论是遥远的上古时代,还是日新月异的新时代,"民本主义"自有其存在的不同价值,因此也具有永恒的意义。

1.现代民主制度存在现实缺陷

至少到目前为之,民主制度应该是人类寻找到的最好的政治制度形式。但是,客观地说,无论是民主制度中的"三权分立",还是"宪法政治""代议制政府",在实践中都存在着各自的不足之处。"美国宪法之父"麦迪逊曾对民主制度批判地说:"政府若采取民主的形式,与生俱来的就是麻烦和不方便,人们之所以指责民主,原因就在这里。"③美国制宪会议代表格里也不同意实行民主制,他说:"我们所经历过的罪过,都是源于民主过于泛滥。人民并不缺乏德行,但总是受到假装爱国的人的蛊惑。"④美国学者佛朗西斯·福山认

① 武则天.臣轨[M].郑州:中州古籍出版社,1994.
② 都穆.都公谭纂[M].北京:中华书局,1985.
③ 麦迪逊.辩论:美国制宪会议记录[M].尹宣,译.沈阳:辽宁教育出版社,2003.
④ 麦迪逊.辩论:美国制宪会议记录[M].尹宣,译.沈阳:辽宁教育出版社,2003.

为:"民主它是人类历史发展的最高阶段,是历史的终结点。一切重大问题都得到了根本解决,人类已经没有了更进一步的余地。"① 但是面对现实中民主存在的种种缺陷,福山也只能解释道:"这些问题是因构建现代民主制度的两大基石——自由和平等的原理——尚未得到完全实现所造成的,并非原理本身的缺陷。"②

所以,现实中并不存在所谓最完美的民主制度,中国的民主制度建设也一样。中国的民主制度建设起步较晚。对于这样的背景与现状,我们更应当采取积极的态度,充分运用中国传统社会中形成的制度、文化、理念等,将其进行现代性转化,对构建新时代中国特色社会主义国家具有积极的现实意义。正是基于此,传统的"民本主义"思想就具备了修正和补充现代民主制度的现实生命力。

2. 权力自身的社会对立性

权力的诞生是人类进入文明社会的重要标志之一,而权力天然具有控制性与命令性。如美国学者乔·萨托利说:"权力永远是控制他人的力量和能力。"③ 英国学者则称:"权力是指它的保持者在任何基础上强使其他个人屈从或服从于自己的意愿的能力。"④ 从以上学者对权力的解释中我们也可以发现,权力具有控制与命令的属性。恰是这样的属性,让权力自然产生了与民众、社会相脱离、相对立的特征。正如洛克曾说:"如果同一批人同时拥有制定和执行法律的权力,就会给人的弱点以最大诱惑,使他们动辄要获取权力,借以使他们自己免于服从他们所制定的法律,并且使他们在制定法律和执行法律时,使法律适合于他们自己的私人利益。"⑤ 此外,无论"统治"一词意味着什么,人类历史的绝大多数时期都是少数统治多数⑥,这也体现了权力与社

① 佛朗西斯·福山. 历史的终结及最后之人 [M]. 黄圣强,许铭厚,译. 北京:中国社会科学出版社, 2003.
② 佛朗西斯·福山. 历史的终结及最后之人 [M]. 黄圣强,许铭厚,译. 北京:中国社会科学出版社, 2003.
③ 乔·萨托利. 民主新论 [M]. 冯克利,阎克文,译. 北京:东方出版社, 1993.
④ A. 布洛克,O. 斯塔列布拉斯. 枫丹娜现代思潮词典 [M]. 中国社会科学院文献情报中心,译. 北京:社会科学文献出版社, 1988.
⑤ 洛克. 政府论 [M]. 叶启芳,瞿菊农,译. 北京:商务印书馆, 1983.
⑥ 曼瑟尔·奥尔森. 集体行动的逻辑 [M]. 上海:上海三联书店,上海人民出版社, 1995.

会的对立性特征。

正因为权力与社会对立的属性,也就使权力同时具有了对民众、对社会造成危害的可能性,所以如何控制权力以及如何合理地运用权力便成了社会政治制度建设与改革的重中之重。美国学者认为:"政治制度的部署和建立必须遵循的正规形式可以防止政治权力的滥用。"① 民主宪政制度被称为现今最先进、最完善的制度,但是其设计的初衷及最终目的也是为了更好地限制权力的行使。尽管被视为目前最完善的政治制度,由于国情世情、社会背景以及制度设计缺陷等一系列复杂的原因,在实践运作中民主宪政依然存在若干难以解决的问题。所以,民主宪政的制度也并非终极完善的制度,需要随着社会的发展而不断进行完善。而"民本主义"可以作为权力的运作的目标,有效补充现代民主宪政制度的不足。因此,在限制权力和确定权力运作的目标等方面,可以深入挖掘传统"民本主义"的内在价值,找寻传统"民本主义"与现代依宪执政制度的契合点,实现"民本主义"现代性的有效转换。

3. 权力主体的道德性要求

如上所述,权力天然具有控制性,由此极易导致权力与民众、与社会产生对立的状态。而权力行使的主体在权力运行的过程中则更有可能导致腐败现象的发生。孟德斯鸠曾说:"一切有权力的人都容易滥用权力,这是万古不变的一条经验。"② 于此,现代民主制度便对权力主体提出了两个方面的道德要求,即在选举制度中对候选人的道德要求以及在权力运行过程中对权力主体的道德要求。

首先,对选举制度中候选人的道德要求。权力的行使主体是人,"即是以统治者的名义行事的代理人"③。因此,在选举活动中对有可能成为权力主体的候选人应提出道德方面的要求。这与中国古代社会将"任人唯贤"的官员选任标准有着异曲同工之妙,中国古代选拔官员所要求的"贤"就是对选拔人才的道德要求。所以,从这一方面来看,中国传统的"民本主义"思想就具有现代意义。

① 斯蒂芬·L.埃尔金,卡罗尔·爱德华·索乌坦.新宪政论——为美好的社会设计政治制度 [M].周叶谦,译.北京:三联书店,1997.
② 孟德斯鸠.论法的精神 [M].张雁深,译.北京:商务印书馆,1961.
③ 詹姆斯·M.布坎南.自由、市场与国家 [M].北京:北京经济学院出版社,1988.

其次,在权力的运作过程中,必须对权力实施主体进行相应的道德约束。现代民主制度设计的核心要求就是控制权力,防止腐败,对此有"以权力约束权力"①的设计,还有以制度约束权力的设计。其实,道德约束的威力也是很大的,道德约束也应当是人们不容忽视的一种权力制约力量与方式。道德本身就具有强大的批判功能,当权力主体错误使用权力或在权力运作过程中为社会、为民众造成巨大损失时,权力主体会受到来自道德的否定性评价。现代民主制度中对官员的检举、控告和罢免制度就是在这种道德否定的基础上建立起来的,这种评价标准与中国传统社会对官员的考核标准、评价以及罢免都是建立在最基本的道德要求基础之上的。可见,现代民主制度中对权力主体的道德要求与"民本主义"的要求是一样的。所以,传统"民本主义"思想在权力主体的道德标准方面依然具有现代生命力。

第三节　从传统德治思想到以德治国

德治是中国传统法律文化的重要内容之一,在几千年的法律文化发展过程中,产生过重要而深刻的影响。德治,简单来说就是以道德规范作为国家治理的主要方式。道德教化是德治最主要的治国手段,强调通过潜移默化的内在约束力来影响和制约人们的思想和行为,从而达到社会治理的目的。当代社会依然强调要以德治国,强化道德对法治的支撑作用,坚持依法治国与以德治国相结合。因此,系统梳理与深入剖析传统德治的发展与精华,可以更好地发挥道德的规范作用,为推进国家治理的现代化提供有益帮助。

一、传统德治思想的历史发展

（一）中国传统德治思想的发端

据考证,在殷商的甲骨文中就已经有了"德"字的记载,但直到周人的金文中,"德"才被赋予普遍道德的含义。开创这一历史新时代的是西周著名的政治家、思想家以及军事家周公,也是儒家思想的奠基者。周公创制了一套较为完善的政治法律制度,对后世产生了深远影响,其中就包括德治思想及具体实践。

---

① 孟德斯鸠.论法的精神 [M].张雁深,译.北京:商务印书馆,1961.

1. 德治的理论依据

《礼记》言:"殷人尊神,率民以事神,先鬼而后礼。"[1] 周人也继承了商朝的天命观,认为:"予惟恐小子,不敢替上帝命。"[2] 但和商朝的天命观不同,周公提出了"天命靡常,惟德是辅"[3] 的天命观。周公提出,天命不再永恒不变,上天仅会将天命赐予那些关爱百姓的有德之人。所以,唯有体察民间疾苦、得到百姓拥戴的有德之人才能成为天命的承担者,这也正是殷商失天命,而周人得天命的主要原因。这样,人彻底从神的羽翼下被解放出来,人的主体性得以彰显,同时也为德治的展开提供了哲学前提。周初统治者"以德配天"的思想,既解决了周统治权的合法性问题,同时也初步确立了周朝的国家治理模式,即敬德、明德的德治方式。

2. 德治的内涵

周公制定的以德为主的国家治理模式有丰富的内涵:首先,保民是周公德治思想最重要的主题。周初统治者在殷商暴亡的过程中,深切体会到了民众的巨大能量,因此周公在总结历史经验时指出:"人无于水监,当于民监。"[4] 意思是说人不应当用水来做镜子观察自己,而应当以民众的言论当镜子不断反省自己,通过民意才能真正鉴别当政的成败得失。周公认为:"天畏棐忱,民情大可见,小人难保。"[5] 只有保民,才能证明统治者是真正的有德之人,才是上天的甄选是正确的,如此,天命才能得到永续,政权方得稳固。所以有:"若保赤子,惟民其康乂。"[6] 关于保民,统治者首先必须对人民心存敬畏之心,如"治民祗惧"[7]。也就是从思想上必须认识到民众对统治的重要意义,因为民心是一切的基础。其次统治者还必须体察民情,不得贪图安逸。如"君子所其无逸,先知稼穑之艰难,乃逸,则知小人之依。"[8] 再有,统治者自身更要加强道德修养,为民众做表率。周公曾说:"无淫于观、于逸、于游、于田,以万民惟

① 礼记 [M]. 胡平生,张萌,译注. 北京:中华书局,1985.
② 尚书 [M]. 王世舜,王翠叶,译注. 北京:中华书局,2012.
③ 诗经 [M]. 王秀梅,译注. 北京:中华书局,2015.
④ 尚书 [M]. 王世舜,王翠叶,译注. 北京:中华书局,2012.
⑤ 尚书 [M]. 王世舜,王翠叶,译注. 北京:中华书局,2012.
⑥ 尚书 [M]. 王世舜,王翠叶,译注. 北京:中华书局,2012.
⑦ 尚书 [M]. 王世舜,王翠叶,译注. 北京:中华书局,2012.
⑧ 尚书 [M]. 王世舜,王翠叶,译注. 北京:中华书局,2012.

正之供。"①

其次,敬德、明德的重要表现还包括"慎罚",这也是德政的主要表现。在西周的立法和司法实践中,周公的"慎罚"思想得到了充分的体现。其一,刑罚应宽严相济,且避免滥刑。《尚书》有言:"用其义刑义杀,勿庸以次汝封。"②就是说刑罚要适中,不可任意用刑,判决过程中要反复考察,避免错判伤及无辜。其二,要实施德教、用刑宽缓。周公认为,德治的重要表现之一就是通过道德教化使天下臣服,而非重刑。所以在法律适用中也应当审慎、宽缓,对于过失、偶犯等犯罪情形,应当区别对待,应当给予改过自新的机会。对于幼弱、老耄、愚蠢之人犯罪,应该采取减免刑罚的"三赦之法"。其三,坚持疑罪从轻。西周时期在司法实践中推行"罪疑从轻"以及"罪疑从赦"的原则,如推行"三刺之法",也就是遇到重大疑难案件,要经过三道特殊的程序:"一曰讯群臣,二曰讯群吏,三曰讯万民。"③当然,除了以上内涵之外,周公德治的思想还包括人才的选任方面,如坚持任人唯贤、任人唯德的标准与原则。这些都是周公对德治的早期认知与推行,对周初统治的维护与稳定起了重大的作用,也对后世德治思想具有深远的影响。

(二)中国传统德治思想的形成

1. 孔子的德治思想

所谓"社稷无常奉,君臣无常位"④,随着春秋战国的诸侯争霸、礼崩乐坏,周公敬德保民的治国方略渐渐失去了往日的光彩。各诸侯国纷纷变革图强,试图寻找一条富国强兵之道。此时,孔子从人类普遍的价值理想出发,提出了明确的以德为政的治国方针:"道之以政,齐之以刑,民勉而无耻;道之以德,齐之以礼,有耻且格。"⑤自此,孔子开创了儒家德治主义的先河,并构建了儒家德治思想的基本框架,成为中国传统文化中极为重要的组成部分。

周公的德治思想尚处于萌芽状态,因为其倡导的德治仍然是与天命或上天相关联的一种外在的东西,强制地附加于人,这种"德"尚未内化为人们的

①　尚书[M].王世舜,王翠叶,译注.北京:中华书局,2012.
②　尚书[M].王世舜,王翠叶,译注.北京:中华书局,2012.
③　周礼[M].徐正英,常佩雨,译注.北京:中华书局,2014.
④　左丘明.左传[M].郭丹,程小青,李彬源,译注.北京:中华书局,2016.
⑤　孔丘.论语[M].张燕婴,译注.北京:中华书局,2006.

自觉自愿行为。而孔子最大的贡献之一就是成功地完成了德治由外在向内在的价值转换。① 孔子的德治思想与他的"复礼"理想是一脉相承的。他认为，礼表现为制约人们行为的一种规范，而这种行为规范是一种自律行为，而非以他力实施的强制性的。所以，礼的内在根基就是德，而德表现为仁。孔子用仁来表述人的情与人性的德之间的联系，其具体体现就是德性。这样仁与礼的关系就是"克己复礼为仁"，"人而不仁，如礼何？"② 孔子言礼，是"把原来的僵硬的强制规定，提升为生活的自觉理念，把一种宗教性神秘的东西变而为人情日用之常，从而使伦理规范与心理欲求融为一体。礼由于取得这种心理学的内在依据而人性化……由神的准绳命令而为人的内在欲求和自觉意识，由服从于神而为服从于人，服从于自己，这一转变在中国古代思想史上具有划时代意义"③。所以，"强调把礼的执行建立在仁的基础上，赋予礼以道德的品格，把外在的强制转化成内在的自我约束。这就是孔子德治思想的实质和它的意义所在。"④

　　孔子的德治思想内涵极为丰富：首先，孔子提倡的德治以仁为基本精神。但是，何为仁呢？孔子对仁并没有做出具体的解释，而是依据情景针对不同的人、不同的意向、不同的处境而做出不同的解答。仁的内涵可谓十分丰富，但又极为简单，仁就是做人的道理，是人之所以成为人的基本道德品质。这种道德品质，最低限度的标准就是不损人利己，即"己所不欲，勿施于人"⑤，而最高境界则是成己成人，即"己欲立而立人，己欲达而达人"⑥。作为最低的道德标准，"己所不欲，勿施于人"就是要求人与人之间相处或者实行德治时人同此心、心同此理的基点和底线。以此为基础，人人均具有仁心与仁性，社会便充满互信与互爱，如此德治的展开便无障碍。其次，为政者自身必须严于修身，提高自身的道德修养，这是实行德治的前提与关键。孔子曾说："为政以

① 王杰.为政以德:孔子的德治主义治国模式 [J].中共中央党校学报，2004（2）：7.
② 孔丘.论语 [M].张燕婴，译注.北京:中华书局，2006.
③ 孙国华.法理学教程 [M].北京:中国人民大学出版社，1994.
④ 钱逊.先秦儒学 [M].沈阳:辽宁教育出版社，1991.
⑤ 孔丘.论语 [M].张燕婴，译注.北京:中华书局，2006.
⑥ 孔丘.论语 [M].张燕婴，译注.北京:中华书局，2006.

德,譬如北辰,居其所而众星拱之。"① 这一表达既明确提出了"为政以德"的政治理念,又表达了德治的关键因素,即"政者,正也。君为正,则百姓从政矣。君之所为,百姓之所从也;君所不为,百姓何从？"② 当政者作为德治的主体,其自身的道德修养尤为重要。孔子多次强调为政者要加强道德修养,认为其不仅关乎国家政治的稳定,也对百姓具有道德模范作用,如"其身正,不令而行;其身不正,虽令不从"③。因此,执政者首先应做到严于律己、勤于正己,要"恭则不侮,宽则得众,信则人任焉,敏则有功,惠则足以使人"④。孔子认为,统治者自身的修身、修己是实施德政的重要前提。再次,德治需要任人唯贤。孔子以举荐贤才的人才观修正了传统的"世卿世禄"制,《论语》记载:"仲弓为季氏宰,问政。子曰:'先有司,赦小过,举贤才。'曰:'焉知贤才而举之？'曰:'举尔所知,尔所不知,人其舍诸！'"⑤ 后来朱熹对这段对话进行了全面的解读:"贤,有德者;才,有能者。举而用之,则有司皆得其人而政益修矣。"⑥ 孔子认为,统治者任用贤能之人直接关系着国家政权的稳定、政令的施行等重大问题。最后,德治必须坚持以民为本,将守信、惠民、尚贤、公正等内容真正贯彻落实。孔子认为,社会秩序的稳定离不开百姓的信任,所以处理好君民关系,取信于民至关重要。此外,以民为本还应当强调对民众的道德教化,孔子反对不教而杀、实施暴政,认为国家政治制度应以教化为主,刑罚为辅。正如《左传》所言:"政宽则民慢,慢则纠之以猛;猛则民残,残则施之以宽。宽以济猛,猛以济宽,政是以和。"⑦

2. 孟子的德治思想

孟子继承了孔子德治思想的主要精神,并在此基础上通过其"性善论"进一步强化,以仁政丰富扩展了德治的内涵。孟子第一次正式提出了"民贵君轻"的主张。孟子提出:"民为贵,社稷次之,君为轻。是故得乎丘民而为天

① 孔丘. 论语 [M]. 张燕婴,译注. 北京:中华书局, 2006.
② 礼记 [M]. 胡平生,张萌,译注. 北京:中华书局, 1985.
③ 孔丘. 论语 [M]. 张燕婴,译注. 北京:中华书局, 2006.
④ 孔丘. 论语 [M]. 张燕婴,译注. 北京:中华书局, 2006.
⑤ 孔丘. 论语 [M]. 张燕婴,译注. 北京:中华书局, 2006.
⑥ 朱熹. 四书章句集注 [M]. 北京:中华书局, 1983.
⑦ 左丘明. 左传 [M]. 郭丹,程小青,李彬源,译注. 北京:中华书局, 2016.

子,得乎天子为诸侯,得乎诸侯为大夫。诸侯危社稷,则变置;牺牲既成,粢盛既絜,祭祀以时,然而旱乾水溢,则变置社稷。"① 孟子认为,社稷和诸侯都可以"变置",但唯有百姓是天下的根本,其地位永远不能撼动。随之,孟子又提出:"得天下有道,得其民,斯得天下矣。"② 为政者得天下必须得民心,只有得到百姓的拥护才有可能维持其统治,否则必将失去天下。

孟子主张民为邦本,所以统治者必然负有保民之义务,而这也是实施仁政、进行德治的重要体现。保民之道,包括顺民、安民、养民、教民等诸多方面的内容。顺民指一切决策都应当顺应民意,广泛征求民众的意见,尊重并维护民意。安民指使百姓安居乐业,实施减免赋役、赈济灾民、轻刑减刑、不征战等安民政策。教民指"谨庠序之教,申之以孝悌之义"③,也就是教化民众懂人伦之义,行孝悌之德。孟子十分重视民众的教化,认为:"仁言不如仁声之入人心也,善政不如善教之得民也。善政,民畏之;善教,民爱之。善政得民财,善教得民心。"④ 也就是良好的政治不如良好的教育,只有良好的教化才能真正赢得民众的心。

3. 荀子的德治思想

荀子德治思想的突出特点就是隆礼重法,其明确提出治国应当以道德为本,重礼义教化:"故械数者,治之流也,非治之原也……故上好礼义,尚贤使能……赏不用而民劝,罚不用而民服,有司不劳而事治,政令不烦而俗美。"⑤ 荀子从礼刑结合的角度,反对"不教而诛"和"诛而不赏",他说:"故不教而诛,则刑繁而邪不胜;教而不诛,则奸民不惩;诛而不赏,则勤励之民不劝。"⑥ 荀子认为,礼法并用才是治国之策,国家才能长治久安。

荀子的德治思想将传统的道德规范进行了升华与外化,形成了制度领域的礼制,使人们的行为受到礼制的规范与制约。因此,荀子提倡隆礼重法。面对春秋时期的礼崩乐坏,儒家倡导的具有自律性的礼,其局限性愈发突出。在

---

① 孟子 [M]. 方勇,译注. 北京:中华书局,2017.
② 孟子 [M]. 方勇,译注. 北京:中华书局,2017.
③ 孟子 [M]. 方勇,译注. 北京:中华书局,2017.
④ 孟子 [M]. 方勇,译注. 北京:中华书局,2017.
⑤ 荀子 [M]. 方勇,李波,译注. 北京:中华书局,2011.
⑥ 荀子 [M]. 方勇,李波,译注. 北京:中华书局,2011.

这样的情况下,荀子将礼法进行结合,将法的强制性与客观性与礼进行结合,形成了独具特色的"礼法"制度。首先,荀子德治思想的"礼法",依然保持了传统"礼"的儒家内容。荀子之礼,依然强调的是权利义务分配上的亲疏、贵贱、尊卑、长幼的差等,因此礼所具有的"绳直""衡平"是"斩而齐,枉而顺,不同而一"①。其次,荀子德治思想的"礼法",是将自律性的道德规范转化成他律性的法律规范,以国家的强制力来维护道德规范。礼与法在功能与作用方面的确具有一致性,都能调节社会关系、规范人们言行,如荀子曰:"礼岂不至哉。立隆以为极,而天下莫之能损益也……故绳墨诚陈矣,则不可欺以曲直;衡诚县矣,则不可欺以轻重;规矩诚设矣,则不可欺以方圆;君子审于礼,则不可以诈伪。故绳者直之至,衡者平之至,规矩者方圆之至,礼者人道之极也。"②这和法的作用并无二致。荀子将观念形态的"德治"转化为制度形态的"礼制",无疑极大地促进了儒家思想的制度化,这也是荀子对儒家政治法律思想进行的一次重要改革。

(三)中国传统德治思想的完善

汉初文景之帝扫除"七王之乱"后,如何加强中央集权,巩固大一统的大汉帝国成为统治者亟需考虑的现实难题。此时董仲舒从大政治格局出发,为了实现国家的长治久安与大一统,提出"罢黜百家,独尊儒术",他上奏汉武帝:"诸不在六艺之科、孔子之术者,皆绝其道,勿使并进。"③该建议被武帝采纳,从此儒家思想成为正统思想,儒家的德治理论也成为历代统治者遵循的治国之道。

1. 董仲舒德治思想的基础

董仲舒杂糅儒家学说与阴阳五行,从天人合一、天人感应出发,认为人道本于天道:"天道之大者在阴阳,阳为德,阴为刑,刑主杀而德主生,是故阳常居大夏,而以生育养长为事;阴常居大冬,而积于空虚不用之处。以此见天之任德不任刑也。……王者承天意以从事,故任德而不任刑。刑者不可任以治

---

① 荀子[M].方勇,李波,译注.北京:中华书局,2011.
② 荀子[M].方勇,李波,译注.北京:中华书局,2011.
③ 班固.汉书[M].张永雷,刘丛,译注.北京:中华书局,2016.

世,犹阴之不可任以成岁也。为政而任刑,不顺于天,故先王莫之肯为也。"①
由此看来,人道任德不任刑、德主刑辅,这是上天的旨意,德治由此获得了天命的理论支撑,其合法性来自天道,因此毋庸置疑,更不能废弃。而天子受命于天,秉承天意治理天下,任德不任刑,这便赋予了德治与仁政神圣的正当理由。

同时,董仲舒认为,人与万物都是上天有意识、有目的地创造出来的,如"天者,万物之祖,万物非天不生"②,所以人也秉承了天之性,即"人受命于天,有善善恶恶之性"③,之所以有善恶之性,皆因上天有阴阳之故,即"天两有阴阳之施,身亦有贪仁之性"④。因此,统治者就有义务运用道德教化启发与培养人之善性,这既是帝王可以做的事,也是王者承受天意应当做的事。正如董仲舒所说:"民受未能善之性于天,而退受成性之教于王,王承天意,以成民之性为任者也。今案其真质,而谓民性已善者,是失天意而去王任也。万民之性苟已善,则王者受命尚何任也?"⑤

综上,经过董仲舒的论证,统治者施行德治,任德不任刑就成为天经地义之事,儒家思想也因此具有了神圣的品格。所以,基于天人感应基础上的德主刑辅的治国理念便得到了历代统治者的认同与推崇,也成为董仲舒典型的德治思想观。

2. 董仲舒德治思想的内涵

董仲舒德治的思想内涵主要包括如下几个方面:其一,以义正我,以仁安人。德治最主要的内容之一就是提高自我的道德修养与品行,对统治者来说还要以自己的德行影响、教育民众,为民众做表率。因此,董仲舒从义与仁的差别出发,提出了道德修养的两个方面,一是"以义正我",即对自身提出的道德要求,如"义之法在正我,不在正人。我不自正,虽能正人,弗予为义。"⑥二是"以仁安人",即以宽博之爱待人,这是一个由己及人的推恩过程。所谓:"仁

---

① 班固.汉书[M].张永雷,刘丛,译注.北京:中华书局,2016.
② 董仲舒.春秋繁露[M].周桂钿,译注.北京:中华书局,2011.
③ 董仲舒.春秋繁露[M].周桂钿,译注.北京:中华书局,2011.
④ 董仲舒.春秋繁露[M].周桂钿,译注.北京:中华书局,2011.
⑤ 董仲舒.春秋繁露[M].周桂钿,译注.北京:中华书局,2011.
⑥ 董仲舒.春秋繁露[M].周桂钿,译注.北京:中华书局,2011.

者爱人，不在爱我"，"人不被其爱，虽厚自爱，不予为仁。"① 其二，以仁安民。这是以民为本的进一步深化发展，董仲舒认为："天之生民，非为王也，而天立王以为民也。故其德足以安乐民者，天予之；其恶足以贼害民者，天夺之。"② 君主具有"仁"德的重要表现就是爱民。以仁安民主要通过"养民"和"教民"来实现，"养民"主要通过采取薄赋敛，省徭役等惠民政策，满足民众的衣食之需，使其安居乐业，"教民"则是通过三纲五常教化民众，使其"有士君子之行而少过"③。其三，教化民众。董仲舒认为，统治者统治民众最主要的手段应重教化而轻刑罚，道德教化是主动的、治本的，因此"圣人之道，不能独以威势成政，必有教化"④。只有道德教化才能培养人的是非荣辱之心，从而使人为善。而教化与刑罚之间的关系是"化大行故法不犯，法不犯故刑不用"⑤。所以，道德教化还可以起到预防犯罪的目的。

（四）中国传统德治思想的发展

儒家的德治思想经过周公、孔子、孟子、荀子的发展之后，至汉代以后逐步趋向成熟，特别是经过董仲舒"罢黜百家，独尊儒术"之后，彻底确立了儒家思想的正统地位。

儒家德治思想的核心"民本思想"也在后代得到了继承与发扬。唐太宗李世民将以民为本作为其治国思想，他认为："君依于国，国依于民。刻民以奉君，犹割肉以充腹，饱腹而身毙，君富而国亡。"⑥ 宋代理学大家程颢、程颐倡导"顺民心"，认为"为政之道，以顺民心为本，以厚民生为本，以安而不扰为本"⑦。国家治理必须安定民心，也就是让百姓安居乐业、生活富足，让百姓安定生活、不受侵扰，他们坚信，唯有民心安定，国家才能稳定。明末清初思想家王夫之在审视历史后，得出"言三代以下之弊政，类曰强豪兼并，赁民以耕而役之，国取十一，而强豪取十五，为农民之苦"⑧ 的结论。他对豪强兼并的行

---

① 董仲舒．春秋繁露［M］．周桂钿，译注．北京：中华书局，2011.
② 董仲舒．春秋繁露［M］．周桂钿，译注．北京：中华书局，2011.
③ 董仲舒．春秋繁露［M］．周桂钿，译注．北京：中华书局，2011.
④ 董仲舒．春秋繁露［M］．周桂钿，译注．北京：中华书局，2011.
⑤ 董仲舒．春秋繁露［M］．周桂钿，译注．北京：中华书局，2011.
⑥ 司马光．资治通鉴［M］．北京：北京联合出版公司，2015.
⑦ 程颢，程颐．二程文集［M］．北京：商务印书馆，1937.
⑧ 王夫之．噩梦［M］．北京：中华书局，1956.

为深恶痛疾,同情农民疾苦,认为要严以治吏,宽以养民。总之,汉代以后儒家的德治思想作为一种制度已逐渐渗透到国家治理的方方面面,不仅成为人们对理想社会治理之道的追求,也成为历代君王坚持秉持的治国理念,指导着当时的政治法律实践。

二、传统德治思想的现代评价

(一)传统德治思想的积极价值

传统德治思想以其内发性的统治特点、以人为本的治国理念以及恤民爱民等价值追求,一直以来成为古代社会统治者推崇的治国良方。

1. 内发性的治国特征

传统德治思想是一种"内发性"的统治,其出发点就是培养人的道德品性,通过每个人自我的内在约束,来建立人与人之间和谐的内在联系,最终达到一种"去法"或"废法"的理想境界。所以,德治的出发点是出于对人性的信赖与对人的尊重。作为统治者来说,不是通过运用手中的权力去控制与支配民众,而是通过自身道德品行的修炼与提升,以自己的言行为表率,推己及人,教化民众,成为内圣外王。所以,德治强调的是以德服人,反对以力服人、暴察之威。与道德相比,法律是一种外在的维系,主要通过国家的强制力进行约束与管理。可以说,德治的治理模式符合人们对美好社会制度与社会状态的向往与憧憬,可谓人类共同的价值追求。

2. 以人为本的治国理念

从德治思想的源头来看,其起源于对天地神灵的否定以及"天地之性人为贵"的价值判断。而孔子、孟子的德治思想也始终围绕"为人之道"而展开。梁启超曾指出:"儒家政论之全部,皆以其人生哲学为出发点。"[①] 孔子和孟子提倡德治,将现实中的人作为自己的思考对象,这不仅是对殷人尊神、周人信命的超越,更是对人主体性的充分肯定。孔子重视人的价值,因此提出了"仁者爱人"的观点,孟子在此基础上提出"民贵君轻"的仁政主张。他们围绕爱人、仁政等价值理念,提出了道德教化为主、刑罚为辅的治国方略,强调先教后杀,反对不教而诛。儒家倡导的以人为本的德治思想,更为关注人之为人的

---

① 梁启超. 先秦政治思想史 [M]. 北京:东方出版社,1996.

德性生命,高扬人的高尚品性与价值追求,不仅对当时的国家治理具有进步意义,对唤醒人的道德自觉、促进人与人之间的和谐也具有重要作用。

3. 任人唯贤的价值导向

中国古代的思想家们很早就意识到了公权力的约束问题,但不是通过设立制度从外部进行约束,而是通过加强官员的道德建设、强化官员的自律而实现公权力的制约。传统的德治思想强调君主和各级官吏的道德品质、道德人格的重要作用,要求君王为百官、为百姓树榜样、做表率,要求各级官吏成为民众的道德标杆,这样才能得到民众的爱戴与拥护,最终实现治国安邦的政治目的。成就高尚道德人格的官员则需"修身洁白,而行公正,居官无私,人臣之公义也"①。与之相关的便是德治在人才选拔上的任人唯贤的价值取向,对于执政者,要求必须有高尚的道德、高度的责任心,具有无私奉献精神。尽管举贤弃奸、广纳英良的政治主张在以等级特权为基础的封建社会里不能完全实行,但它的善意价值取向符合民心民意,在一定程度上打击了贪官污吏,限制了暴政、虐政、贪政。②

(二)传统德治思想的缺陷不足

虽然传统德治思想在中国古代的社会治理中具有极大的进步意义与积极的价值,但由于受时代、思想的局限,仍存在一些缺陷与不足之处。

首先,泛道德主义化倾向严重。德治思想将一切归结于人的德性,国家治理成为统治者们道德高尚的外化,官员失职成为道德责任感的缺失,德性与天道成为知识分子的终身所学。施政方式表现为对百姓的道德教化,法律制度成为道德辅助的工具,就连人才选任也以道德高尚作为最高评判标准,这种泛道德主义化的倾向危害也是极为深远的,不但使道德变得空洞、虚伪,而且以道德追求取代社会实践,有碍封建社会的政治改良、经济发展与科技进步。

其次,德治作为圣人之治,仍是人治。儒家思想将德治的希望完全寄托在个人的道德修养上,将国家的治理寄托在贤君、圣主之上。这种德治思想极

---

① 韩非子 [M].李维新,译注.郑州:中州古籍出版社,2009.
② 夏锦文.传承与创新:中国传统法律文化的现代价值 [M].北京:中国人民大学出版社,2012.

有可能走向个人意志的专制,所以所谓的德治也不过仍是以人治为价值导向的治国理念,而这是极为危险的。传统德治思想忽视了人性恶的一面,而且缺乏必要的法制监督,因此在这样的德治背景下,那些邪恶、伪善的统治者更容易乘虚而入,导致贪污、腐败、酷刑、暴政的出现。所以,儒家虽说是圣人之治,但绝大多数情况下仍走向了专制。这是一种典型的家长式统治,与法治精神相差甚远。

再次,重私德轻公德。私德主要是指以家庭为中心的道德品质,如尊老爱幼、家庭和睦、男女平等,公德则主要指规范所有社会成员普遍关系的社会公共道德,如诚实守信、遵纪守法、助人为乐。儒家德治思想中的"德",主要内容就是基于亲亲尊尊的团体性私德。由于儒家德治思想中的德本身就是一种基于血缘亲情关系而建立的一种伦理规范,是由亲人之爱扩展而来的父慈子孝、君义臣忠、夫和妻顺、兄友弟恭。所以,即便那些带有社会公德性质的"谨而信,泛爱众"①,也是由"老吾老以及人之老,幼吾幼以及人之幼"②扩展而来。孔子言:"其为人也孝弟,而好犯上者,鲜矣;不好犯上,而好作乱者,未之有也。君子务本,本立而道生。孝弟也者,其为仁之本与!"③这种忠孝一体的道德观,严重混淆了私德与公德的界限,甚至以私德代替公德。当亲情与国法相冲突,私德与公德相矛盾时,往往以私德破坏公德为代价。对此,梁启超深有感触,他说:"我国民所最缺省,公德其一端也。……吾中国道德之发达,不可谓不早,虽然,偏于私德,而公德殆阙如。试观《论语》《孟子》诸书,吾国民之木铎,而道德所从出者也。其中所教,私德居十之九,而公德不及其一焉。"④

三、传统德治思想的传承与转化

传统德治思想赖以生存的文化生态系统,即自然经济、专制政治以及内圣外王的相互作用,早已消亡殆尽。随着西方观念的渗透以及市场经济的兴起,传统德治思想面临着生存性危机。在现代语境下,对传统德治思想进行认真研

---

① 孔丘.论语[M].张燕婴,译注.北京:中华书局,2006.
② 孟子[M].方勇,译注.北京:中华书局,2017.
③ 孔丘.论语[M].张燕婴,译注.北京:中华书局,2006.
④ 李兴华,吴嘉勋.梁启超选集[M].上海:上海人民出版社,1984.

究与分析,从微观角度探讨"以德治国"理念对传统德治思想的继承及创造性转化,这对新时代坚持依法治国与以德治国共同发展具有重要的意义。

(一)"以德治国"必须实行德政,提高官德水平

德治思想的核心是德政,即得民心、顺民意,而德政的关键又在于执政者的德行,由内圣而外王,通过自身的道德品行使民顺、民安。所以孔子说:"正者,正也,子帅以政,谁敢不正?"①现代语境下的以德治国,即要求执政党必须实行有利于生产力的发展、有利于社会主义制度的巩固、有利于提高人民群众的物质和文化生活水平的路线、方针和政策。与此同时,各级领导干部和公职人员也应当不断提高自身的"治国"水平和能力,掌握过硬本领、提高道德水准。

社会主义的以德治国,依然要求执政者具有高尚的道德素养。社会风气的好坏、政府的廉洁高效,与国家公职人员道德水平的高低有着密切的联系。中国共产党之所以具有巨大的号召力,中国共产党员之所以能够取信于民,都是因为他们全心全意为人民服务。解决当代社会中的腐败问题,不仅要重视制度建设和法制建设,还应当重视领导干部的官德建设。传统德治思想中的道德规范,如廉洁奉公、天下为公、宽人严己、见利思义等美好的道德品质以及任人唯贤的人才观,都可以成为当代干部队伍道德规范和道德建设的宝贵资源。

(二)"以德治国"重在道德建设,提高全民素质

在传统社会中,通过道德教化、激发人性中的善端,达到"克己复礼"的目的,从而实现社会的有效治理。这种基于对人的尊重与关怀的社会治理方法对现代社会依然具有价值合理性,对今天的社会主义市场经济同样具有重要的指导意义。

首先,良好的道德建设是保证社会主义市场经济健康运行的重要因素。在市场经济交往中,诚实信用、公平竞争、平等交易等都是日常交往中的基本道德要求。在市场经济中,道德关注的是利益之外的"义"。以义为取向的道德教化,可以培养富于道德心,求取合理合法个人利益的"道德的经济人"。

---

① 孔丘.论语[M].张燕婴,译注.北京:中华书局,2006.

另外,在市场经济的交换行为中形成的潜在社会凝聚力,来源于人们基于信仰、信念而对自身行为所做的自愿性限制,如遵纪守法、严守承诺、交易诚实,而这种自愿性限制的根基仍源于良好的道德素质。其次,以德治国的德化教育重在提高全民的道德素质。社会主义市场经济背景下的经济运行是从生产、分配到交易、消费完整合一的经济模式,因此它不仅要求人们高度的生产积极性,更要求有合乎德性的交易伦理。这就要求推动人们的思想、教育、文化、科技等综合素质的全面提高,从而形成最符合道德目标的现代目标。

(三)"以德治国"要坚持德法并用、法德互济

传统的德与刑在国家治理中各有其闪光点,但也都存在其无法避免的弊端。单纯的德治,显然威慑力不足;单纯的刑罚,又丧失了伦理的感召力,所以单一的治理方式都无法达到社会治理的完善。其实,儒家虽倡导德治,但也从未完全忽视法律的重要作用,所以才有了德主刑辅的主张。因此,孔子在"为政以德"的前提下,也提出了要"宽猛相济",荀子则表明需要礼法的"化性起伪":"治之经、礼与刑。"① 朱熹言:"刑愈轻而愈不足以厚民之俗,往往反以长其悖逆作乱之心,而使狱论之愈繁。"② 应该说,在以血缘关系为纽带而构成的宗法社会中,强化以"礼"为中心的道德规范,对维护封建宗法社会的稳定起到了十分重要的作用。③

法律与道德都是人们的行为规范,也都是维护人类秩序的基本规则,在社会主义市场经济条件下,必须坚持依法治国与以德治国相结合,坚持德法并用、法德共济。从理论上来说,依法治国与以德治国具有同一性,法律是道德的制度体系,道德是法律的精神基础。从社会功能上来说,二者具有互补性,缺一不可。法治可以更好地维护社会的公正和秩序的稳定,而道德可以引导民众追求更高的精神境界。没有法治,社会就不可能存在公正和秩序,没有公正和秩序,何谈更高的道德追求?所以,依法治国与以德治国都是社会治理的必要手段,二者相互促进、相辅相成、密不可分。

---

① 荀子 [M].方勇,李波,译注.北京:中华书局,2011.
② 朱熹.朱子全书 [M].上海:上海古籍出版社,2010.
③ 夏锦文.传承与创新:中国传统法律文化的现代价值 [M].北京:中国人民大学出版社,2012.

　　法律是准绳,无论何时都应当遵守;道德是基石,任何时候都不容忽视。在新的历史条件下,我们要落实依法治国、依法执政的基本方略,就必须坚持依法治国与以德治国相结合,充分发挥法治与德治各自的优势,取长补短、相互促进、相得益彰,走出一条中国特色的社会主义法治道路。坚持依法治国与以德治国相结合,首先必须强化道德对法治的支撑作用,重视道德对社会的教化作用,不断提高全社会的文明程度,为全面依法治国提供良好的文化环境。这一目标的实现,不仅要求在道德体系中充分体现法治的要求,努力使道德体系与法治体系相衔接、相协调、相促进,还要注意在道德教育中突出法治内涵,培养人们的法治思维、法律信仰,引导人们自觉履行法定义务、社会责任与家庭责任,营造出全民讲法、守法的文化环境。坚持依法治国与以德治国相结合,其次还需要将道德要求贯彻到法治建设中去,以法治承载道德理念,道德才有制度支撑。法律法规要树立鲜明的道德导向,弘扬美德义行,在立法、执法、司法中处处彰显社会主义道德的要求,这样才能使社会主义法治成为良法善治。将实践中成熟、可操作的道德规范升华为法律规范,积极引导全社会崇德向善。严格执法、公正司法,弘扬真善美、打击假恶丑。持依法治国与以德治国相结合,最后还要运用法治手段治理道德领域中的突出问题。法律是最低限度的道德,加强相关立法工作,对社会反映强烈的失德行为进行惩戒与整治,对突出的诚信缺失问题进行以及见利忘义、制假售假的违法行为,加大执法力度。